국회의장 이만섭의 인생고백

정치는 가슴으로

李萬燮 著

나남
nanam

국회의장 이만섭의 인생고백

정치는 가슴으로

2014년 6월 5일 발행
2014년 9월 1일 5쇄

지은이   李萬燮
발행자   趙相浩
발행처   (주)나남
주소   413-120 경기도 파주시 회동길 193
전화   031-955-4601(代)
FAX   031-955-4555
등록   제1-71호(1979.5.12)
홈페이지 http://www.nanam.net
전자우편 post@nanam.net

ISBN 978-89-300-8760-5
ISBN 978-89-300-8655-4(세트)

이만섭 어록^{語錄}

정치는 꾀로 하는 것이 아니라 가슴으로 해야.

정치와 사랑은 계산하면 안 돼.

이 나라 국회는 여당의 국회도, 야당의 국회도 아니며 오직 국민의 국회이다.

국회의원은 자기가 속한 계파나 당보다 나라와 국민을 먼저 생각해야.

나는 의사봉을 칠 때 한 번은 여당을 보고
한 번은 야당을 보고 마지막 한 번은 방청석을 통해
국민을 바라보며 '양심의 사회봉'을 친다.

역사적으로 강경파가 주도할 때 그 정권은 반드시 망하고 만다.

나는 의사봉을 칠 때 한 번은 여당을 보고, 한 번은 야당을 보며, 그리고 마지막 한 번은
국민을 바라보면서 '양심의 의사봉'을 친다. -국회 본회의 사회를 보며

중국 만리장성 앞에서 아내 한윤복과 함께.

1993년 9월 21일 제14대 국회의장 시절, 김영삼 대통령이
국회에서 연설하고 있다.

2000년 6월 5일 제16대 국회 개원식. 연설을 끝낸 김대중
대통령과 국회의장으로서 악수하고 있다.

1993년 7월 10일 방한 중에 국회에서 연설하는 클린턴 미국 대통령을 맞아.

1993년 7월 10일 국회를 방문한 클린턴 미국 대통령 내외와 함께.

1993년 9월 15일 미테랑 프랑스 대통령이 국회를 방문,
한국과 프랑스 양국의 미래에 대해 연설하고 있다.

1993년 9월 15일 국회를 방문한 미테랑 프랑스 대통령
내외와 함께.

2001년 2월 28일 방한 중에 국회에서 연설하는 푸틴 러시아 대통령을 맞아.

2001년 2월 28일 러시아 푸틴 대통령과 악수를 나누고 있다.

1994년 1월 8일 중국에 공식 방문하여 중국 장쩌민
주석과 환담하며.

2004년 4월 18일 중국에서 개최된 제3차 AAPP
총회장에서 후진타오 중국 주석과 반갑게 포옹하고 있다.

2000년 8월 30일 베트남 농득마잉 국회의장과 면담.

2001년 4월 1일 쿠바 제105차 IPU 총회에서 한국 3부
요인 중 최초로 카스트로 국가평의회 의장을 만남.

2001년 2월 13일 국회를 방문한 바가반디 몽골
대통령(왼쪽에서 두 번째)과 함께.

2002년 1월 18일 국회를 방문한 미국 해스터트
하원의장과 함께.

2002년 7월 8일 제16대 국회의장 고별사를 마치고 여야
의원들의 박수를 받으며 의장석을 내려오고 있다.

1993년 프로야구 한국 시리즈에 참석하여.(삼성 : OB)

2008년 7월 4일 방한한 반기문 UN 사무총장과 함께.

1994년 5월 30일 연세대에서 한국 의회 발전에 기여한
공로로 명예 정치학 박사 학위를 받고 있다.

추 천 사

존경하는 총장님,

연세대학교 대학원위원회는 자유민주주의 발전과 정치문화의 향상에 공이 크신 이만섭 국회의장에게 명예정치학박사 학위를 드리고자 추천하는 바입니다.

이만섭 국회의장은 언론계에서 활동하는 동안 언론문화창달에 지대한 공헌을 한 바 있으며, 정치인으로서는 6선 국회의원, 야당 총재를 역임하면서 의정활동을 통하여 우리나라의 민주정치 발전에 많은 노력을 기울여 온 분입니다. 또한 우리 대학교 재단이사로 재임중 학교발전에 지대한 공헌을 하였으며, 특히 국회의장 재임중 민주적이며 건전한 국회상 정립에 크게 기여함으로써 정치문화의 향상과 국가발전에 진력하고 있는 분입니다.

이 분의 이와 같은 공헌은 명예정치학박사 학위를 받으시기에 합당하다고 인정되어 본 대학교 대학원위원회의 의결을 거쳐 이에 추천하는 바입니다.

1994년   5월   14일

연세대학교 대학원장 유 주 현

연세대 명예 정치학 박사 추천사.

학 위 기

국 적: 대 한 민 국
성 명: 이 만 섭
생년월일 : 1932년 2 월 25일

이 이는 자유민주주의 발전과 정치문화 향상에 기여
한 공로가 크므로 본 대학교 대학원위원회의 의결을
거쳐 이에 명예정치학박사 학위를 수여함.

1994년 5 월 14 일

연세대학교 대학원장 농학박사 유 주 현

연세대학교 총 장 경영학박사 송 자

교육부학위등록번호 : 명박94(나)제37호

연세대 명예 정치학 박사 학위기.

2010년 8월 7일 미국 LA 윌셔 그랜드 호텔에서 제5회 자랑스런
한국인상 시상식에서 김연아 선수의 수상에 대해 축사를 하고 있다.
저자는 이후 2011년 8월 7일 제6회 자랑스런 한국인상을 수상했다.

보수와 진보 힘을 합쳐 나라 살려야

나는 1932년 2월 25일 대구大邱 시장북로에서 태어났다. 달성공원에서 가까운 곳이다. 세월이 너무 빨라 어느덧 80세를 훌쩍 넘겼다.

현대의학의 발달로 사람이 100세를 넘어 120세까지도 살 수 있다고 하지만, 그것은 이론일 뿐 인생 80세를 넘으면 서서히 주변을 정리해야 한다고 나는 생각한다.

내가 정리해야 할 것은 잔혹했던 일제 식민지 시대, 해방과 독립, 그리고 6·25와 5·16 등 내가 그 중심에 서서 온몸으로 겪은 격동의 현대사를 기록으로 남기는 일이다. 정확하게 그리고 솔직하게 기록으로 정리하는 것이다. 그렇게 함으로써 이 나라 후학들에게 도움을 줄 뿐만 아니라 국민들에게도 과거의 역사를 올바로 이해하는 데 도움이 되었으면 한다. 특히, 학생들이 우리나라의 역사를 정확하게 배울 수 있는 올바른 교과서를 만드는 데도 도움이 되었으면 한다.

진보와 보수를 떠나 역사는 객관적으로 사실대로 기록해 놓아야 한다. 그리고 그 평가는 각자 이념과 역사관에 따라 자유롭게 할 수 있는 것이다. 하지만, 처음부터 자기 이데올로기나 역사관에 따라 편파적으로 역사를 기록하는 것은 역사에 대한 모독이요 죄를 짓는 것이다.

이승만李承晚 대통령이 사사오입四捨五入 개헌, 보안법 파동, 3·15 부정선거 등을 통해 독재를 했고, 4·19 민주혁명으로 인해 하야下野한 것은 엄연한 사실이다. 그렇다고 건국의 공로마저 부인하고 심지어 친일파로 매도하는 것은 잘못된 일이다.

박정희朴正熙 대통령이 삼선개헌, 유신 등을 통해 장기집권을 추진하는 과정에서 인권을 탄압한 것은 누가 뭐래도 잘못한 것은 틀림없는 사실이다. 하지만 이 나라 경제를 살려 '한강의 기적'을 이룩하고, 민족의 가능성을 계발啓發하여 조국을 근대화한 것은 인정해야 한다.

이제 민주화 세력도 산업화 세력의 공적은 인정해야 하고, 또 산업화 세력도 민주화 세력이 민주주의에 기여한 헌신성을 인정해야 한다. 그리하여 이제 모두가 합심하여 이 나라를 살려야 한다. 열린 보수와 건전한 진보는 거의 같은 것이다.

모든 정당이나 정치인을 보수와 진보로 이분법적으로 나누는 것은 잘못된 것이다. 그들 각자가 제안하는 정책에 따라 판단해야 하는 것이다. 오늘날의 정치는 보수가 진보적 정책을 내세울 수도 있고, 진보가 오히려 보수적 정책을 추구할 수도 있으며, 경우에 따라서는 보수와 진보가 연립내각을 구성할 수도 있는 것이다.

흔히들 나를 개혁적 보수라고 하나 나는 과거 어느 진보보다 더 진보적인 정책을 추구한 바 있다. 1964년 남북 최초로 '남북 가족면회소 설치에 관한 결의안'을 제안하여 반공법 위반으로 구속될 뻔도 했으며, 같은 해 주한미군의 횡포를 막기 위해 '한미 행정협정 촉구 결의안'을 국회에 제안, 통과시켜 한미 간에 행정협정을 체결하도록 했다. 박정희 대통령 때는 3선개헌을 끝까지 반대하면서 인권 탄압과 권력형 부정부패의 책임자인 이후락李厚洛 청와대 비서실장과 김형욱金炯旭 중앙정보부장의 해임을 요구하기도 했다.

나는 보수와 진보를 떠나 오직 정의와 양심에 따라 행동했다. 다시 한 번 강조하지만 이제 보수와 진보는 낡은 이념의 틀을 깨고 화합하여 힘을 합쳐야 한다.

오늘날의 한반도 정세는 미묘하고 심각하다. 중국의 방공식별구역防空識別區域 설정으로 미·일美·日과 중국中國 간의 힘겨루기가 계속되며, 일본은 군사대국화를 꿈꾸고 있다. 뿐만 아니라 러시아의 푸틴Vladimir Putin 대통령은 '강한 러시아'를 내세우며 크림반도를 러시아에 합병시키고 말았다. 중국의 시진핑習近平 주석도 '중화민국의 위대한 부흥'을 부르짖고 있다.

우리가 어느 쪽으로 가느냐 우왕좌왕해서는 나라가 망한다. 오히려 우리가 선도적으로 강대국의 힘을 이용하여 균형 잡힌 외교로 실리를 추구해야 한다.

그러기 위해서는 우리가 힘을 길러야 한다. 남북도 이제 대결을 지양하고 화해·협력하여야 한다. 그리하여 우리 민족은 강해져야 한다. 우리 민족이 강하지 못하면 다 망하고 만다. 우리는 결코 1910년에 나라를 빼앗긴 비극을 잊지 말아야 한다.

이 나라는 우리만 살다가 없어질 나라가 아니다. 우리의 후손들이 행복하게 살아야 할 나라이다.

우리 모두 힘을 합쳐 나라를 살릴 것을 간곡히 호소하면서 나는 이 책을 출간한다.

2014년 5월

이만섭

국회의장 이만섭의 인생고백

정치는 가슴으로

차 례

21

28

제8편 세대와 정파를 잇는 다리가 되어

식민지와 전쟁 속에서 단단해진 꿈

제 1 장
개구쟁이였던 나의 어린 시절

나는 1932년 2월 25일, 대구 달성공원 옆 시장 북통北通(현재 북로北路)
에서 태어났다. 달성공원은 어린 시절 나의 놀이터이자 사색의 공간
이었고, 현재에도 마음의 고향으로 남아 있다.

아버지(이덕상李德祥: 1906. 12. 30 ~ 1964. 6. 22, 합천 이씨陝川李氏 첨사
공파僉事公派 33세손)는 해인사에서 가까운 경남慶南 합천군陝川郡 야로
면冶爐面 월광리月光里에서 출생하셨고, 결혼하신 후 대구에서 정미
소를 경영하셨다.

나의 어머니(박순금朴順今: 1907. 12. 26 ~ 1997. 3. 10)께서는 경남慶南
동래군東萊郡 사하면沙下面 당리堂里에서 출생하셨다. 어머니는 생전
에 나에게 산에 올라가 큰 짐승 두 마리를 잡는 꿈을 꾸신 뒤에 나
를 낳으셨다고 말씀해 주셨다.

근면하고 성실하셨던 부모님 덕분에 어릴 적 우리 집은 비교적
부유한 편이었다. 3남 1녀 중 차남으로 태어난 나는 개구쟁이라서
적잖이 부모님 걱정을 끼쳐드렸다. 아버지의 큰 자전거를 몰래 가
지고 나가 타는 연습을 하다가 망가뜨리고 무릎은 상처투성이가 되

까까머리 장난꾸러기였던
수창초등학교 시절.

어 집에 들어오기도 했고, 아침 일찍 잠자리채 들고 나가면 저녁 늦게까지 돌아오지 않아 어머님이 대구 달성공원 뒤쪽에 있는 서부 초등학교 옆 연못까지 내 이름을 부르면서 찾아다니시기도 하셨다.

이렇게 개구쟁이 짓을 하다 보니 아버지께서 내 나이 만 여섯 살 때 초등학교에 입학시켰다.

대구 수창초등학교(당시 수창국민학교)에 입학한 나는 비교적 활발하게 학교생활을 했다. 나이는 동급생보다 한 살 어렸지만, 키는 머리 하나 만큼은 더 컸고, 힘도 빠지지 않았다. 운동회 때 달리기 시합에서는 언제나 1등을 했고, 씨름도 곧잘 했었다.

제 2 장
잔혹했던 일제 식민지 교육

동생을 잃고 조국의 현실에 눈뜨다

수창초등학교 시절을 회상하면, 지금도 잊지 못할 두 가지의 기억이 있다. 하나는 내 동생을 잃은 일이다. 나의 이름은 만섭萬燮이고, 세 살 아래 내 동생의 이름은 천섭千燮이였다. 천섭이는 나보다 훨씬 잘생기고 몸도 좋고 씩씩한 아이였다.

내가 5학년 때니까 그애가 2학년 때의 일이다. 공부시간에 선생님이 들어오기 전에 교실에서 좀 떠들었다는 이유로 젊은 일본인 음악선생이 그 어린아이를 업어치기를 했다. 그때 그 자리에서 뇌를 다쳐 의식불명이 되었고, 바로 대구 동산東山병원(현 계명대 부속병원) 응급실로 옮겼으나 결국 숨을 거두고 말았다.

그때 우리 가족 모두가 비통한 심정이었는데 특히 어머니께서 땅을 치면서 통곡하던 장면은 지금도 잊을 수가 없다. 나라를 빼앗긴 '민족의 비애'로 치부하고 감내하기에는, 그리고 어린 소년이 받아들이기에는 너무 큰 충격이었다. 일본의 식민지 교육이 얼마나 잔

인하고 포악했으며, 식민지에 대한 일본 제국주의자들의 태도가 얼마나 무자비했는지 적나라하게 보여주는 사건이었다.

시대는 많이 변했지만 지금도 일본의 아베安倍晉三 총리는 과거를 반성하기는커녕 군사대국화를 획책하고 있다. 미국은 이를 강력히 견제하지 않으면 나중에 후환을 남기게 될 것이다. 일본이 1941년 12월 8일 아침 선전포고도 없이 진주만을 공격한 바로 그 군사대국의 꿈을 버리지 않고 있는 것을 온 세계는 결코 잊어서는 안 된다. 유엔 안전보장이사회에서도 세계평화를 위해 일본의 군사대국화를 강력하게 제재해야 할 것이다.

친일파 친구에게 휘두른 정의의 주먹

또 한 가지의 기억은 6학년 때 우리 반에 이름이 하야시はやし, 수풀 림林 자를 쓰는 친구가 있었다. 이 친구는 친구들과 뛰어놀 때도 언제나 일본말을 사용했다. 나는 그래서 일본사람인가 하는 의심이 들어 그 친구의 집에 가 보았더니 대구 원정통元町通(현 중구 북성로)에서 아주 큰 양복점을 경영하는 부잣집이었다. 그때만 해도 대구 시내에 양복점이라고는 한두 군데밖에 없을 때였다. 그 아이는 분명히 우리나라 사람이었다.

나는 그다음 날 학교에 가서 그 아이를 학교 뒷담 쪽으로 데리고 나가 심하게 패 주었다. 그러자 그는 담임이었던 나카노中野 선생님께 이 사실을 일렀고, 선생님은 바로 날 데리고 우리 아버지한테 가서 퇴학시키겠다고 이야기했다. 아버지께서는 매우 당황해하시며

1944년 수창초등학교를 졸업하며 (맨 뒷줄 왼쪽에서 세 번째가 저자).

백배 사과하였고 간신히 퇴학은 면하게 되었다.

　그리고 중학교에 들어갈 때가 되자, 학교에서 경북중 원서를 써 주지 않았다. 당시 대구에서 대개 좀 집안이 괜찮다는 사람들은 경북중으로 가던 시절이었는데, 그때의 일로 학교에서 입학원서를 써 주지 않아 나는 후기전형으로 대륜중에 입학하게 되었다.

제 3 장
민족의식을 싹틔워 준
민족사학 대륜중학교

민족의식의 요람 대륜중에 입학하다

대륜중에 입학한 것은 나에게는 한없는 행운이었다. 민족사학인 대
륜중은 오늘날 내가 나라를 위해 바른 일을 할 수 있게 하는 전기를
마련해 주었다.

3·1운동 직후인 1921년에 대구 지역의 독립운동가 정운기鄭雲騏·
김영서金永瑞·홍주일洪宙一 선생 등이 빼앗긴 나라를 다시 찾으려면
교육을 통해 젊은 인재들을 양성하는 것이 필요하다는 데 뜻을 같이
하고 세운 학교가 바로 대륜중의 전신인 교남학교嶠南學校였다. 이분
들이 모여 학교 설립을 의논한 곳이 저항시인으로 잘 알려져 있는
이상화李相和 선생의 서재인 담교장談交莊이었다.

이상화 선생은 학교 설립에 사재를 희사했을 뿐 아니라, 1937년
부터 교남학교에서 영어와 작문을 가르치셨다. 선생은 1919년 3·1
운동 당시 만세운동을 준비하다가 일경에 발각된 적도 있고, 의열

40

대륜중에서 응원단장으로 활약하던 시절(뒷줄 왼쪽에서 네 번째가 저자).

단 사건에 연루되어 구금되기도 하시며 항일운동가, 민족교육자로 큰 존경을 받는 인물이다.

일본에 이기려면 주먹이라도 굵어야

상화 선생은 독립운동가들이 세운 민족학교이자 가난한 사학이었던 학교의 사정을 감안하여 3년간의 교편생활 동안 전혀 보수를 받지 않았다. 그리고 무엇보다 우리 민족이 약소국에서 벗어나 일본을 이기려면 정신 못지않게 힘도 길러야 한다며 우리나라 중학교로서는 처음으로 권투부를 창설하기도 했다. 그때 선생은 "피압박 민족은 주먹이라도 굵어야 한다"는 유명한 말을 남기셨다. 이에 고무된 우리 학교 학생들은 길에서 대구중의 일본인 학생들을

대륜중 시절
절친한 친구들과 함께.
(왼쪽이 저자)

만나면 골목으로 끌고 가서 흠씬 패주기도 했다.

당시 대륜중 권투부장은 신구실辛久實 선생님이었다. 세월이 흐른 어느 날 페더급 동양챔피언을 지낸 권투선수 허버트 강의 아버지이자 과거 주니어 미들급 동양챔피언 출신 강세철康世哲 씨를 우연히 롯데호텔 앞에서 만난 일이 있다. 그때 강세철 씨가 "신구실 선생님은 우리나라 권투의 원조"라고 말했을 정도로 신 선생님은 권투 실력이 좋은 분이었다.

이상화 선생이 43세에 위암으로 돌아가시게 되자 대구 달성공원에 그분을 기리는 시비詩碑를 세웠는데, 나도 정치적으로 심경이 복잡할 때면 그 시비를 찾곤 했다. 그 시비에 새겨져 있는 〈나의 침실로〉 중 마지막 구절을 소개한다. 여기서 '마돈나'는 조국을 의미한다.

마돈나, 밤이 주는 꿈, 우리가 엮는 꿈,

사람이 안고 궁구는 목숨의 꿈이 다르지 않느니.

아, 어린애 가슴처럼 세월 모르는 나의 침실로 가자.

아름답고 오랜 거기로.

이렇게 대륜중은 세 분의 독립운동가가 창설한 학교이고 이상화 선생의 민족정신이 깃든 곳이었다. 〈청포도〉, 〈광야〉 등의 시로 유명한 저항시인 이육사李陸史도 나의 선배이다. 대륜의 교사와 재학생은 민족사학의 구성원이라는 것에 대단한 긍지를 갖고 있었다. 그러나 조선총독부로부터는 후테이 센징ふていせんじん, 不逞鮮人(불온하고 불량한 조선사람)이 모였다는 이유로 오랫동안 중학교 인가를 받지 못하다가 1942년 4월 9일에 비로소 정식 인가를 받을 수 있었다.

학교의 뿌리가 이러했으니 내가 대륜중에 다닐 때 학교 분위기도 다른 공립학교들과는 다를 수밖에 없었다. 당시 일제는 일본어를 상용하도록 강요하고 학교에서 우리말을 쓰면 퇴학이나 무기정학 등 징계를 내렸다. 그러나 우리 학교에서는 절반가량 되는 조선인 선생님들이 혹시 일본 형사들이 복도에서 감시하지 않나 살펴보면서 수업시간에도 우리말을 사용하곤 했다.

그 선생님들은 우리의 든든한 정신적 지주가 되어 주었다. 후에 국회의장을 지내셨던 이효상李孝祥 선생과 경북대 사범대학장을 지내셨던 이규동李揆東 선생에 대한 기억은 아직도 생생하다. 특히 이규동 선생은 사육신死六臣에 대한 이야기를 들려주면서 우리 역사에 대한 자부심과 독립정신을 길러 주었다.

또한 간혹 산에 올라가 송진을 채취하거나 방공호를 파는 근로동원 시간에도 우리끼리 모여 독립운동가인 김구金九 선생과 상해 임시정부 그리고 상해 홍구공원虹口公園에서 일본 장군들에게 폭탄을 터뜨린 윤봉길尹奉吉 의사 등에 대한 이야기를 하면서, 일본은 결국 제2차 세계대전에서 망할 것이라며 열을 올렸다. 나는 후에 국회의장이 되어서도 어린 시절을 회고하며 중국 상해 시장에게 부탁하여 홍구공원에 윤봉길 의사의 기념비를 세운 일이 있다.

중학교 2학년이던 1945년 8월 15일, 결국 우리의 예상대로 일본은 패망했다. 일본의 패망으로 해방을 맞은 우리는 선생들이나 학생들 모두 감격의 눈물을 흘리며 목이 터지도록 만세를 불렀다.

대륙에서 맺은 특별한 인연들

한편 대륙중 시절 특별한 인연 중 하나는 김재규金載圭 선생과의 만남이다. 1946년 가을 당시 나는 3학년이었는데, 마침 '경북체전'이 있었다. 당시 김천중 체육교사였던 김재규 선생은 운동을 잘하는 대륙중에 관심이 갔던 모양이다. 체전이 끝난 바로 그다음 날 아무 소개도 없이 김준기金準基 교장선생님께 직접 찾아와 이력서를 냈는데 바로 그 자리에서 허락을 받아 우리 학교 교사가 되었다.

김재규 선생님은 육사 2기 출신으로 박정희 대통령과 동기였으며, 임관 후 중위 시절, 군과 경찰 간의 충돌사건이 발생했을 때 일직사관으로서 책임을 지고 군에서 물러났다. 그 후 김천중에서 잠깐 교편을 잡다가 우리 학교로 오셨던 것이다. 젊고 정열적이었던 김 선

대륜중(6년제) 졸업 무렵.

생님은 농구선수이며 응원단장이었던 나를 특별히 아끼고 사랑했다. 5·16 후 박정희 대통령과 김재규 장군, 그리고 당시 6, 7대 국회의원이었던 나, 이렇게 세 사람이 청와대에서 자주 저녁을 함께하게 된 인연도 뒤돌아보면 내 중학시절로 거슬러 올라가는 것이다. 인생에서 이처럼 중요한 만남이 얼마나 있을까.

그러나 대륜중 시절이 모두 즐겁고 신나는 것만은 아니었다. 김준기 교장선생님은 해방 전에 교감을 맡았을 때, 학생들끼리 운동장에서 놀면서 우리말을 쓰면 기합, 무기정학 등 심한 처벌을 내려서 우리 학생들 사이에서는 굉장히 평이 좋지 않았다. 본인은 훈육을 겸해서 교감을 맡았으므로 어쩔 수 없이 그랬겠지마는 우리는 그런 선생님을 좋아할 수 없었다.

1945년 해방이 되어 거의 일본인 학생들만 다니던 대구중과 대구여중이 텅 비게 되자, 그동안 학교 못 갔던 사람들이나 가정이 어려운 사람들도 그 학교에 편입해 들어가게 되었다. 그때 김준기 선생이 대구여중에 교장으로 가셨는데, 내가 3학년 때 대륜의 교장으로 다시 오게 되었다.

일제 강점기 때 한국말 한다고 처벌하던 선생이 교장으로 오게 되자 우리는 정의감에서 가만히 있을 수 없었다. 그래서 내가 처음에 교장배척투쟁위원회 위원장을 맡게 되었다. 4학년도 있었는데 아마도 내가 제일 앞장섰던 것으로 기억된다. 그런데 아버지와 잘 알고 지내던 대구경찰서의 형사가 우리 집에 와서 아버지에게 "어차피 학생이 질 텐데, 큰일 날 수도 있으니 빨리 사퇴하게 하라"면서 "그 학생들 뒤에는 좌익이 있다"고 했다. 당시 이승만 정부 때는 정부나 당국에 반대하기만 하면 좌익이 조정한다는 식으로 여론을 호도하곤 했었다.

그런데 그와는 별도로 그 당시 체육선생이었던 반기화潘基華 선생이라는 분이 계셨는데, 인품도 훌륭하시고 나를 매우 아끼셨다. 그 선생님이 우리 집에 오시더니, "여봐 이 군, 4학년이 투쟁위원장을 맡아서 해야지, 왜 3학년이 맡아서 하나? 내가 볼 때는 앞으로 이게 문제가 될 텐데, 자네는 안 하는 게 좋겠다"고 하면서 나를 걱정해 주시는 것이었다. 그리고는 그 반기화 선생이 학교에 가서 4학년들을 전부 모아 놓고 "야! 이 비겁한 놈들아. 너희들이 앞장서야지 왜 3학년한테 슬그머니 미루느냐. 비겁하잖아!" 하고 호통을 치셨다. 4학년들도 생각해 보니 맞는 말씀이라고 판단이 되었는지, 투쟁위원회 조직을 개편해서 4학년이 모두 맡아 하게 되었다.

나는 끝까지 하고 싶었지만, 그런 분위기로 인해 자연스레 투쟁

46

위원회에 빠지게 되었다. 결국 그 투쟁에서는 학생들이 지고 말았다. 5명이 퇴학당하고, 또 5명가량은 무기정학을 당했다. 반기화 선생이 아니었으면 나도 그때 퇴학당했을 것이다.

이승만 대통령 집권기에는 일제 강점기 때 고등계 형사들, 심지어 독립운동을 탄압하고 독립운동가를 고문하기도 했던 반민족적 형사들까지도 재등용했다. 자유민주주의를 지키는 과정에서 어쩔 수 없는 선택이었다고는 하지만 이후에도 납득할 수 없는 일들이 되풀이되었다. 1948년 국회를 중심으로 '반민족행위특별조사위원회'(반민특위)를 구성하여 민족정기를 세우고자 노력했으나, 이승만 정권에서는 이마저도 불법적 폭력으로 테러를 가하고, 국회프락치 사건 등 이념조작 사건을 만들어 활동을 방해했으며, 결국에는 해체시키고 말았다.

시대 상황이 이러하다 보니 정부나 당국에 대하여 반대의 목소리를 내면 "배후에 공산당이 있다"는 식의 의심을 받기 일쑤였다. 이것이 이른바 '관제 공산당'이라는 것인데, 우리 시대의 아픔을 보여주는 한 대목이다.

제 4 장
일요일에 울린 총성에
평화가 깨어지다

외교관의 꿈을 안고 서울로 상경하다

1950년 봄, 대학 진학을 앞두고 있던 나에게는 큰 고민이 있었다. 나는 그때까지 내가 살았던 대구보다 더 크고 넓은 세상으로 나아가고 싶었다. 그러나 아버지께서는 사업실패로 집안 형편이 매우 어려워지자 나에게 대구의과대학에 가라고 권하셨다.

나는 고민 끝에 "서울로 가겠습니다"는 말씀을 드리고 연세대에 응시하였다. 이런 결심을 하는 데에는 은사분들의 도움이 크게 영향을 미쳤다. 당시 담임선생이었던 권진태權鎭泰 선생님과 반기화 선생님 등은 나에게 입학금 전액과 한 달 치 하숙비를 십시일반으로 모아서 마련해 주셨다. 지금도 그 선생님들에 대한 고마움은 잊을 수가 없다.

내가 연세대에 응시한 이유는 전형 일정이 서울대나 고려대보다 20일 정도 빨랐고, 당시 우리나라에서 유일하게 정치외교학과가 있

연세대 입학을 기념하여 중학교 동기들과 함께.
(가운데가 저자. 왼쪽은 후일 〈민족일보〉 사장이 된 조용수)

는 대학이었기 때문이다. 외교를 통해 나라에 봉사해야겠다는 생각
을 가진 나로서는 연세대에 자연스럽게 응시하게 되었다. 24 대 1
의 경쟁률을 뚫고 대학시험에 합격했던 일은 내 인생에서 가장 처
음 경험하는 큰 기쁨이었다. 돌이켜 볼 때 결혼과 국회의원 당선도
내 인생에서 손꼽히는 기쁨의 순간이지만, 그중에서도 대학 합격이
가장 기쁜 일로 기억된다.

당시 나와 함께 입학했던 정외과 동기는 한기춘韓基春(전 연세대
교수), 한배호韓培浩(전 고려대 교수), 서대숙徐大肅(전 하와이대 교수),
임철규林喆圭(전 〈시사저널〉 사장), 오자복吳滋福(전 국방부 장관) 등이
었다. 이들 중에 오자복 장관은 6·25 전쟁이 발발하자 바로 군에
입대했고, 서대숙 박사와 한배호 박사는 전쟁 직후에 통역장교를
하다가 미국으로 유학을 갔다.

대학생활의 꿈과 낭만을 채 펼치기도 전에 터진 6·25 전쟁은 나의 인생에 많은 변화와 충격을 주었다. 1950년 6월 25일은 선생님들이 모아주신 돈으로 서울에서 하숙생활을 시작한 지 한 달 정도 되어가던 무렵으로 나는 열심히 가정교사 자리를 알아보러 다니고 있었다.

일요일이었던 그날, T34 소련제 전차를 앞세우고 북한의 기습적인 남침이 시작되었다. 전쟁 발발 초기 북한 인민군의 막강한 화력 앞에 우리 국군은 속수무책으로 밀리게 되었고, 전선은 급격히 후퇴하고 있었다. 그런데도 라디오에서는 하루 종일 "국민 여러분 안심하십시오. 용감한 우리 군인들이 기습 남침한 인민군을 물리치고 있습니다"라고 방송했기 때문에 서울 시민들 대다수는 우리가 그렇게 쉽게 무너질 줄 몰랐다.

대한민국 군인들은 그 전날인 토요일에 전부 외출이나 외박을 나가고, 군 영내에는 텅텅 비어 있는 상태였다. 당시 연세대 1학년생으로 북아현동에 하숙하고 있던 나는 궁금한 나머지 서대문에서 종로 쪽으로 나가 보았다. 그때서야 우리 헌병대 차들이 시내를 다니면서 확성기를 통해 "국군 여러분, 지금 북한군이 기습 남침을 했으니 빨리 군대로 돌아오십시오"라고 방송을 하고 다녔다. 우리가 북침을 했다면 어떻게 군부대가 텅텅 비어 있었을까? 그럼에도 우리가 북침을 했다고 일부 젊은이들이 잘못 알고 있다니 통탄할 노릇이다.

이승만 대통령은 27일 밤 정부에서 마련한 특별열차 편으로 남쪽으로 내려가고 있었고, 정부 요인들 그리고 힘 있는 사람들도 이미 한강을 건너 남쪽으로 내려가 버렸다. 그러나 정부의 말을 믿은 서울시민들은 28일 한강다리가 폭파되자 꼼짝없이 서울에 갇혀 버리고 말았다. 당시 육군참모총장이던 채병덕蔡秉德 장군은 그 후 낙동강 전투에서 전사하고 말았다.

27일 밤에 충정로 하숙집에서 밤새도록 '골골골' 하는 소리가 나 아침 일찍 서대문으로 나가보니 소련 탱크를 앞세우고 북한 인민군이 홍제동에서 독립문을 거쳐 서대문 쪽으로 보무당당하게 들어오고 있었다. 당시 길가에 나와 있던 시민들 중에는 어이없어서 가만히 바라보는 사람이 많았고, 마지못해 박수를 치는 사람도 있어 어수선한 분위기였다.

전쟁이 터지고 식량을 구하기 어려워지자 하숙집에서는 하숙생들에게 밥을 주지 않았다. 그러나 나는 인심 좋은 집에서 하숙을 하던 이상직李相直(당시 고대생, 후일 구미시장), 김병열金秉烈(당시 연대생, 후일 사업) 등 중학 동기생들의 하숙집을 전전하며 눌은밥을 얻어먹으며 간신히 끼니를 때웠다. 그러나 계속 이런 신세를 질 수 없어 7월 8일 경북 선산 출신의 정외과 동기인 김경덕金景德과 함께 고향으로 걸어서 내려가기로 했다.

나는 영어사전과 소중하게 여기는 몇 권의 책만 챙겨서 길을 떠났다. 나룻배를 타고 한강을 건너 경기도 이천利川, 장호원長湖院을 지나 계속 걸어 내려갔다. 나중에 안 일이지만, 7월 15일경에 연대생들은 모두 학교에 모이라는 연락을 받고 학교에 간 학생들은 모두 인민군으로 끌려갔다고 한다. 이렇게 인민군에 편입되었던 학생들은 대부분 전사하거나 포로로 잡혀서 포로수용소에 갇혔고 이후에 반공포로 석방 때 나온 사람도 있다. 전쟁의 포화 속에서 수많은 청춘들이 그 빛을 잃었으니 당시 시대가 얼마나 어둡고 팍팍했는지는 설명하지 않아도 알 수 있을 것이다.

내려가다 보니 나와 김경덕은 인민군 전위부대 바로 뒤를 따라 남하하고 있었다. 내려가는 길에 자주 인민군의 검문을 받았는데, 우리가 학생증을 내보이며 고향인 대구에 간다고 하면 심하게 검문하지도 않고 "미리 대구에 가서 환영 준비나 하라"고 큰소리치면서 통과시켜 주었다. 당시 인민군은 열흘 정도면 남쪽을 모두 장악할 수 있다는 자신감으로 피란가는 학생들에게는 크게 관심을 두지 않았던 것이다. 아마도 유엔군의 도움이 아니었으면, 그들의 생각대로 되었을지도 모르는 일이다.

거의 열흘 정도 걸어서 낙동강까지 갔는데, 중간에 민가에서 밥을 얻어먹기도 하고, 산에서 잠을 자기도 했으며 참외, 수박 등을 따 먹으면서 주린 배를 조금이라도 채울 수 있었다.

우리가 낙동강에 도착했을 때는 우리 국군이 낙동강을 최후의 마지노선으로 여기고 인민군과 치열하게 전투를 하고 있었다. 그때 마침 낙동강을 건너는 뗏목이 있어서 올라탔는데, 그 뗏목 위에는 후퇴하는 경찰관들도 눈에 띄었다. 강 건너 다다른 선산군 장천면은 김경덕의 고향이었다. 나는 거기서 마지막 버스를 타고 대구로 향했다. 나를 본 어머니는 깜짝 놀라시며 눈물로 맞이하셨다. 그때는 대구와 부산을 빼고는 거의 모든 지역을 인민군이 점령하고 있을 때여서 당시 합천에서 정미소를 경영하시던 아버지는 뵐 수가 없었다.

6·25 전쟁이 일어나자 미국 트루먼 대통령의 요청으로 긴급히 소집된 유엔 안전보장이사회에서는 '북한의 기습공격은 유엔헌장에 위배될 뿐 아니라 세계 평화를 파괴하는 도전'으로 규정하고 이를 저지하기 위해 즉각 유엔군을 파견하기로 했다. 유엔 결의가 있자 오키나와에 있던 미 공군은 즉각 출격하였고 우리 공군에서도 백범 김구 선생님의 아들이신 김신金信 장관과 장성환張盛煥 전 공군참모총장 등 10명의 전투 조종사가 오키나와에서 무스탕Mustang(일명 쌕쌕이) 전투기를 조종해 와 그다음 날부터 출격을 시작했다.

7월 초에 부산에 도착한 유엔군(참전 16개국)은 바로 낙동강 전선으로 향했다. 그러나 인민군 일부는 낙동강을 건너 대구 근교 다부동까지 진격했으며 다부동에서 쏜 포탄이 대구시내에 떨어지기까지 했다. 당시 국방부에서는 대구에 소개령疏開令을 내렸다. 그러나 조병옥趙炳玉 내무부 장관은 대구는 반드시 사수해야 한다고 주장하여 대구시민들은 대구를 지키고 있었다. 만일 그때 국방부 계획대로 대구까지 포기했다면 우리나라의 운명은 사이공 최후의 날처럼 되었을지도 모른다. 그리하여 맥아더 장군이 9월 16일 인천상륙작전을 감행하여 9월 28일 서울을 수복하게 된 것이다.

6월 26일에 소집된 유엔 안전보장이사회에서 만일 소련대표가 거부권을 행사했다면 우리나라의 운명도 달라졌을 것이다. 소련대표가 유엔군 파견에 대한 거부권을 행사하지 않았던 이유에 대해서 학자들 간에 해석의 차이가 있다.

첫째, 당시 자유중국(현 타이완)이 안보리 이사국에 있는 것을 반대
　　　하여 출석을 거부했다.

둘째, 소련대표가 불출석이 바로 거부권 행사가 된다고 착각했다.

셋째, 스탈린이 미국과 정면으로 맞서기를 꺼렸다.

　그러나 나는 스탈린이 미국과 맞서기를 꺼렸다는 입장에 동의한
다. 북한이 남한을 기습 공격하는 문제에 대해서도 중국은 처음부
터 동의했으나, 스탈린은 처음에는 동의하지 않다가 김일성金日成과
박헌영朴憲永이 남침을 하기만 하면 남한에 있는 남로당원들이 전부
동조해 줄 것이기 때문에 일주일이면 전쟁을 끝낼 수 있다고 집요하
게 설득하여 마지못해 승인하는 척했다고 한다. 그러나 한국전쟁이
실패로 끝나자 김일성이 박헌영을 언더우드 박사와 친하다는 이유
로 미국의 간첩이라고 뒤집어씌워 처형한 것이다.

제 5 장
조국의 하늘을
지키려 날개를 펴다

참전을 결심하고 공사에 입교하다

한편 6·25 전쟁 중에는 대학들도 피란을 내려가 있었다. 고려대는
대구에 내려와 있었고, 부산에는 서울대와 연세대가 피란하고 있었
다. 전쟁 중에도 대학 재학생들은 징집이 연기되었기 때문에 가교
사에서 공부하는 학생들도 많았다. 8월 초 나도 혹시 공부를 계속
할까 해서 부산 영도에 있는 연세대 가교사에 찾아가 보았다. 그러
나 전쟁 중에 공부하는 학생들을 보는 순간 그들이 마치 패잔병처
럼 느껴져 나는 도저히 공부할 생각이 나지 않았다. 그래서 나는
군에 가기로 결심하였다.

기왕 군에 갈 바에야 높은 하늘에 내 이상을 두고, 조국의 하늘을
지키는 공군이 되겠다고 결심했다. 그래서 나는 1950년 11월 1일
진해 공군사관학교 3기생으로 입교하였다. 공사 1기는 전쟁 전에
임관해서 이미 출격 중이었다.

미 8군 사령관
테일러 장군과 악수하는
공사 생도 대장 시절.

　당시 공사 3기생들은 매우 우수했으며 교수진도 일반 대학교수 수준의 분들을 모시고 있었다. 내 동기생 중에는 공군참모총장과 제13대 국회의원을 지낸 김인기金仁基를 비롯하여 심장섭沈璋燮(전 그리스 대사), 이상운李相運(전 김구 선생 기념사업회 부회장) 등이 있다.

　나는 공군사관학교에 다니면서 동료들보다 나이도 조금 많고, 대학에도 다녔고 해서 입학식 때부터 학생 대대장으로 뽑혔다. 성격도 활동적이고 동료들 사이에서 리더 역할을 했기 때문에 2학년 때는 생도회 격인 '오성회'五星會를 조직해서 회장이 되었다.

　그러던 1953년 봄, 모든 기초훈련을 마치고 본격적인 비행훈련만 남겨 놓은 상황에서 조국의 하늘을 지키겠다는 나의 '파일럿'의 꿈은 무산되고 말았다.

　진해에서 대전의 항공병학교로 이동하여 마지막 지상훈련을 받고 권총사격 연습까지 다 마친 후 다음날 사천으로 비행훈련을 간다는 꿈에 부풀어 항공병학교에서 취침 중에 사건이 터졌다.

임관을 하루 앞둔 행정장교 후보생들이 유성儒城에서 술을 마시고는 매우 흐트러진 모습으로 영내로 들어오다가 3기 불침번의 제재를 받자, 이에 대항하며 거친 언행으로 3기생들에게 시비를 걸어왔다.

당시 행정장교 후보생들은 대학교 2, 3학년 재학 중이거나 배경이 든든한 집의 자제들이 대부분이었는데, 6개월 훈련을 거쳐 공군 소위로 임관되는 사람들이었다.

이들이 시작한 시비는 행정장교들과 3기생들과의 집단 싸움으로 번졌는데, 약 20여 명의 부상자가 생기면서 엄청난 사건이 되었다. 전쟁 중에 이러한 사건이 발생했으니 심각할 수밖에 없었다. 참모총장을 제외한 모든 공군본부의 국장들이 전부 대전으로 내려오는 등 사태가 엄중하게 흘러갔다.

공군사관학교 학생들 10명가량이 퇴교 처분을 받는 위기 상황에 직면하여 나는 생도회 회장으로서 모든 책임을 지기로 마음먹었다. 나 혼자 군법회의에 회부되고 다른 학생들은 처벌을 면하게 해달라고 요청한 것이다. 결국 나는 유치장에 수감되었다. 당시 공군본부는 대구에 있었고, 대구 칠성초등학교에 유치장이 있었다.

이러한 나의 행동이 매우 희생적이라고 판단한 공사출신 장교들은 물론이고 옥만호玉滿鎬(전 공군참모총장), 주영복周永福(전 국방부 장관), 유치곤兪致坤(1965년 전사) 등 당시 유명했던 출격 조종사들까지 나의 구명운동을 해 주었다. 심지어는 공사 교장을 겸하고 있던 최용덕崔用德 공군참모총장도 유치장에 있는 나를 불러 격려해 주었다. 그때 최용덕 총장은 "내가 오랜 기간 비행기를 탔고, 장제스蔣介石 총통도 모시고 다녀봤지만, 자네 같은 성격의 사람은 비행기 타면 반드시 죽게 돼 있어. 연대 다니다가 왔다고 들었는데, 내가 모든 뒷바라지를 해줄 테니 연대에 다시 복교를 하라"는 것이었다.

파일럿의 날개를 접다

그 후 군법회의는 일사천리로 진행됐고, 나는 결국 퇴교 조치되었다. 그러나 사관학교를 3년 가까이 다녔으므로 군 인사법에 의하여 사병으로 전입되어 공군 이등병으로 제대하게 되었다. 공군사관학교에서 퇴교하기 전날 식당에서 열린 환송회에서 나는 〈아! 목동아〉(오! 데니보이)를 불러 환송회장이 울음바다가 되었다.

그다음 날 사관학교 막사에서 짐을 챙겨 나오는데 3, 4, 5기생 모두가 두 줄로 교문까지 줄지어 서서 나를 전송해 주었다. 생도들 외에도 장교, 사병, 문관 심지어는 식당에서 일하는 아주머니들까지 나와서 나의 퇴교를 안타까워했다. 내가 사관학교 정문을 향해 걸어 나오는 한참 동안 손을 흔들고 배웅해 주던 그들의 모습을 난 지금도 잊을 수 없다.

그 뒤 공군사관학교 교관들이 강의시간에 희생적 전우애를 발휘한 대표적인 사례로 나의 행동을 이야기하고 내 이름을 거명하는 경우가 많았다고 한다.

퇴교한 지 48년이 지난 2001년 11월 3일, 3기 사관 임관 50주년을 맞아 나는 청주 공군사관학교 교정에서 나의 동기생들과 재학생들의 축하 속에서 공사 명예졸업장을 받았다.

16대 국회의장 시절 공군 전투비행단을 위문 방문.
(마침내 젊은 시절 소망했던 대로 전투기 조정석에 앉았다)

나는 그날 연설에서 억울하게 희생당한 내 과거를 회고하고, 재학생들에게는 조국의 하늘을 지키는 정의로운 용사가 되어 줄 것을 당부했다. 이때 나 자신은 물론이고 이날 참석한 동기생들도 감동의 눈물을 함께 흘렸다. 나의 명예졸업장은 공사 개교 이래 제1호로서 지금 공사박물관에 영구 보존되어 있다.

열혈기자로
격동의 시대를 정면돌파

제 1 장
연세대학교
털보 응원단장 시절

가난한 시절, 눈물 대신 축제의 꽃이 되다

1953년 9월 복교를 결심하고 서울로 올라올 때는 이미 휴전협정이
맺어지고 정부는 서울로 돌아와 있을 때였다.

3년 동안 공사에 다녔기 때문에 내가 복교를 할 때는 이미 입학
동기들이 모두 졸업논문을 준비하고 있었다. 남들보다 학업이 늦었
으니 더욱 열심히 해야 한다는 생각뿐이었고, 수업도 학년 구분 없
이 필요한 과목은 모두 들으면서 학교생활에 전념하였다.

하지만 나이 어린 후배들하고 같이 공부하면서 학교에 다니는 일
이 쉽지만은 않았다. 한마디로 정을 붙일 무엇인가가 필요했다. 운
동을 좋아하는 나의 취향을 보아 응원단장을 하면 활기차게 학교생
활을 할 수 있을 것 같았다. 그래서 수염을 덥수룩하게 기르고 응
원단장을 하면서 운동 행사에 적극적으로 나섰다. 이때부터 '털보
응원단장'이라는 별명이 나를 따라다녔다. 당시에는 프로스포츠가

위 / 연세대 응원단장으로 단상에 올라가 응원하는 모습.
아래 / 연세대 축구선수들과 함께한 털보 응원단장 시절 (아랫줄 맨 오른쪽이 저자).

없던 시대여서 연고전은 일본의 소케이센そうけいせん,무慶戰처럼 온 서울 시민의 축제이기도 했다.

응원단장을 하면서도 학업을 게을리하지 않아 성적은 항상 상위 권을 차지했다. 결석은 절대로 하지 않았으며, 강의 때마다 제일 앞자리에 앉아서 교수님과 눈을 마주치며 수업에 집중했기 때문에 좋은 성적을 유지할 수 있었다. 그러나 형편이 어려워서 가정교사 를 하며 고학을 해야만 했다. 당시 가정교사는 요즘처럼 수업료를 월급 또는 시급으로 받지 않고, 학생의 집에 입주해서 숙식을 해결 하는 식이었다. 간혹 학생의 부모님이 등록금을 지원해 주는 경우 가 있을 뿐이었다. 그러나 가정교사 생활은 심적으로 부담되는 일 이 많아서 얼마 후 가정교사 생활을 청산하고 정외과 입학동기인 김사익金士益의 집에서 학교를 다녔다.

나는 연대에 다니면서 4년간 점심을 먹어 본 일이 없다. 점심시 간이 되면 뒷산에 올라가 흘러가는 구름을 보며 드러누워 사색도 하고, 미래에 대한 계획도 세웠다. 그러다가 수업시간이 되면 수돗 물을 배불리 먹고 내려와서 마치 밥이나 잘 먹은 듯이 큰소리치곤 했다. 그 당시는 우리나라가 경제적으로 극히 어려운 때라 배고픔 은 나 혼자만의 고통은 아니었다.

시대상황은 암울했지만 희망 찬 대학생활을 할 수 있었던 것은 든든한 은사님들 덕분이었다. 백낙준白樂濬 총장님을 비롯하여 김윤 경金允經(국어학), 정석해鄭錫海(철학), 오화섭吳華燮(영문학) 교수님, 정치학 교수로는 당시 미국에서 처음으로 정치학 박사학위를 받은 서석순徐碩淳, 조효원趙孝源 박사님과 정외과 선배인 김명회金明會 박사님은 대학시절 나의 우상이자 등대였다.

나는 졸업 후에도 이분들의 고마움을 잊지 않고 조금이라도 갚기 위해 노력했다. 〈동아일보〉 정치부 기자였던 시절, 1960년 4·19 민주혁명 당시 4월 25일 교수시위 때 민주주의를 외치면서 시위대 열에서 제일 앞장섰던 정석해 교수님과 함께 걸으면서 응원해드린 일이 있다. 또한 백낙준 총장님이 참의원에 당선되어 참의원 의장 물망에 올랐을 때 민주당 중진들을 설득하여 백 총장님이 의장이 되시도록 지원해 준 일이 있다.

커피 한잔으로 평생의 연분을 맺다

복학 후 연대 털보 응원단장으로 동분서주하던 어느 날, 장안에 퍼진 나에 대한 소문을 듣고 당시 〈경향신문〉의 조사부 기자였던 한윤복韓閏福이 KBS에서 아르바이트를 하던 연대 학생을 통해 만나자는 연락을 했다. 나도 은근히 관심이 생겨 광화문에 있던 '릴리 다방'으로 나갔다.

물론 그때 주머니에는 돈이 한 푼도 없었다. 버스 탈 돈도 없을 때였으니까 커피 값이 있을 리가 만무했다. 그 시절의 문화는 데이트 비용을 보통 남자들이 부담했었기 때문에 머릿속으로는 온통 커피 값을 어떻게 하느냐는 걱정 때문에 그 사람을 만나서 무슨 얘길 어떻게 나누었는지 지금도 전혀 기억이 나지 않는다.

그런데 다방에서 나갈 때가 되자 한윤복이 나의 사정을 알기나 하는 듯이 커피 값을 선뜻 내는 것이었다. 얼마나 다행스러웠던지

1957년 명동성당에서 올린 결혼식.

안도의 한숨이 저절로 나왔다. 이렇게 시원시원한 그녀의 모습을 보고 나는 '이만하면 됐다' 하고 마음속으로 결혼을 결심했다.

지금 생각해 보니 커피 한잔이 인연이 되어 오늘날까지 57년을 함께 동고동락同苦同樂한 것이다. 지금도 농담 삼아 아내에게 "커피 한잔 얻어먹고 57년을 끌려다녔다"고 이야기하면, 아내는 "커피 한 잔 사 주고 평생을 고생했다"고 맞받아친다.

사실 아내는 국회의원 선거를 치를 때마다 나의 지역구인 대구에 함께 내려가 고생을 많이 했다. 대구 사람들은 나에게 대구에도 미인이 많은데 서울내기하고 결혼했다고 놀리고, 서울 토박이인 아내를 '서울내기 다마네기たまねぎ'라고 놀리는 경우가 많았다. 그러니 커피 한잔 사주고 고생했다는 아내의 이야기도 무리는 아니다. 커피 한잔의 인연으로 한평생 정치하는 남편의 뒷바라지를 해준 아내에게 더없는 고마움을 느낀다.

제 2 장
격동의 현대사 속에
들어선 기자의 길

정치적 격동기, 칼이 아닌 펜을 잡다

동기들보다 졸업이 늦어진 나는 서둘러 진로를 선택하기 위해서 졸업을 한 해 앞둔 1956년 언론계에 투신하였다. 언론계 출신인 아내의 권유도 있었지만 그보다는 세상을 폭넓게 살펴봐야겠다는 생각이 컸다.

나의 첫 직장은 동화통신사同和通信社였다. 졸업하기 전인 1956년 가을, 당시 AP 및 AFP와 특약을 맺어 새로 창설된 동화통신사에 공채 1기로 입사하여 정치부 기자로 활동하고 있었다.

1년가량 동화통신사 생활을 하던 중 대학 선배인 이동수李東洙 기자(전 〈동아일보〉 상무)의 추천으로 〈동아일보〉 정치부로 자리를 옮기게 되었다. 〈동아일보〉에 입사할 때 신원보증은 나를 남달리 아끼고 사랑해 주시던 유석維石 조병옥 박사가 서 주셨다. 제 3대 국회 후반부터 제 5대 국회 때까지 나는 국회 출입기자로 오로지 애국하는 마음으로 젊음과 열정을 다 쏟아 취재활동을 하였다. 나의

〈동아일보〉 정치부 기자 시절
신병 치료차 미국으로 출국하는
조병옥 박사를 환송하며
(왼쪽부터 조승만 비서, 저자,
조병옥 박사, 이종호 기자)

신문기자 생활은 불과 8년밖에 되지 않았으나 3·15, 4·19, 5·16
등 굵직굵직한 사건이 일어나던 격동기에 정치부 기자로 활동했기
때문에 그 당시의 역사를 생생하게 온몸으로 겪을 수 있었다.

민심을 잃은 자유당 정권과
어두운 시대상

1954년 사사오입 개헌으로 이승만 대통령의 종신집권을 꾀했던 자
유당은 1958년 '신 국가보안법'으로 야당과 언론을 탄압하려 했다.
　이에 맞서 야당은 "경찰국가를 만들려는 음모다. 관제 공산당을
양성하려는 악법이다"라며 범국민 저지운동을 펼치고 의사당에서
농성을 하기 시작했다.
　야당이 농성 5일째를 맞던 24일 새벽, 덕수궁에는 전국에서 힘께

나 쏜다는 무술경관 300여 명이 국회 경위 복장으로 집결해 있었다. 이를 확인한 나는 곧바로 국회 의무실 2층에 있던 회의실에서 민주당 최고위원회를 주재하던 조병옥 대표최고위원을 찾았다. 회의실에 들어서면서 나는 큰 소리로 말했다.

"큰일 났습니다. 지금 덕수궁에 무술경관 300여 명이 집결해 있습니다. 아침이 되면 본회의장에 난입할 것입니다. 그러니 우선 농성을 풀고 본회의장을 깨끗이 정리한 후 의사진행 발언을 통해 시간을 끌어 주시면 언론에서 무술경관 급조 등 자유당의 음모를 계속 보도하겠습니다. 그러는 동안 뭔가 정치적 해결책이 나오지 않겠습니까?"

민주당 최고위원들이 내 말에 동의하여 의원들이 농성장을 정리하고 10시 개회를 기다리는데, 9시 40분쯤 무술경관들이 무작정 본회의장으로 들이닥쳤다. 거칠게 안으로 들어온 그들은 마치 범법자를 검거하듯 국회의원들을 무자비하게 본회의장 밖으로 끌어내는 것이었다. 박순천朴順天 여사가 카랑카랑한 목소리로 저항하며 안타깝게 끌려가는 모습을 보고 나는 울분을 참지 못해 눈물을 흘리고 말았다. 도대체 이런 국회가 세상 어디에 있을까 하는 생각에 망연자실할 수밖에 없었다.

이렇게 날치기로 신 국가보안법을 통과시키는 폭거를 저지른 자유당 정권은 스스로 파탄의 길로 향하고 있었다. 즉, 신 국가보안법 파동은 결국 자유당 정권의 '종말로 가는 전주곡'이 되었다.

1960년 제4대 정부통령 선거가 시작되었다. 그러나 야당의 대통령 후보인 조병옥 박사는 선거를 준비하는 도중 건강이 악화돼 미국 월터리드 육군의료센터 The Walter Reed Army Medical Center에서 수술을 받았으나 2월 16일 새벽 심장마비로 돌아가시고 말았다. 조 박사의 서거 소식은 그야말로 청천벽력 같았다.

조병옥 박사가 서거하면서 대통령 선거는 사실상 끝난 것과 다름없었다. 자유당은 부통령에 장면張勉 박사를 누르고 기어이 이기붕李起鵬 의장을 당선시키기 위해 원천적인 부정선거를 감행했다.

눈에 최루탄 박힌 소년의 죽음에
시민들의 분노가 폭발하다

1960년 2월 28일 대구에서 민주당 장면 부통령 후보의 선거 유세가 예정돼 있었다. 그날은 일요일이었는데도 대구시내 중·고등학교에 강제 등교령이 내려졌다. 장면 박사의 유세에 많은 사람이 몰리는 것을 우려하여 학생들을 학교에 강제로 나오게 하고 선거열기를 차단하려는 술책이었다.

이러한 정권의 무리한 조치는 결국 거국적 저항운동의 불씨가 되고 말았다. 경북고와 대구고 등 대구시내 고등학교 학생 1천여 명이 '학원의 정치 도구화 반대'를 외치며 시위를 벌이게 된 것이다. '2·28 대구 학생의거'가 터진 것이다. 바쁘게 취재와 기사 송고를 하는 와중에도 경찰의 폭력에 무참히 짓밟히던 학생들을 구해 주었던 기억이 지금도 생생하다.

대구시청 뒤 무도관 앞에서 경찰관이 학생을 넘어뜨린 채 무참히 구타하는 것을 보고 나는 참지 못해 그 경찰관을 밀치고 학생을 도망가게 해 주기도 했다. 당시 2·28 대구 학생의거의 주역은 이대우 李大雨(전 부산대 교수)였다.

　자유당 정권은 특히 마산에서 노골적으로 부정선거를 자행하였다. 통반장들이 나서서 야당 성향의 유권자에게는 투표용지를 배포하지 않고 사전에 여당에 기표하여 투표함에 넣었다. 투표할 때도 3인조, 5인조 중에 반장이 조장이 되어서 여당에 투표하도록 노골적으로 압력을 가했다. 투표용지를 받지 못한 유권자들이 "내 투표용지를 달라"고 외치면서 시작된 부정선거 규탄시위는 날이 갈수록 격렬해졌다.

　그러던 중 4월 11일 아침 마산시 앞바다에서 최루탄이 눈에 박힌 고등학생 김주열金朱烈 군의 시체가 떠오르면서 시민들의 저항감은 극에 다다르게 되었다. 그 당시 〈동아일보〉에 보도된 최루탄이 눈에 박힌 김주열 군의 참혹한 사진과 기사를 보고 서울에서 모든 대학생들이 봉기하여 시위를 벌이게 된다. 이것이 바로 4·19의 도화선이었다.

　당시 마산 시내는 마치 전쟁터와 같았다. 성난 시민들과 경찰의 충돌은 유혈사태로 번졌고, 12일과 13일이 되어도 분노의 불길은 꺼질 줄 몰랐다.

　이런 분위기 속에서 그 당시 야당지인 〈동아일보〉 깃발을 단 차가 지나가면 시민들은 박수를 치고 만세까지 불러 주어 취재를 하면서도 힘이 절로 났다.

　4월 13일 밤에는 경찰이 김주열 군의 시신을 빼돌린다는 정보를 입수하고 나는 마산도립병원 앞을 지키고 있었다.

아니나 다를까 비가 주룩주룩 오는 그날 밤 시신을 실은 경찰차가 바로 고속도로를 달리기 시작했고 나는 그 뒤를 바짝 쫓아갔다. 그러나 무술경관들이 고속도로 입구에서 내 차를 포위하여 나는 그들과 몸싸움을 하다가 더 이상 추적을 계속할 수 없었다. 다만 그 차가 가는 방향으로 보았을 때 김 군의 고향인 남원으로 가는 것이 틀림없다고 생각했다.

사태가 이렇게 심각함에도 불구하고 자유당은 민심에 반하는 짓을 멈추지 않았다. 국회에서 '마산사태 진상조사단'이 내려와 조사를 벌였는데, 이들 중 자유당 소속 의원들이 엉뚱하게도 '김주열 군 사건'과 '마산사태'를 공산주의의 사주를 받은 불순 집단의 난동으로 발표한 것이다. 자신들의 과오는 뒤로하고 책임을 다른 곳으로 돌리려는 자유당 정권의 행태에 시민들은 더욱 분노했다.

서울, 부산, 대구 등지로 시위가 확산되어 갔다. 서울로 올라와 보니 서울 상황도 마산 못지않게 심각했다. 〈동아일보〉는 광화문에 있었기 때문에 시내의 시위상황을 비교적 상세하게 취재할 수 있었다. 광화문에서는 이승만 박사의 동상(현재 이순신李舜臣 장군 동상 자리에 있었음)을 무너뜨려 목에 새끼줄을 걸어 끌고 다니는 학생 시위대의 모습도 보였고, 경무대(청와대의 옛 이름) 쪽에서는 경찰과 대치하는 시위대의 모습도 한눈에 볼 수 있었다.

4월 18일 경찰만으로는 안 되겠다고 판단했던 것인지, 종로 4가에서 시위 중이던 고대생들을 반공청년단이 깡패를 동원하여 폭행하는 사건이 발생했다. 그리고 그 일은 타오르는 불에 기름을 부은 격이 되었다. 19일 분노한 시위대 인원이 수만 명으로 늘어나자 경무대 앞에서는 급기야 곽영주郭永周 비서관(경무대 경호실장)의 지시로 경찰이 실탄을 발포하는, 있어서는 안 될 최악의 상황이 벌어졌다.

총알이 날아다니는 현장을 취재하는 급박한 와중에도 피를 흘리며 쓰러지는 학생들을 보며 내 마음은 처참했다. 민심을 거역하는 독재정치는 결국 나라를 망쳐 버리고 만다는 사실을 확실하게 보여 주는 광경들이었다. 정치가는 국민에 의해 세워지고 국민이 돌아서면 그 존재가치가 사라지기 때문에 항상 민심을 존중해야 한다는 만고불변의 진리를 다시금 깨달았다.

그때 인생의 꽃을 활짝 피워 보지도 못한 채 희생된 180여 명의 어린 학생들을 생각하면 지금도 가슴이 찢어지는 듯이 아프다. 그들의 숭고한 희생에 다시 한 번 고개 숙여 명복을 빈다.

제 3 장
4 · 19 민주혁명과 독재정권의 몰락

1960년 4월 19일, 마침내 정의가 승리하다

4월 19일 자유당 정부는 서울, 부산, 대구, 대전, 광주 등 5개 도시에 비상계엄령을 선포하고 군을 동원하여 시위를 막으려 했으나, 서울로 진입한 계엄군은 시민들에게 오히려 우호적이었다. 계엄군의 탱크 위로 시민들이 올라가 군인들과 함께 손을 흔들거나 만세를 부르는 등 군과 시민이 한마음이 되었다.

경무대는 궁지에 몰릴 수밖에 없었고, 보도제한도 할 수 없을 만큼 다급한 상황이 되었다. 이기붕 부통령 당선자(자유당이 조작한 선거결과 이기붕 후보가 883만 7,059표, 장면 후보가 184만 3,758표를 득표하였음)는 급기야 24일 사퇴를 공식 발표했고, 이 사실을 미리 알게 된 장면 부통령도 동시에 부통령직 사퇴를 발표했다. 현직 부통령과 부통령 당선자가 같은 날 사퇴하는 기이한 일이 발생하자 언론사들은 어떤 기사를 1면 톱으로 할지 고민하기도 했다.

사실 나는 마산으로 취재차 내려가기 전에 송원영宋元英 공보비서관(후일 민주당 의원)의 주선으로 장면 박사를 만날 기회가 있었는데 그 자리에서 강력하게 '부통령직 사퇴'를 권고했었다.

어차피 임기가 얼마 남지 않은 상황이고, 부정선거로 이기붕 씨가 차기 부통령으로 발표되었고, 시민이 부정선거를 규탄하는 목소리는 점점 높아지고 있는 판에 과감히 부통령직을 사퇴하고 '부정선거 규탄'에 앞장서는 것이 앞으로를 위해서도 좋겠다는 말씀을 드렸다. 그러나 자리에 연연하는 모습을 보이며 선뜻 사퇴를 결심하지 못했던 장면 박사의 모습에서 다소 실망스러움을 감출 수 없었다.

결국, 25일 연세대 정석해 교수를 포함하여 대학교수들이 시국선언문을 발표하고 시가행진을 벌였고, 26일에는 송요찬宋堯讚 계엄사령관의 주선으로 경무대에서 학생 및 시민대표 5인과 이승만 대통령의 면담이 이루어졌다.

학생과 시민대표는 하야를 요구했고, 이승만 대통령은 방송을 통해 직접 하야의 뜻을 밝혔다. 이날 오후 국회는 본회의를 열어 '이 대통령 즉시 하야, 3·15 부정선거 무효 및 재선거' 등을 결의했다.

민주주의를 열망하는 시민들의 힘이 부정한 권력을 무너뜨리는 역사의 현장을 취재하면서 승리의 기쁨도 있었지만, 한편으로는 착잡한 심경 또한 지울 수 없었다.

부정한 정권의 말로는 참으로 비참했다. 이기붕 일가는 큰아들 이강석李康石의 권총으로 생을 마감했으며, 이승만 박사는 허정許政 내각수반의 주선으로 하와이로 망명을 떠나야 했다. 그리하여 그곳에서 돌아가셨고 박정희 대통령 때 비로소 유해를 국립현충원으로 이장하였다.

76

'내부의 적'에 의해 파멸한 자유당 정권

돌이켜 보면 자유당 정권이 망한 것은 권력 내부의 강경파들 때문이었다. '보안법 파동' 과정에서 무술경관을 의사당에 난입시키고, 무리하게 이기붕 씨를 부통령에 당선시키려 하는 과정에서 시민들의 분노를 사게 된 것이다.

조병옥 박사는 보안법 파동에도 불구하고 정국 정상화를 위해 당시 국립의료원에 입원 중이던 이기붕 국회의장을 병문안한 일이 있다. 이 의장이 자신에게 병문안 온 조병옥 박사에게 이승만 대통령을 만나 심도 있게 시국 문제를 논의해 줄 것을 요청하자, 조 박사도 이에 동의를 하였다. 하지만 경무대 박찬일朴贊一 비서관이 자유당 강경파의 사주를 받아 스케줄이 변경되었다고 거짓을 꾸며 면담을 무산시킨 일도 있었다. 그때 만일 회담이 성사되었다면 내각책임제 개헌으로 평화적 정권교체가 이루어질 수도 있었을 것이다. 그 당시 민주당의 정당정책은 내각책임제였다.

결국 자유당 정권의 강경파들은 스스로 몰락을 자초하고 국민과 역사의 심판을 받게 되었다. 1960년 5월 3일 국회에서 대통령 사임서가 처리되어, 제3대 대통령직 사직과 제4대 대통령 당선자 사퇴가 선언되었으며 독재정권과 부정선거 획책의 최선두에 섰던 최인규崔仁圭, 박만원朴晩元, 장경근張暻根, 이존화李存華, 신도환辛道煥, 손도심孫道心 등 자유당 소속 의원 6명의 사직이 본회의에서 표결처리되었다. 이어 24일에는 정부가 '부정선거를 모의하였으며 증거 인멸의 우려가 있다'는 이유로 체포구속동의 요청을 해온 자유당 소속

박용익朴容益, 정존수鄭存秀, 조순趙淳, 이재학李在鶴, 임철호任哲鎬, 정문흠鄭文欽 등 의원 6명에 대한 표결처리를 진행하였다.

이 중 박용익 의원에 대한 표결은 가결되었으나, 정존수 의원에 대한 구속동의안 표결이 부결되고, 조순 의원에 대한 표결은 미결되었다. 나는 4·19 민주혁명 정신을 짓밟고 국민의 여망을 저버리는 자유당 의원들의 행태가 너무 한심하고 분통 터져 2층 기자실에서 본회의장을 향해 소리를 질렀다.

"야! 이 자유당 나쁜 놈들아, 이럴 수 있는 거야?"

그러자 사회를 보고 있던 곽상훈郭尙勳 의장이 기자석을 향해서 "〈동아일보〉 이만섭 기자! 조용히 하시오"하며 제지했고, 이 말은 나중에 속기록에 게재되어 화제가 되기도 했는데, 나중에 재정리 과정에서 삭제되었다.

결국, 26일 속개된 회의에서 조순, 정문흠 의원의 체포구속동의안은 가결되었고, 정존수, 이재학, 임철호 의원은 자진 사퇴함으로서 구속동의안이 폐기되었다.

제 4 장
구국을 위한 불가피한 선택, 5·16

권력의 붕괴와 대혼란 정국의 도래

4·19 민주혁명으로 자유당 정권이 무너진 후 허정 과도내각이 들어서서 의원내각제 개헌이 이루어졌다. 7월 29일 실시된 제5대 국회의원 총선거에서 자유당은 국민의 준엄한 심판을 받아 단 2석만 얻는 데 그쳤다. 당시 당선된 두 사람은 이재학 의원과 이정석李丁錫 의원이었는데, 이들은 지역에서 신망을 얻어 당선이 된 것이지만, 5대 국회가 개원하자마자 소급입법으로 공민권이 제한되어 바로 의원직을 박탈당하고 말았다.

그런데 이 선거에서 압승을 거둔 민주당은 당내 신·구파 싸움으로 정국은 극도로 혼란스러웠으며 급기야 구파가 유진산柳珍山 씨를 중심으로 분당하여 '신민당'을 창당하게 되었다. 사정이 이러하다 보니 인재를 등용하는 데에도 문제가 생겼다. 예컨대, 총을 한 번도 다뤄본 적이 없는 사람이 국방부 장관에 임명되어 군인들의 불신과 불만을 사는 등 불협화음이 끊이지 않았다. 학생들은 통일문제를 논의하기 위해 판문점에 가서 이북 학생들과 만나야 한다고 매일같이 시위를 하였으며 심지어는 초등학생들까지 시위를 벌이기도 했다. 경찰관들은 민주당 김선태金善太 의원에게 결례하여 뺨을 맞았다고 국회 앞에서 시위를 하고, 4·19 유족회는 3·15 부정선거의 책임자에 대한 처벌이 약하다고 하여 국회 본회의장에까지 난입하기도 했다. 나라는 가히 무정부 상태였다.

1961년 5월 16일 새벽, 전화벨이 울렸다. 대륜중 후배로 해병대 장교라면서 이름은 밝히지 않은 제보자가 "군사혁명이 일어났습니다"라고 알려주었다. 내 추측으로는 10·26 사건 때 김재규 중앙정보부장의 지휘하에 있던 박선호朴善浩 대령이 아닐까 생각한다.

아무튼 소식을 듣고 동아일보사로 달려가면서 나는 '결국 이렇게 되었구나'라는 생각이 들었다. 그 당시는 사회가 너무 혼란스러워 '4월에 군사혁명이 일어난다', '5월에 군사혁명이 일어난다' 등의 혁명설이 공공연히 나돌던 때였다. 5·16 혁명이 일어나자 윤보선尹潽善 대통령도 '올 것이 왔다'는 반응을 보였다. 결국 5·16은 민주당의 내분과 장면 총리의 리더십 부족을 배경으로 일어났다고 볼 수 있다.

당시 반도호텔(현 롯데호텔)에 집무실이 있던 장면 총리는 혁명이 일어났다는 보고를 받자 끼고 있던 안경도 떨어뜨린 채 혜화동의 수녀원으로 숨어 버리고 말았다.

내가 신문사에 들어섰을 때는 이미 라디오에서 혁명군의 방송이 나오고 있었다.

우리는 첫째, 반공을 국시國是로 하고, 둘째, 유엔 헌장을 준수하며 미국 등 우방과의 유대를 강화하고, 셋째, 구악舊惡을 일소하여 민족정기를 바로잡고, 넷째, 민생고民生苦를 시급히 해결하여 자립경제를 이룩하며, 다섯째, 통일을 위해 공산주의와 대결할 수 있는 실력을 배양한 후, 여섯째, 양심적 정치인에게 정권을 이양할 것입니다. …

그리하여 박정희 대통령은 5·16 혁명 후 5일이 지나자 즉각 정소영鄭韶永 박사 등 젊은 엘리트 경제학자들을 불러 과거와 달리 의욕적으로 제1차 경제개발 5개년계획을 세워 줄 것을 부탁하였고, 이를 즉각 추진하도록 독려했다.

5·16의 공과는 올바로 평가되어야 한다

5·16에 대해서는 학자들 간에 여러 견해가 있을 수 있으나 그 당시의 시대 상황과 그 성과를 보고 종합적으로 평가되어야 할 것이다. 군사력으로 정권을 획득했다는 측면에서는 쿠데타라는 비난을 면키 어렵다. 그러나 5·16은 단순한 군사혁명이 아니라 '우리도 잘살아야 한다'는 경제혁명이었고 '우리도 하면 된다'는 정신혁명이었다.

오죽하면 당시 정부에 가장 비판적이던 〈사상계〉의 장준하張俊河 사장도 5·16을 지지했을까. 그는 1961년 〈사상계〉 6월호 권두언에서 "누란의 위기에서 민족적 활로를 타개하기 위하여 최후 수단으로 일어난 것이 5·16 군사혁명이었다"고 기술하고, "부패와 무능과 무질서와 공산주의의 책동을 타파하고 국가의 진로를 바로잡으려는 민족주의적 군사혁명이었다"고 5 · 16을 평가했다.

한편 한국의 군사혁명에 당황한 미국은 미8군 사령관 매그루더 Carter Bowie Magruder와 마셜 그린Marshal Green 대리대사가 윤보선 대통령을 만나 혁명군을 진압하기 위해 군통수권을 발동해 줄 것을 건의했으나 윤 대통령은 아군끼리 피를 흘리면 북한에 남침의 빌미를 줄 우려가 있다는 이유로 이를 거절하였다. 그리고 이한림李翰林 1군사령관과 1군 휘하 군단장에게 "군은 동요하지 말고 북의 남침에 철통같이 대비하라"는 친서를 김준하金準河, 김남金楠 비서관으로 하여금 전달하게 했다.

이 무렵 매그루더 8군사령관은 원주로 직접 달려가 이한림 사령관을 만나 즉각 1군을 동원하여 혁명군을 진압해야 한다고 강력히 요구했고 이 사령관도 그런 뜻이 있었으나 장 총리의 행방이 묘연하고 또 군단장들이 대부분 혁명을 지지하고 있어 고민하던 차에 혁명군에 의해 체포되어 서울로 압송되었다. 그러나 박정희 대통령은 나중에 바로 이 이한림 사령관을 건설부 장관에 기용하는 폭넓은 용인술을 보이기도 했다.

제 5 장
'〈동아일보〉 필화사건'과 인생의 시련

진실을 진실대로 전한 것이
잘못이 될 수 있는가

그해 6월 3일 청와대에서는 윤보선 대통령의 특별 기자회견이 있
었다. 비록 혁명에 성공했다 하더라도 법적으로는 윤 대통령이 국
가수반이었기 때문에 국내외에서 기자회견 내용의 귀추를 주목하
고 있었다.

혁명군에게 불리한 내용이라도 나올까 우려했는지 무장헌병들이
특별 기자회견장을 둘러싸 험악한 분위기였다. 이날 윤 대통령은
예상외로 중요한 발언을 했다. "군사정권은 9월 유엔 총회에 미치
는 영향을 고려해 조속히 민간인에게 정권을 이양해야 한다"는 것
이었다. 나는 즉각 본사로 전화해서 급히 기사를 불러주었다. 그날
저녁 〈동아일보〉 석간에는 당연히 1면 톱으로 '윤 대통령 민간인에
게 정권 이양을 촉구, 유엔 총회에 미치는 영향 고려'라는 제목의
기사가 크게 보도되었다.

그런데 바로 그 기사가 문제가 되었다. 다른 신문사들은 혁명정부의 눈치를 보느라 이를 일절 보도하지 않았던 것이다. 나는 그날 밤 '혁명정부의 포고령 위반'으로 체포되어 서빙고 육군형무소에 수감되었다. 나의 구속은 UPI 통신 등 외신에까지 크게 보도되었다. 나는 수감되면서 아내에게 조병옥 박사 사모님을 찾아가서 억울한 사정을 말해 달라는 말을 남겼다.

아내는 구속 이후 만삭의 몸으로 하루도 빠짐없이 면회를 와서 나를 위로해 주었다. 나중에 들은 이야기지만 아내가 내 말대로 조병옥 박사의 사모님에게 억울한 사정을 호소했고, 노정면盧禎冕 여사는 두 번이나 윤보선 대통령을 찾아가 강력하게 항의했다고 한다. "대통령 기자회견 내용을 기사화했다고 〈동아일보〉 이만섭 기자가 구속되었는데 어떻게 대통령이 이 자리에 앉아 있을 수 있느냐"며 항의했다는 것이다.

그런데 5·16 혁명이 일어나는 그해 정월 초하루 유원식柳原植 최고위원이 윤보선 대통령에게 세배하는 자리에서 "각하 우리가 일어납니다. 인조반정입니다. 우리가 각하를 모실 겁니다"라고 말했다는 것이다. 이에 대해 그 후 윤 대통령은 그 당시 혁명설이 공공연하게 나돌던 때라 그저 지나가는 말로 들었을 뿐이라고 말했으나 혹시 혁명정부가 본인을 모실 것으로 기대했을 수도 있었을 것이다.

한편 내가 구속되자 〈동아일보〉에서는 나를 구출하기 위해서 신직수申稙秀 (후일 중앙정보부장) 씨를 〈동아일보〉 필화사건의 변호사로 위촉했다. 당시 신직수 변호사는 신문사가 혁명군과 화해하는 방법으로 적당히 해명기사를 써 주길 바랐으며 이에 대해 신문사의 고

재욱高在旭 주필과 김성열金聖悅 부장이 육군형무소로 찾아와 나의 의견을 물었다.

나는 그 말을 듣고는 화가 나서 진실을 진실대로 보도한 것이 어떻게 잘못이 될 수 있느냐며 형무소에서 죽어도 좋으니 〈동아일보〉의 권위와 언론의 자유를 위해 절대로 해명기사를 쓰지 말아 달라고 했다. 나의 태도에 감명을 받은 고재욱 주필은 1963년 내가 박정희 대통령을 지원하기 위해 신문사에 사표를 제출했을 때 이를 수리하지 않고 〈동아일보〉에서 큰일 할 사람이니 남아 줄 것을 강력히 권유한 일이 있다.

그러던 어느 날 노정면 여사의 항의로 마음의 부담을 느꼈던 윤보선 대통령이 박정희 의장을 만날 일이 있었다. 함께 서울 교외선 개통식의 테이프를 끊는 자리였는데, 이때 윤 대통령은 나의 석방을 부탁했고, 박 의장은 김종필金鐘泌 중앙정보부장에게 확인한 후 바로 석방을 지시했다고 한다.

양심 있는 삶이란 무엇인가를
가르쳐 주고 떠나신 아버지

나의 석방 소식에 가족은 물론이고 그동안 구명을 위해 애써 준 동료기자들과 많은 친구들이 찾아와 위로해 주었다. 그러나 애통하게도 부친께서는 수갑을 차고 구속되는 내 모습에 큰 충격을 받아 병석에 누웠다가 건강을 회복하지 못하고, 환갑을 2년 남긴 연세에 눈을 감으시고 말았다. 지금도 부친을 생각하면 걱정만 끼쳐드

양심을 속이지 말고 올바르게
살아야 한다고 늘 말씀하시던
나의 아버지 이덕상 옹

리고 서울 구경 한번 제대로 못 시켜드린 불효에 가슴을 치며 회한의 눈물을 흘리곤 한다.

부친은 특별한 학력이 있었던 것은 아니지만 서당에서 한학을 공부하신 분으로 평소 생활이 늘 깨끗하고 반듯하셨다. 신앙심도 매우 깊으신 분이었다. 돌아가시는 날 부친께서는 "나는 오늘 밤 12시에 하느님 곁으로 간다"고 말씀하시고는 12시 정각에 합장을 하시고 조용히 눈을 감으셨다. 유언으로 "내 전 재산인 저금통장이 서랍에 있으니 그대로 교회(대구 서문교회)에 갖다 바쳐라"라고 하셨으니 참으로 믿음이 독실한 분이셨다.

〈동아일보〉에 복귀하자 회사에서는 그동안 고생한 것에 대한 배려였는지 나를 주일駐日특파원으로 발령을 냈다. 당시에는 지금처럼 상주특파원이 없었으나 오래전부터 일본에 상주하고 있던 동양통신의 한종우韓鍾愚(현 성곡언론문화재단 이사장) 특파원이 많은 도움을 주어 지금도 고맙게 생각한다.

1961년 11월에는 박정희 의장이 일본을 경유하여 미국의 케네디 대통령을 만나게 돼 있었다. 박 의장은 일본에 도착해 비행장에서부터 이케다池田勇人 수상의 극진한 영접을 받았고, 영빈관에서 내외신 기자회견을 하게 되었다. 나는 바로 얼마 전 필화사건으로 옥고를 치른 씁쓸한 기억이 있었지만, 일본에서 우리나라 국가원수를 도와야겠다는 생각으로 다른 외신기자들보다 먼저 청구권 문제를 중심으로 질문을 한 일이 있다. 한국 기자가 여기 있으니 힘을 내시라는 뜻이었다. 그러나 박정희 의장은 그 당시 나의 심정을 미처 몰랐을 것이다.

제 6 장
박정희 국가재건최고회의
의장과의 첫 만남

박정희 의장과의 첫 단독회견,
특종을 잡아라

내가 박정희 최고회의 의장과 처음으로 만난 운명의 날은 1962년 가을의 어느 날이었다.

당시만 해도 박 의장은 베일에 싸인 존재로 아직 외부에 잘 알려지지 않았던 시기였으므로 그와의 만남은 신문기자로서는 커다란 특종을 잡는 일이었다. 그러나 혁명군의 핵심인물에게 접근한다는 것은 쉬운 일이 아니었기 때문에 많은 기자들이 엄두를 내지 못하고 있었다. 이러한 상황에서 내·외신 기자를 통틀어 내가 5·16 이후 처음으로 박정희 의장과 단독 인터뷰를 하게 된 것이다. 지금 생각해 보면 한 편의 영화만큼이나 강렬한 만남이었다.

하루는 김성열 정치부장이 나를 불렀다. 그는 나에게 "박정희 의장이 며칠 뒤 강원도 화진포에서 실시하는 해병대 상륙작전을 시찰한다고 하니, 이번에 단독회견을 꼭 했으면 좋겠다"고 권유하는 것이었다.

실패해도 좋으니 시도라도 해보라는 김성열 부장의 말에 혹시 내가 단독회견을 못해도 원망하지는 말라는 말을 남기고 국방부 출입기자단과 함께 여의도 공군 비행장을 떠나 화진포로 갔다. 나는 우선 이후락 공보실장에게 미리 얘기를 해 두었다. "내가 먼저 군함에 들어가 있을 테니 날 좀 도와주시오."

당시 이후락 실장은 취임한 지 얼마 안됐을 때였고, 최고회의 출입기자 중에 내가 제일 고참인 데다, 〈동아일보〉가 당시 제일 큰 신문사였기 때문에 평소 나와 좀 가까이 지내고 싶어 했다. 그러나 워낙 곤혹스런 요청이다 보니 이 실장은 확답도 못하고 딱 부러지게 거절도 못했다.

훈련이 끝나고 국방부 출입기자들은 다시 서울로 돌아가고 나는 박정희 의장이 승선할 군함으로 향했다. 경호요원들이 제지했지만 나는 "이후락 실장에게 먼저 허락을 받았다"고 재치 있게 둘러대고 군함으로 승선했다. 그때 경호원들은 미리 들은 바가 없다고 주저하는데, 나를 알고 있던 신동관中東寬(후일 국회의원) 경호과장이 내 말을 믿고 승선하게 해 주었다. 나는 선실에 숨어 있다가 배가 움직이자마자 함장실로 올라갔다. 마침 그때 박정희 의장이 민기식閔機植 육군참모총장, 이맹기李孟基 해군참모총장, 조시형趙始衡 최고위원, 함대사령관 한명수韓明洙 제독, 이후락 공보실장 등과 함께 맞은편에서 함장실로 들어오고 있었다.

이후락 실장이 일부러 깜짝 놀라는 척하면서 "어? 어, 〈동아일보〉이만섭 씨 웬일이오?"라며 말을 건네고 박정희 의장께 "각하, 〈동아일보〉이만섭 기자입니다"라고 나를 소개해 주었다. 그러자 박정희 의장은 큰소리로 "뭐? 〈동아일보〉? 〈동아일보〉그게 신문이 야? 선동만 하고. 쌀값이 오르면 신문이 1면 톱으로 '쌀, 쌀, 쌀값 폭등' 하고 큰 활자로 보도하니 쌀값이 더 오르지 않소!"하면서 못 마땅한 듯 말했다.

그러나 나는 기죽지 않았다. "그건 선동하는 게 아닙니다. 쌀값 이 이렇게 폭등했으니 정부와 위정자들이 그런 현실을 미리 알고 정책을 세우라는 뜻이지, 결코 선동하는 게 아닙니다"라고 응수했 다. 그럼에도 박의장은 "어쨌든 〈동아일보〉는 선동만 한다니까. 하 여간 신문이 문제야"라며 계속 못마땅해했다. 박 의장 일행도 한마 디씩 거들면서 언론에 대한 공방이 오가는 동안 배는 어느새 울릉 도에 닿았다. 이미 날이 저물어 도착한 울릉도에서는 도민들이 횃 불을 들고 나와 환영해 주었다. 그 모습은 장관이었으며 지금도 잊 을 수 없는 기억으로 남아 있다.

박정희 의장 일행은 군청 관사에서 여장을 풀었다. 당시 울릉군 수는 박창규朴昌圭 씨였는데, 나중에 대구시장이 되어 지난날을 회 고하면서, 그날 박 의장 일행이 저녁식사 후에 반주를 하면서 나를 화제로 삼으며 술자리를 이어갔다고 전해 주었다.

나는 당시 울릉도에 여관이 없다는 것을 몰랐다. 잠잘 숙소를 물 어물어 찾던 중에 그곳에서 순경으로 일하던 대륜중 후배를 우연히 만났다. "선배님 여기는 여관이 없습니다. 우리 집에 가서 주무시 지요"라고 하여 하룻밤 신세를 지게 되었다.

90

특종은 다름 아닌
'인간 박정희'의 모습이었다

다음날 박정희 의장이 농촌과 어촌을 시찰하고, 초등학교까지 가보는 일정에 나는 취재를 하면서 동행했다. 점심식사 때가 되자 박 의장은 바닷가에 있는 2층 다방에서 국수를 드시다가, 뒤늦게 들어서는 나를 보고 부르시더니 손을 꼭 잡고 자기 옆에 앉게 하고 함께 국수를 먹자고 권하는 것이었다.

그리고 나에게 "이만섭 씨, 어제 내가 심했어. 미안해요" 하는 것이었다. 그 순간 나는 박 의장의 따뜻한 인간미를 느꼈다. 지난날 그에 대해 가졌던 안 좋은 감정이 눈 녹듯이 사라지는 것 같았다.

울릉도 일정을 마치고 돌아올 때는 파도가 워낙 심해 처음 도착한 지점과 반대 방향으로 가서 군함을 타게 되었다. 섬을 횡단하면서 박 의장은 나와 어깨를 나란히 하고 걸으시면서 우리나라 장래에 대해 여러 가지 이야기를 나누기도 했다.

섬의 반대편도 사정이 결코 좋지 않았다. 경비정을 타고 거센 파도를 뚫고 가서 로프로 묶어 만든 줄사다리로 한 사람씩 군함에 올라가야 하는데, 파도가 얼마나 심하던지 박 의장이 올라갈 때 엄청난 파도가 밀어닥쳐 자칫하면 바다로 떨어질 뻔했다. 만일 이날 박 의장에게 불행한 일이 일어났다면 이 나라의 운명도 달라졌을 것이다. 수행하던 장군들도 어쩔 줄을 몰라 당황스러워했고, 운동으로 단련된 나조차도 혼이 빠지는 줄 알았다. 이런 상황에서 단독 인터뷰는 꿈도 꿀 수가 없었다.

박정희 최고회의 의장과 정치부 기자들의 부산 송도 환담.
(뒷줄 왼쪽부터 김현옥 전 서울시장, 저자, 김영일 합동통신 기자, 곽지용 동화통신 기자)

박 의장과의 공식 인터뷰는 포항에서 서울로 올라오는 특별열차 안에서 마침내 이루어졌다. 박 의장 앞자리에 가서 앉은 나는 앞으로의 정치 일정과 선거 예정일 등 참으로 많은 내용을 들을 수 있었다. 한마디 한마디가 모두 특종들이었다. 대구가 집이라서 대구에서 내리겠다고 하고는 내리자마자 〈동아일보〉 대구지사까지 땀을 흘리며 뛰어갔다.

그날 석간 1면은 '박 의장과 단독회견' 내용의 기사로 가득 메워졌다. 그 단독 인터뷰 특종기사로 나는 회사에서 적잖은 상금을 타게 되어 정치부 저녁회식을 크게 할 수 있었다.

시대 아픔 나누는
국민 대표로 정계입문

제 1 장
박정희 의장 돕고자
정계입문 결심하다

박 의장의 투철한 민족의식과
집념에 마음이 움직이다

박정희 의장은 울릉도에서의 첫 만남 이후 나를 종종 불러 비공식
적인 만남을 가졌다. 그때마다 나는 박 의장이 확고한 민족의식을
갖고 있으며, 우리나라의 자립경제와 자주국방을 반드시 이룩하겠
다는 굳은 신념의 소유자임을 확실히 느꼈다.

사심이 없고 온통 나라 걱정뿐인 그를 보면서 한 나라를 이끌어
갈 지도자로 부족함이 없다는 확신이 들었다. 만약 이러한 분이
대통령이 되어 8년 정도만 나라를 이끌어 준다면 전쟁 후 가난과
절망에 허덕이던 우리나라도 달라질 수도 있겠다는 희망을 품게
되었다.

신문기자로서는 중립을 지키고 객관적 보도를 해야 하는데 자꾸
마음이 기울어지니, 신문사에도 미안한 생각이 들고, 언론인의 본

〈동아일보〉 워싱턴 특파원 시절. 왼쪽부터 봉두완, 이은우, 설국환,
방미 중인 김종필(중앙정보부장), 문명자, 저자, 정일권 주미대사, 윤호근 공사

분을 못 지키게 될 수도 있다는 생각이 들었다. 그러면서 이럴 바
에야 차라리 내가 박정희 의장과 손을 잡고 도와드려야겠다는 결심
을 하게 되었다.

기자생활을 접고 정치인의 길을 택하다

1963년 추석날 북아현동 집 마당에서 나는 아내와 함께 둥근달을
보면서 의논했다. 이때 아내는 〈동아일보〉를 그만두고 박 의장을
도와드리고자 하는 나의 생각에 동의해 주었다. 나는 바로 그다음
날 장충단에 있던 최고회의 의장 공관으로 갔다.

"의장님, 제가 도와드리겠습니다. 구 정치인들처럼 돈을 바라는
것도 아니고, 감투를 바라는 것도 아닙니다. 왜 박정희 의장 같은

분이 대통령이 되어야 하느냐 하는 나의 소신을 국민들에게 밝힐 수 있는 기회만 주십시오."

갑작스러운 나의 말에 박 의장은 처음에는 깜짝 놀라더니 곧 천군만마千軍萬馬를 얻은 것처럼 좋아하고 흥분까지 하셨다. 그리고 그 자리에서 바로 전화통을 붙들고 이후락 실장에게, "여보 이 실장, 여기 〈동아일보〉 이만섭 씨 와 있어. 나를 도와주기로 했으니 대통령 유세반에 넣으세요"라고 지시하였다.

그 당시에 공화당이라는 공조직은 있었으나 박 의장 측근에는 별로 사람이 많지 않았다. 김종필 당의장은 4대 의혹사건으로 유럽으로 외유하고 없을 때였으니 박 의장은 내 제의가 그렇게 반가웠던 것이다.

흔히 세상에서는 박정희 대통령이 〈동아일보〉 정치부에 있던 나를 발탁한 것으로 알고 있다. 그러나 사실은 다르다. 내가 그의 신념에 공감하여 자진해서 그를 돕기 위해 간 것이다.

그때 정계에 입문하여 이후 반세기 동안 내 인생의 전부를 정치에 바쳤으니 그때 박정희 후보를 돕겠다고 마음먹은 것은 운명을 뒤바꾼 중대한 결정이었다.

제 2 장
미국의 방해에도
민심은 박정희를 선택했다

전국을 발로 뛰며
박정희 지지를 호소하다

1963년 대통령 선거에서 공화당 박정희 후보의 유세반은 나를 비롯해 이효상, 백남억白南檍, 박준규朴浚圭, 민관식閔寬植 등 모두 5명으로 구성되었다. 나는 대구 유세를 시작으로 선거가 끝날 때까지 박정희 후보와 침식을 같이하며 전국 곳곳을 누볐고, 다른 네 사람은 지역마다 교대로 유세에 참여하였다.

첫 유세지역은 나의 고향인 대구였다. 평소 말수가 적은 박정희 의장이 그날은 금호호텔에서 점심식사를 함께 하고 수성천변으로 오면서 승용차 안에서 걱정이 되었던지 "여보 이만섭 씨, 오늘 잘해야 돼요" 하고 각별히 강조해서 말씀하셨다.

그런데, 막상 수성천변에 나와 보니 사람이 인산인해였다. 그렇게 많은 사람이 모인 것은 대구가 생기고 처음이었다.

당시 공화당 경상북도 도당위원장이었던 이효상 선생의 사회로

1963년 5대 대통령 선거 때 박정희 후보와 함께 전국을 돌아다녔다.
사진은 대구 수성천변에서 지원 유세를 하는 저자의 모습.

시작된 유세에서 나는 1번 타자로 마이크를 잡았다. 내가 왜 기자
생활을 청산하고 박정희 후보를 돕기로 했는지부터 시작해서 서민
의 가슴을 울리는 내용을 이어가며 열정적으로 연설하였다. 특히
박정희 의장이 투철한 민족 자주의식을 가진 사람이라는 대목을 연
설할 때는 어느 때보다도 목청을 높였다.

청중들의 반응은 대단히 뜨거웠다. 열광적인 환호를 받으면서 연
단에서 내려오자 박 의장은 내 손을 꼭 잡고는 "대 웅변가야, 대 웅
변가"라고 좋아하면서 담배 한 대를 권했다. 기자시절 박 의장을
취재할 때 하던 습관대로 그 앞에서 고개를 돌리는 정도의 예의만
지키면서 담배를 태웠다.

그런데 유세가 끝나고 서문로西門路 본가에 인사차 들렀다가 연설
을 잘했다는 칭찬은커녕 아버지로부터 눈물이 날 정도로 호된 꾸지

람을 들었다. "어떻게 국가원수와 단상에서 맞담배질을 하느냐"고 크게 소리를 지르셨다. 그렇지 않아도 〈동아일보〉 필화사건으로 구속 수감되었을 때 많은 충격을 받으신 아버지에게 이런저런 변명을 하기보다는 정중히 사과드리고 용서를 빌었다.

그날 저녁 식사는 수성관광호텔에서 했는데, 박 의장께서 "여보 이만섭 씨. 나는 한솔 이효상 선생에 대해 말만 들었지 오늘 처음 만났는데, 사회도 구수하게 잘 보시고 하니 내일부터 모시고 나갑시다"라고 하는 것이었다.

그래서 그때부터 이효상 선생과 박준규 의장이 나와 함께 유세를 다니게 되었다. 대구 유세를 성공적으로 마치고 나는 대선에서 우리가 이길 것이라는 자신을 갖게 되었다.

대구 유세 후에는 진주, 마산, 부산에서 차례로 유세를 했는데, 진주에서는 재미있는 일화가 있었다. 박정희 후보가 연설을 하는데 기분이 좋았는지 색안경을 꼈다. 그 모습을 본 청중 중에 노인 한 사람이 "박 의장, 그 안경 좀 벗어 보소. 관상 좀 봅시다"하는 것이었다. 순간적으로 박 후보가 어떻게 행동할지 걱정했는데, 노인의 말이 끝나자마자 "아, 내가 벗어드리죠"하면서 안경을 벗어 놓고 연설을 하는 것이었다. 연설 후에 그 노인이 "관상을 보니 틀림없이 박 의장이 대통령이 되겠소"라고 해서 청중들이 모두 함께 웃음을 터뜨렸고 좋은 분위기에서 유세를 끝맺을 수 있었다.

마산도 순조롭게 진행되었고, 이어서 부산으로 갔다. 부산에도 사람들이 어마어마하게 모여 있었다. 당시 예춘호芮春浩 경남도 사무국장이 애를 많이 쓴 것 같았다. 그런데 그 전날 밤 이후락 공보

실장이 나에게 동원된 사람들이 일찍부터 나와 있으려니 허리도 아프고 힘들기도 하니 박 의장을 세 번째 연사로 하고 나를 맨 마지막 연사로 순서를 바꾸자고 제안하여 그렇게 하기로 하였다.

나는 박정희 후보의 연설 뒤에 사람들이 흩어져 버릴까 봐 걱정돼서 박 후보의 연설이 끝나자마자 후다닥 연단에 올라가 급한 마음에 소리쳤다.

"존경하는 마산 시민 여러분."

어제 마산 유세를 했던 터라 착각했던 것이다. 세 번이나 연거푸 '마산시민 여러분'이라고 말하고 나 자신도 잘못 말했다는 것을 깨달았고, 부산 시민들도 웃기 시작했다. 그래도 아랑곳하지 않고 나는 말했다.

"마산시민이든 부산시민이든 내 연설을 안 듣고 가는 사람은 후회할 겁니다. 오늘의 진짜 연설은 내 연설입니다. 그래도 갈 사람이 있다면 꼴도 보기 싫으니 빨리 가십시오. 그리고 내 연설을 듣고 싶은 사람은 자리에 앉아 주십시오. 그런데, 내 연설을 안 듣고 그냥 가는 사람은 내가 존경하지 않을 것입니다."

그제야 시민들도 하나둘 웃음을 지으면서 자리에 앉기 시작했다. 그날 부산에서의 연설도 내가 심리적으로 자극을 받았던지 아주 좋았다. 연설 중에 좋은 분위기를 몰아서 마지막에는 선거에서 누가 이기고 지고를 떠나 대한민국의 앞날을 위해 우리 모두 함께 대한민국 만세를 부르자고 유도하여 부산이 떠나가도록 큰 소리로 다함께 만세를 부르면서 유세를 마무리하였다.

그날 많은 인파에 밀려 유세 차량을 놓치고 잠시 걷게 되었는데,

옆에서 걸어가던 군중들 중에는 "오늘은 이만섭 씨가 연설을 제일 잘했다"고 격려해 주는 사람도 있었다.

한편, 부산 유세에서 박정희 후보는 내 건의를 받아들여서 연좌제를 지양하고 관제 공산당을 만드는 과거의 폐습을 없애겠다는 공약을 제시하여, 일반시민은 물론이고 특히 젊은이들과 진보적인 사람들에게 큰 지지를 받는 계기를 마련했다.

부산 유세에서 나는 이번 선거 결과 우리가 단 한 표를 이겨도 이긴다는 확신을 갖게 되었다. 우리는 수원, 인천, 춘천 등에서도 좋은 분위기로 유세를 이어갔다. 수원에서는 내가 먼저 연설을 하고 있으면, 박 의장이 도착하여 내가 소개를 하고, 나는 다음 장소인 인천으로 이동하는 식으로 릴레이 방식의 유세를 하였다.

개혁세력과 호남 및 제주도 표로 이룬 극적인 승리

유세 현장에서의 좋은 분위기에도 불구하고 박정희 대통령은 결과적으로는 약 15만 표의 근소한 차이로 당선되었다.

윤보선 후보는 선거 내내 박정희 후보가 여순사건 관련자라는 점을 부각시키고 박 후보의 민주주의에 대한 신념에 국민들이 의혹을 갖고 있다는 식으로 연설을 하였다. 이러한 내용이 어느 정도 영향을 미쳐서 당시 보수세력은 거의 다 윤보선 후보를 지지했고, 오히려 박정희 대통령은 개혁세력, 젊은 세력, 진보세력들이 지지하는 양상이 되었다.

미국도 박정희 의장의 당선을 적극적으로 방해했다. CIACentral Intelligence Agency (미국 중앙정보국) 의 많은 요원들이 한국으로 와서 여론 형성 등 여러 가지 방법으로 방해를 했고, 〈동아일보〉를 비롯하여 보수언론도 박 의장을 적극적으로 반대했다.

이와 같이 미국이 박 의장의 당선을 적극적으로 방해함으로써 박 대통령은 처음부터 미국과는 좋지 않은 관계가 계속되었다.

이러한 상황에서 박정희 의장은 군에 있을 때 부정선거를 목격하고 이에 대한 저항감을 갖고 있었기 때문에 전적으로 깨끗하고 공정한 선거를 치렀고, 이때 선거에서는 한 표도 사고 없이 공정하게 진행되었다.

당시 득표 상황을 보면 전체적으로 박정희 후보가 4,702,640표, 윤보선 후보가 4,546,614표를 차지하여 표차가 156,026(1.55%)표 밖에 나지 않았다. 무효표가 954,977표인 점을 감안하면 매우 근소한 차이라고 할 수 있다. 또한, 서울과 경기지역에서는 윤보선 후보가 압도적으로 승리하였으나, 전남의 목포 신안군과 제주에서는 박정희 후보가 압도적 지지를 받은 것을 확인할 수 있다.

그때만 해도 지역감정이 전혀 없었다. 하지만 요즈음에는 선거 때마다 지역감정이 심하게 표출되는 매우 안타까운 일이 벌어지고 있다. 이 나라 민주주의 발전과 선진화를 위해서는 우리가 반드시 극복해야 할 일이다.

제 3 장
반대파까지 자기 사람으로 만든
박 대통령의 용인술

박 대통령은 취임하자 초대 국무총리에 선거 때 집요하게 반대한 보수언론의 대표지 〈동아일보〉의 최두선 사장을 임명했다. 대립 관계에 있던 사람을 포용하는 용인술이었다. 그 후 5 · 16 혁명 당시에 1군을 동원하여 혁명군을 진압하려던 이한림 1군사령관을 건설부 장관에 전격 기용한 것도 역시 폭넓은 용인술에 의한 것이었다.

박 대통령은 또한 인재를 적재적소에 활용했다.

한 번은 한일회담을 앞두고 당시 이동원李東元 씨를 외무부 장관에 기용한다는 말이 있을 때 내가 대통령을 직접 뵙고 "외무 관료들도 반대하고 있으므로 차라리 이동원 씨보다 최규하崔圭夏 말레이시아 대사를 기용하는 것이 좋겠다"고 건의한 적이 있다. 그러자 박 대통령은 "평상시 같으면 최 대사 같은 분이 좋으나 한일회담을 넘기려면 이동원 씨처럼 저돌적이고 공격적인 사람이 적격이다"라고 말씀하셔서 '역시 박 대통령 생각이 우리보다 한 수 위구나'라고 생각했다.

또 한 번은 과거 야당 당수였던 조병옥 박사의 비서 조승만趙承萬 씨가 증권거래소 감사 자리를 원하기에 조 씨를 잘 아는 장기영張基榮 부총리에게 부탁한 적이 있다. 그때 장 부총리는 "그것은 정치적으로 미묘한 문제이므로 대통령의 허락이 있어야 한다"고 말해서 내가 대통령에게 직접 말씀드렸더니 대통령께서는 "만일 조병옥 박사가 살아 계셨다면 내가 혁명을 하지 않았을 것이다"고 말하면서 "즉각 봐주라"는 말씀을 하신 일이 있었다. 박 대통령은 조 박사의 리더십을 높이 평가하고 있었다.

정치는 사람에서부터 시작한다는 점을 생각하면 박 대통령의 능수능란한 용인술은 그의 강력한 정치의 밑거름이 되었다고 볼 수 있다. 박 대통령은 반대쪽 사람까지 끌어안는 포용력으로 폭넓은 정치적 기반을 형성하였고, 개인의 능력뿐만 아니라 상황까지 고려하는 섬세하고 주도면밀한 인사로 불가능해 보이는 여러 정책을 성공시켰던 것이다.

제 4 장
이산가족 만남을 위한 첫 시도,
남북 가족면회소 제안

전국구 국회의원으로 6대 국회에 진출

박정희 대통령은 선거가 끝나자 나에게 "앞으로 청와대에서 같이 있자"고 말씀하셨다. 그러나 나는 "저는 성격상 비서 자리가 맞지 않습니다. 국회에 들어가서 도와 드리겠습니다"라고 말하였다. 그러자 박 대통령께서 선뜻 응해 주시면서 "그러면 국회에 들어가지"라고 말씀하시면서 전국구 17번에 배정해 주었다. 혁명 주체였던 차지철車智澈(22번)보다 앞선 번호였다. 이렇게 해서 나는 6대 국회에 전국구 국회의원으로 진출하게 되었다.

1963년 12월 17일 박정희 대통령은 중앙청에서 제5대 대통령에 취임하였고 같은 날 제6대 국회는 광화문 국회에서 개원하였다. 나는 이날 국회에 등원하면서 '국가와 민족을 위해 내 온몸을 바치겠다'고 굳게 다짐하였다.

남북 가족면회소 설치 결의안
제출과 정치적 박해

6대 국회에서 내가 가장 기억에 남는 것은 훗날 역사적 의미를 지니게 된 '남북 가족면회소 설치에 관한 결의안'이었다. 내가 이 결의안을 제의한 것은 1964년 10월 9일, 제18회 도쿄 올림픽에서 북한의 신금단辛今丹 선수와 부친 신문준辛文濬 씨가 14년 만에 극적으로 상봉하는 장면을 TV로 지켜본 뒤였다.

겨우 몇 분간의 제한된 만남이었지만 그 감격스러운 장면을 보고 헤어진 혈육의 아픔을 느꼈으며 한편으로는 뜨거운 민족애가 용솟음치는 걸 억제할 수 없었다. 한 가족이라는 천륜, 한 민족이라는 동질감이 나의 가슴을 뚫고 지나가는 듯했다. 이념이나 사상으로 아무리 끊으려고 해도 끊어지지 않는 보이지 않는 끈으로 이어진 '우리'를 느끼는 순간 전율할 수밖에 없었다.

나는 곧 남북으로 흩어져 있는 혈육이 서로 만날 수 있도록 해야겠다고 결심하였다. 그리고 각고의 노력 끝에 10월 27일 '남북 가족면회소 설치에 관한 결의안'을 국회에 제안하기에 이르렀다. 내용은 판문점에 남북 가족면회소를 설치해 이산가족이 서로 만날 수 있도록 하며, 상봉자 명단 작성과 주선은 남북의 적십자사가 하되 필요한 경우에는 국제적십자사가 도와준다는 내용의 것이었다.

이는 조국이 분단된 뒤 남북을 통틀어 이산가족 상봉과 남북 교류에 대해 처음 제창한 것이었기에 때문에 여야가 따로 없이 호응해주었다. 박준규 의원 등 여당뿐만 아니라 많은 야당 의원들로부터도 지지를 받아 서명 의원이 45명이나 됐다. 그중에는 김영삼金泳三, 김대중金大中, 박순천, 조윤형趙尹衡 의원 등도 포함돼 있었다.

그러나 나는 이 문제로 인해 어처구니없게도 정치적 박해를 받게 되었다. 바로 중앙정보부장인 김형욱이 내 제안을 반공법 위반으로 몰아붙인 것이다. 김형욱은 내 생각을 이해하기에는 너무 경직된 사고의 소유자였다. 내 주장은 용공容共으로 몰렸고, 다음날부터 태평로 국회의사당 앞에는 유령단체인 '애국청년단'의 이름으로 '타도하자 이만섭'이라고 쓴 전단이 수없이 살포됐다. 또한 집으로는 이름을 밝히지 않는 협박 전화가 무수히 걸려왔다.

결국 김형욱은 내게 그 결의안을 철회하지 않으면 날 잡아넣겠다고 협박하기에 이르렀다. 참다못한 나는 박 대통령을 만나 결의안을 제출하게 된 동기와 내용 그리고 김형욱으로부터 받은 압력 등을 설명하고 이해를 구했다. 내 얘기를 다 듣고 난 박 대통령이 입을 열었다.

"김형욱 그 친구 돌았구먼…. 머리가 나빠."

이산가족 상봉은 정치 이전에
인간의 존엄성 문제

박 대통령으로부터 내 주장의 정당성을 인정받은 셈이다. 나는 박 대통령의 이 말을 일부러 김형욱의 귀에 들어가도록 정가에 퍼뜨렸다. 그러자 그 후로 김형욱의 압력이 상당히 수그러들었고, 마침내 나는 11월 6일 제11차 외무위원회에서 이 결의안에 대해 다음과 같은 요지의 제안 설명을 하게 되었다.

신금단 부녀가 서로 부둥켜안고 부녀의 정을 나눌 때 그 광경을 보고 이 나라 민족이라면 누구나 눈시울이 뜨거웠으리라고 믿는 바입니다. 그리고 또한 신금단 부녀와 같이 비극적인 처지에 놓인 사람들이 얼마나 많은가 하는 것을 생각하면 정말 가슴 아픈 일이 아닐 수 없습니다.

우리가 신봉하는 자유민주주의가 인간의 존엄성, 즉 휴머니즘을 그 바탕으로 한다면 친부모나 형제들을 서로 만나게 하는 인도주의적인 조치에 대해서는 우리가 앞장서 추진하는 것이 마땅한 일이라고 생각합니다. 적어도 혈육이 서로 만난다는 사실은 정치 이전의 문제요, 사상 이전의 문제라고 생각합니다.

우리가 원하지 않았던 강대국 간의 흥정에 의해 만들어진 38선이라는 장벽은 영원히 존재할 수 없으며, 언젠가는 무너뜨려야만 할 것이고, 또 무너뜨리는 날에는 반드시 자유민주주의를 바탕으로 하는 통일이 이루어져야 합니다.

자유민주주의에 의한 통일을 이룩하기 위해서라도 자유와 인간의 존엄성을 지키려는 우리가 주도권을 쥐고 앞장서 나가야 할 것입니다. 그리고 이 결의안도 자유민주주의에 의한 통일을 향한 1보 전진이라는 신념에서 제안한 것입니다.

그러나 내 결의안은 외무위원회에서 심각하게 논의를 거듭하였으나 끝내 본회의에 상정되지는 못했다. 중앙정보부의 압력을 받은 여당 당직자들이 내 결의안 채택을 주저했기 때문이었다. 당시는 중앙정보부가 무소불위의 힘을 갖고 당을 마음대로 장악할 때였다.

당시 신문들은 이 문제를 대서특필했다. 대부분의 주요 일간지들은 사설을 통해 내 결의안을 지지해 주었다. 특히 신문기자 출신의 여성 작가인 최정희崔貞熙 여사는 그 후 1967년 3월 22일자 〈영남일보〉를 통해 내 생각을 적극 지지해 주었다.

… 나는 이만섭 의원의 남북 가족면회소 설치 결의안에 대해 큰 기대를 걸었었다. 애국애족에 불타는 젊은 분이 아니면 이런 일을 할 수 없는 것이다. … 나는 하루속히 면회소가 설치되어 남북으로 흩어진 혈육들이 서로 만나는 날이 오기를 학수고대한다. … 이번 국회에서 안타깝게 결실을 보지 못했으나 7대 국회에서는 반드시 이를 관철시켜 주길 바란다. …

비록 결실을 맺지는 못했지만 내 결의안은 남북을 통틀어 흩어진 부모·형제를 만나게 하자는 최초의 제안으로 역사에 기록되었다.

내가 '남북 가족면회소 설치에 관한 결의안'을 국회에 제안하자 4일 후인 10월 31일 북한에서는 홍명희洪命憙 조국평화통일위원장 이름으로 담화문을 발표하고 환영의 뜻을 비쳤다. 이 일이 후에 김형욱이 나를 반공법 위반으로 몰아세우는 빌미가 되기도 했다.

그 당시는 합리적인 제안을 하더라도 이북에서 그것을 찬성하면 무조건 반공법 및 보안법 위반으로 몰리던 경직된 시대였다. 그러나 그때 내가 뿌린 씨는 후일 1971년 8월이 돼서야 대한적십자사 최두선崔斗善 총재의 남북 가족 찾기 운동 제의로 이어졌고 1972년 7·4공동선언으로 마침내 남북 교류가 구체적으로 시도됐다.

그 후 김대중 정부가 들어서고 2000년 6·15 남북공동성명이 발

멋진 포즈를 취한
제6대 국회의원 시절

표된 이후 남북으로 흩어진 혈육들이 감격적인 상봉을 하고 있다.
그러나 만날 때마다 절차 문제로 남북대표 간에 힘겨루기를 하거나
다른 사안과 연계시켜 시간을 끄는 경우가 많다. 이러한 문제를 해
결하기 위해서는 내가 주장한 대로 하루빨리 남북 가족면회소를 설
치하여 정례적으로 이산가족이 만날 수 있도록 하는 게 바람직한
일일 것이다.

제 5 장
민족의 권익보호를 위한
최초의 한미 행정협정 체결

6대 국회에서 나는 남북문제뿐만 아니라 민족의 권익보호에 관한 문제에 대해서는 누구보다 소신을 갖고 앞장섰다. 나는 주한미군의 횡포를 막고 우리의 정당한 권리의 주장과 우리의 재판관할권을 확보하기 위해 1964년 2월 8일 '한미 행정협정 체결에 관한 건의안'을 국회에 제안했다.

이 건의안은 그해 2월 18일 제40회 임시국회에서 여야 만장일치로 통과돼 정부에 이송되었으며 내 건의안이 바탕이 되어 2년 뒤인 1966년 7월 9일 '대한민국과 미합중국 간의 상호 방위조약 제4조에 의한 시설과 구역 및 대한민국에서의 미국 군대의 지휘에 관한 협정'에 양국 외무부 장관이 정식 서명하게 되었던 것이다.

나는 이 건의안을 제안하면서 다음과 같은 요지로 그 당시 약소국이던 우리나라의 절박한 사정을 설명하면서 한미 행정협정 체결을 촉구하였다.

방한한 러스크 미 국무장관과 청와대 리셉션에서 악수하고 있다.
(가운데는 박정희 대통령, 왼쪽은 김성곤 의원)

전쟁이 끝난 지 10여 년이 지났는데도 미군은 계속 점령군처럼 행동하고 있습니다. 당시 우리나라는 끼니를 거를 정도로 못살 때라 미군부대의 쓰레기통을 뒤지는 사람들이 많았습니다. 그만큼 못살 때였으니 오죽하겠습니까. 배고픔을 참지 못한 어린 소년들이 미군부대로 들어가 깡통을 찾는 중에 미군들의 총에 맞아죽는 사건이 빈발했습니다. 오죽하면 굶어 죽기보다는 미군 병영에 침입해서 깡통이라도 주워 생명을 유지하려했겠습니까.

그런데 어린아이들에게 마구 총을 쏘다니 이럴 수가 있습니까? 천인공노天人共怒 할 일입니다. … 이것은 근본적으로 일부 미군 병사들이 약소민족을 경시하는 사고에서 일어났다고 확신하는 바입니다. 패전국인 일본만 하더라도 이미 1952년에 행정협정을 맺은 바 있거늘 하물며 독립국인 우리나라에 한미 행정협정이 없다니 이것은 도저히 납득할 수 없는 일입니다. 때문에 하루빨리 더 이상의 불상사를 막고 국민이 납득할 수 있는 공정한 사후 처리를 위해서라도 한미 행정협정은 서둘러 체결되어야 할 것입니다.

그리고 한미 행정협정 비준동의안은 1966년 10월 14일 제 29차 본회의에 상정되어 재석의원 94명 중 가 67표 부 23표로 통과되었다. 이어 1967년 2월 9일부터 발효된 이 협정은 그 후 불평등한 조항의 개정이 몇 번 있었으나 미비점은 앞으로도 계속 시정되어야 할 것이다.

제 6 장
3공 최초의 위기 6·3 사태와
JP의 2차 외유

실리외교와 민족감정이 격돌한
한일회담 반대시위

제3공화국 출범 후 맞은 최초의 위기는 역시 1964년의 한일회담 문제였다. 양국 간 국교 정상화를 위한 한일회담이 시작되자, 야당과 각계 인사들은 '대일 굴욕외교 반대 범汎국민투위'를 결성해 한일회담 반대투쟁에 나섰다.

바로 그런 시점에서 김종필 중앙정보부장과 당시 일본 외상이었던 오히라 마사요시大平正芳 간에 맺어진 '김·오히라 메모'가 언론에 보도되자 반대투쟁은 더욱 격렬해지고 전국의 학생들까지 들고 일어나게 됐다.

'김·오히라 메모'의 내용은 무상공여 3억 달러, 유상공여 2억 달러, 상업차관 1억 달러 플러스알파로 돼 있었다.

그러나 한일회담에 대한 나의 소신은 확고했다. 당시의 국제 정세로 보아 한국은 미·일과 협조체제를 이룩해야 하며, 따라서 일본이 한국 정부를 합법적으로 인정한다는 기본 조약은 무엇보다 중요한 것이었다. 또한 우리는 경제 발전을 위해 일본의 자본이라도 활용하는 것이 현명한 방법이었기 때문이다.

그러나 당시 분위기는 앞으로의 문제보다는 민족감정이 우선이었다. 때문에 정부와 여당이 아무리 설득하려 해도 학생들과 야당은 막무가내였다. 한 번은 연·고대생들이 국회의사당 앞에서 연좌농성을 하고 있다기에 밖에 나가 보았다. 유진오兪鎭午 고려대 총장은 고대생들에게 학교로 돌아갈 것을 설득하고 있었고, 연대생이 모여 있는 곳에서는 내가 나가서 모교 후배들을 설득하기로 했다. 내가 가니 처음에는 후배들도 학교 선배가 나타났다며 박수도 치고 경청했으나 내 얘기가 그들의 의도와 다르자 쉽사리 물러가려고 하지 않았다. 그래도 나는 내 소신을 계속 얘기했다.

후배들의 충정은 충분히 이해합니다. 36년 동안 수탈당한 걸 생각하면 사실 36억 달러도 부족할 것입니다. 그러나 문제는 금액이 아닙니다. 무엇보다 중요한 것은 양국이 합법정부로서 호혜평등의 원칙에 입각해 기본 조약을 맺는 것입니다. 그리고 민족 자본이 절대 부족해 외국으로부터 비싼 차관을 도입하는 판에 청구권 자금이라도 활용하는 게 급선무가 아니겠습니까? 앞으로 시간이 흐르고 나면 학생들은 내 말을 이해할 것입니다.

내가 이렇게 소리 높여 외치자 학생들은 다소 수긍하는 반응을 보였다. 그러나 학생 데모는 날이 갈수록 격렬해지고 반정부 시위로 번지자 결국 6월 3일 마침내 6·3 사태가 터지고 말았다.

116

6·3 사태 발발과
앰뷸런스 안에서 만난 김재규의 해법

6·3 사태는 심각한 헌정憲政 위기였다. 바로 전날 학생 1만여 명이 박정희 대통령의 하야를 요구하며 파출소를 검거, 파괴하기에 이르렀으므로 서울 일원의 비상계엄은 어쩔 수 없는 조치였다.

당시 계엄군은 포고령 1·2호를 발동해 시위의 금지, 언론·출판의 사전 검열, 각급학교의 무기無期 휴교, 통금 연장 조치를 취했으며, 영장 없이 압수·수색·체포·구금할 수 있었다. 계엄사령관은 민기식 육군참모총장이었고, 서울 진주進駐 계엄군은 김재규 육군 소장이 이끄는 제6사단이었다.

그런데 계엄 바로 다음날이었다. 갑자기 김재규 장군으로부터 만나자는 연락이 왔다. 궁금한 나는 곧 계엄군 임시 사단본부가 있는 덕수궁을 찾았다. 김재규 장군은 모교인 대륜중 교사로 계셨던 분이다. 5·16 후 군에 복귀한 이후 실로 오랜만의 만남이었다. 김 장군은 나를 반갑게 맞으며, "누가 엿들으면 곤란하니 잠깐 이쪽으로…" 하며 날 사단장실에서 밖으로 불러내어 뜰에 있던 앰뷸런스 안으로 데려갔다.

10·26 이후 김재규 장군을 보고 치밀하지 못하다는 이야기도 있었으나 이때 김재규 장군은 이처럼 치밀했다. 앰뷸런스 안에서 그가 내게 한 말은 충격적이었다.

"지금 계엄군의 공기는 비록 데모는 진압됐지만 나라를 위해 이번 기회에 문제가 되는 몇 사람을 체포해야겠다는 분위기요. 대상은 야당의 김준연金俊淵, 서민호徐珉濠 의원과 함께 여당의 김종필 공화당 의장이오. 문제는 군의 공기가 이러한데 이걸 대통령께 말씀드려 일을 순조롭게 처리할 사람은 이 의원밖에 없을 듯하오. 그러니 대통령께 말씀 좀 드려 주시지요."

김재규 장군은 계속 이유를 설명해 주었다.

"김종필 의장은 증권파동, 워커힐 사건, 새나라자동차, 파친코 사건 등 4대 의혹사건으로 군의 불신을 받고 있고 '김·오히라 메모'의 당사자였으며, 김준연, 서민호 의원은 한일회담에서 대통령이 일본으로부터 돈을 받았다는 허무맹랑한 발언을 국회에서 했기 때문이지요."

"잘 알겠습니다."

나는 사태를 사전에 수습해야겠다고 생각했다.

그러나 나는 다른 사람은 몰라도 김종필 씨는 공화당 의장이기에 그에게 미리 알려 주어 스스로 결심하도록 하는 게 좋겠다는 생각이 들었다. 더구나 그는 1차 외유에서 돌아온 지 얼마 지나지 않았던 터였다. 그리고 6·3사태는 제3공화국이 들어선 이후 박정희 정권이 맞은 최악의 위기로 어떻게든 시국을 수습해 놓고 봐야 하는 절박한 상황이었다.

JP에게 '2보 전진 위한 1보 후퇴' 권고

김종필 의장의 행방을 이곳저곳 알아보니, 그는 마침 민기식 참모총장 공관에 가 있는 것으로 확인되었다. 급하게 그곳으로 가 보니 이미 그곳에는 민기식 총장과 김종필 의장뿐만 아니라 김성은金聖恩 국방장관, 그리고 JP 직계인 김종갑金鍾甲 국회 국방위원장도 함께 뜰에 앉아 이야기를 나누고 있었다. 국방색 작업복을 입고 있던 김종필 의장은 대충 분위기를 파악하고 있는 듯했다.

나중에 들은 얘기지만 김성은 국방과 민기식 총장은 마침 그날 아침에 박정희 대통령을 만나 군의 분위기를 보고했고, 박 대통령으로부터 "김 의장에게 그런 분위기를 직접 말해 주지 않고 뭘 하고 있어" 하는 핀잔만 듣고 왔다고 한다.

그러나 내가 들어가 보니 그들은 차마 김종필 의장에게 그 이야기를 바로 못한 채 말을 빙빙 돌리고 있었다. 그래서 내가 단도직입적으로 김종필 의장에게 말했다.

"… 그러니 김 의장께서 2보 전진을 위해 1보 후퇴하십시오."

그러나 김종필 의장은 굳은 표정으로 어렵게 입을 열었다.

"내가 알기로는 군 전체의 분위기가 다 그런 것은 아니고, 박경원朴璟遠 장군(후일 내무부 장관) 등 일부 장군들이 내게 감정이 있어 그런 것 같소. 그리고 내가 당의장을 물러난다면 마땅한 사람이 없으니, 누가 맡아서 각하를 보필할 수 있겠소? 또 만약 내가 물러나야 한다면 나를 모함하고 있는 장경순張坰淳 부의장과 김성곤金成坤 의원도 같이 물러나야 하지 않겠소."

다소 감정이 격한 모습이었다. 나는 차분히 말을 이었다.

"그만두는 데 누구와 함께 그만두겠다고 할 것까지는 없지 않습니까? 또 누가 당을 맡아 하건 걱정할 필요도 없는 것이며, 만일 후임자가 시원찮으면 각하께서는 더욱 김 의장을 아쉬워하지 않겠습니까…. 지금은 학생 데모가 워낙 심각하니 우선 나라를 살려 놓고 봐야 합니다. 그러니 나라를 위해 1보 후퇴하십시오. 나는 사심 없이 말씀드리는 것입니다."

그러나 김종필 의장은 듣고만 있을 뿐, 별말은 하지 않았다. 그날은 그렇게 헤어졌는데, 다음날 청와대 비서실에서 박 대통령이 급히 찾는다는 연락이 왔다. 청와대에 올라가니 박 대통령이 어제 김종필 씨와 만났다는데 어떻게 되었느냐고 물었다. 김성은 국방장관과 민기식 참모총장이 박 대통령에게 김종필 의장을 만난 결과를 보고하면서 "어제 그 자리에 이만섭 의원이 나타나 김 의장에게 군의 사정을 설명해 주고 그만둘 것을 강력히 종용하더라"고 박 대통령에게 보고했기 때문에 좀더 상세한 내용을 알기 위해 나를 부른 것이었다.

나는 전날 있었던 일을 대통령에게 소상히 전하면서 김종필 의장과 나 사이에 오고간 이야기들을 모두 설명했다. 이야기를 다 듣고 난 박 대통령은 "지금 상황이 이렇게 급한데 조건을 이야기할 여유가 어디 있는가?"라고 못마땅해했다. 그래서 나는 "아무래도 사태가 급하니, 지금 각하께서 김 의장을 부르시어 스스로 결단을 내리도록 하는 게 좋을 것 같습니다"라고 말했다.

내 말이 끝나자 박 대통령은 곧 부속실의 김성구金聖九 비서관(후일 외무부 본부 대사)을 불러 김종필 의장을 급히 찾아오도록 했다. 나는 대통령과 함께 한참 기다리고 있었으나, 너무 시간이 늦을 것 같아 청와대를 나왔다.

그 후 박 대통령을 통해 안 일이지만 김종필 의장은 그날 저녁

120

늦게서야 연락을 받고 청와대에 올라와 "각하, 제가 물러난다면 장경순 부의장, 김성곤 의원과 함께 물러나겠습니다"라고 말해서 박 대통령이 "지금 때가 어느 때인데 그런 이야기를 하느냐"고 야단쳤다고 한다.

바로 그날 저녁 김종필 의장의 사임을 알리는 호외가 시중에 나돌았다. 다음날 김종필 의장은 기자회견을 통해 "내가 모든 책임을 지고 물러난다"고 공식적인 입장을 밝혔다. 결국 며칠 뒤 정구영 의원이 당의장 서리에 임명됐고, 김종필 씨는 다시 미국으로 떠나게 되었다. 이것이 그의 2차 외유이다.

6·3 사태는 결국 김종필 씨가 외유를 떠나고, 김준연, 서민호 의원이 구속되면서 수그러들기 시작했다. 한일회담은 이후 2년 뒤인 1965년 6월 22일 한·일 양국의 외상이 참석한 가운데 일본 도쿄에서 서명되었으며, 8월 14일 여야 간 심한 몸싸움 끝에 결국 그 비준안이 통과됐다.

제 7 장

재벌밀수에 경종 울린
김두한 의원의 '국회 오물투척 사건'

연이은 밀수사건으로
재벌 특혜문제가 불거지다

1966년 가을에는 한비韓肥 밀수사건이 터져 정계가 한바탕 뒤집히고 말았다. 온 국민이 분노했고, 국회에서는 '특정재벌 밀수사건'이라는 안건으로 9월 22일부터 10월 6일까지 국무총리와 관계 장관들이 출석한 가운데 열띤 대정부 질문을 벌이게 됐다.

22일 아침 등원하러 집을 나서면서 나는 비록 여당 소속이었지만 이 사건만큼은 철저하게 따져야겠다고 결심했다.

이날 본회의 발언 순서는 내가 첫 번째였고 야당의 김대중 의원이 두 번째, 김두한金斗漢 의원이 세 번째였다.

제일 먼저 등단한 나는 아주 강경한 어조로 말을 꺼냈다.

여러분이 아시다시피 며칠 전 이병철李秉喆 씨가 천인공노하게도 사카린을 밀수하여 온 국민을 격분시켰습니다. 법은 만인 앞에 평등

제6대 국회에서
사카린 밀수사건에 대한
철저한 진상조사를 주장하며

해야 합니다. 힘없는 서민들은 100만 원, 200만 원을 밀수해도 구
속하는 판에 재벌에 대해서는 정부가 왜 이렇게 관대하단 말입니
까? 이병철 씨를 즉각 구속하여 법이 허용하는 범위 내에서 최고의
형을 적용해야 합니다. 또 부산 세관장은 왜 잡아넣지 않는 겁니
까. 그 사람은 직무유기를 하지 않았습니까. 가중처벌법 제15조에
의하면 1년 이상의 형을 받도록 돼 있습니다. … 지금 정부에서 수
사하는 것을 보면 송사리만 잡는다는 인상을 주고 있습니다. … 우
리 국회는 국민의 여론을 항상 존중하여 국정을 올바로 운영해야
한다고 생각합니다.

내 뒤를 이어 민중당의 김대중 의원도 삼성의 부당이득에 관해
조목조목 따지면서 이병철 씨의 즉각 구속을 주장했다. 그리고 그
다음으로 등단한 한국독립당의 김두한 의원의 발언 때 국회 사상
전무후무한 일이 벌어지고 말았다.

그날 아침부터 다소 이상한 낌새는 있었다. 그날 아침 김두한 의
원은 흰 보자기에 깨끗하게 싼 두 개의 통을 양손에 들고 의사당에

들어섰던 것이다.

그는 알다시피 김좌진金佐鎭 장군의 아들로, 해방 이후 반공투쟁에 앞장섰던 정의감에 불타는 열혈남아의 기개를 지니고 있었다. 그는 1954년 5월 제3대 국회의원 선거에 서울 종로을구에서 무소속으로 출마하여 거물 변호사인 한근조韓根朝 씨를 누르고 당선되었다. 그후 제6대 국회에서는 민중당 서민호 의원이 한일회담에 반대하여 의원직을 사퇴함으로써 실시된 서울 용산구 보궐선거(1965년 11월) 에서 한국독립당 후보로 나서 두 번째로 국회의원에 당선되었다.

이날 나는 본회의 발언도 있고 해서 국회에 일찍 나갔다. 김두한 의원도 이날따라 국회에 일찍 등원하면서 흰 보자기로 싼 통 두 개를 들고 들어왔다. 그리하여 자기 책상 위에 통을 놓고 엄숙한 표정으로 앉아 있었다. 김 의원과 나는 나이 차이가 많았으나(김두한 의원은 1918년생) 서로 통하는 데가 있어 아주 가까운 친구처럼 지냈다. 그랬기에 난 그에게 물어봤다.

"김 의원 그거 뭡니까?"

"아, 이거 사카린이야."

"아! 그게 사카린 ⋯. 내가 첫 발언을 하게 돼 있는데 사카린이 어떤 건지, 그럼 어디 한번 봅시다."

나는 정말 사카린이 어떻게 생겼나 보고 싶어 그 통을 만지려 했다. 그런데 김두한 의원은 그날따라 굳은 표정으로 "아니, 안 돼요! 나중에 어차피 보게 될 텐데 ⋯" 하며 아예 손도 못 대게 막는 것이었다.

124

김두한이 국민 대신
재벌과 정부에 날린 경고

드디어 김두한 의원이 연단에 올라섰다. 그는 그 두 개의 통을 조심스레 연단에 올려놓고 입을 열었다.

"배운 것이 없어서 말은 잘할 줄 모르지만, 다른 사람이 할 줄 모르는 행동은 잘할 수 있습니다."

다소 무겁게 말을 꺼낸 그는 점차 시간이 흐르자 자신의 항일투쟁, 반공투쟁 경력 등을 소개하며 목소리가 점차 높아지기 시작했다.

"… 그래서 5·16 군사혁명을 일으킨 현 정권이 대다수 국민은 어려운데 몇 놈에게만 특혜조치를 주고 있는 건 용서할 수 없습니다. … 대통령이 여기 나왔다면 한번 따져 보고 싶지만 없으니 국무총리를 대통령 대리로 보고, 또한 총리와 장관들은 3년 몇 개월 동안 부정과 부패를 합리화한 피고로 다루겠습니다."

처음에 싱글싱글 웃으며 김두한 의원의 얘기를 듣던 대다수 의원들은 차츰 그의 표정이 진지해지자 심각해지기 시작했다. 드디어 아주 진지한 얼굴의 김두한 의원은 양손에 준비해온 통을 쳐들며 말을 이었다.

"이것은 재벌이 도적질해 먹는 것을 합리화시켜 주는 내각을 규탄하는 국민의 사카린이올시다."

모든 의원들은 사카린이란 말에 호기심 어린 눈으로 쳐다보고 있었는데, 그때 갑자기 돌발사태가 벌어졌다.

"똥이나 처먹어, 이 새끼들아! 골고루 맛을 봐야 알지."

김 의원이 갑자기 그 통을 국무위원석으로 집어던진 것이다. 그러자 의사당 내에는 도저히 코로 숨 쉴 수 없는 상황이 벌어졌다. 그가 준비해온 것은 바로 인분이었던 것이다. 정일권T一權 총리와 장기영 부총리, 김정렴金正濂 재무장관 등 국무위원들은 순식간에 오물을 뒤집어쓰고 말았다. 김 의원이 서두에 말한 '다른 사람이 할 줄 모르는 행동은 잘할 수 있다'는 것이 바로 이 분뇨 투척이었던 셈이다.

이것이 그 유명한 '국회 오물투척 사건'이다. 국회는 아수라장이 되었고, 곧 정회가 선포됐다.

그날 바로 정일권 내각은 이에 항의해 일괄 사표를 제출했고, 다음날 박정희 대통령은 김두한 의원 사건을 개탄하는 특별 공한을 국회에 보내기에 이르렀다.

국민들은 모두 속 시원하게 생각했다. 그러나 국회에서는 신성한 국회 안에서 어떻게 그런 일이 일어날 수 있느냐는 여야 의원들의 분위기 때문에 결국 김 의원은 제명 처리됨과 동시에 구속되고 말았다. 그때 표결 결과는 여당은 전원 제명에 찬성했으나 야당은 일부 기권, 일부 반대로 나타났다.

아무튼 김두한 의원의 오물투척으로 더욱 국민의 관심을 끌게 된 '한비 사건'으로 민복기閔復基 법무장관과 김정렴 재무장관이 해임되는 등 정치권에도 태풍이 불었다. 삼성 측은 이병철 씨의 차남 이창희李昌熙 씨가 구속되고 한비 주식의 51%를 정부에 헌납해야 했다.

'주식 51% 헌납'에 대해서는 나중에 박 대통령으로부터 내가 직접 들은 얘기인데 처음에는 장기영 부총리가 한비 주식 51%가 아닌 이병철 씨 개인 지분의 51%만 헌납하겠다는 결재서류를 갖고 왔다는 것이다. 당연히 박 대통령은 노발대발했다.

"도대체 나를 속이려는 건가, 약속 위반이 아닌가?"라며 결재서류를 내던졌다. 그 직후 박 대통령이 나를 불러 그 이야기를 하시기에 내가 "각하 부총리를 즉각 바꾸시지요"라고 건의했고 박 대통령도 그다음 날 즉각 장기영 씨를 해임하고 김학렬金鶴烈 씨를 경제부총리로 임명하셨다.

그리고 결국 처음 약속대로 한비 주식의 51%는 정부에 헌납되었다. 그 후 한비는 국유화됐으나 국영기업 민영화 정책에 의해 다시 삼성으로 돌아가게 됐다. 이처럼 1966년 당시만 해도 박 대통령은 재벌의 횡포와 부정을 아주 싫어했으며, 그들과 일정한 거리를 두는 등 꼿꼿한 자세를 유지했었다.

김두한 의원, 고문 후유증으로
끝내 유명 달리해

그런데 오물투척 사건으로 구속된 김두한 의원은 오물투척의 배후를 조사받는다고 하여 김형욱의 중앙정보부로 끌려가 말 못할 고초를 겪게 되었다.

몇 달 뒤 나는 을지로 수표동에 있는, 당시 우리나라 최초로 전자오르간을 연주하는 것으로 유명했던 '화정'이라는 불고기집 3층에 가족과 함께 식사를 하러 들렀다가 우연히 김두한 의원 부부와 마주쳤는데 깜짝 놀라지 않을 수 없었다. 몸이 수척해진 건 그렇다

쳐도, 그 옛날 당당하던 기개가 완전히 사라져 폐인이 되다시피 했던 것이다. 얼마나 고문을 당했던지 내 눈빛조차 피할 정도였고, 입이 제대로 열리지 않아 말도 또렷이 못하는 게 아닌가. 그 순간 마음이 아파 눈시울이 뜨거워졌다.

그러나 김두한 의원은 그래도 고집이 있어 쇠약한 몸으로 1967년 6월 8일 실시된 제7대 국회의원 선거에 수원, 화성에서 신민당 후보로 출마하였으나 중앙정보부 간부 출신이며 막강한 조직력을 갖고 있던 공화당 이병희李秉禧 후보에게 고배를 마셨고 그 후 시름시름 앓다가 세상을 떠나고 말았다.

안타까운 일이었다. 더 큰일을 할 수 있었던 사람이었는데, 정의가 폭력에 의해 짓밟힌 당시를 생각하면 지금도 울분을 억누를 길이 없다.

제 8 장
대구에서 출마, 이병철 회장과 대결

1967년 6월에 치러진 제7대 국회의원 선거에서 나는 내가 나고 자란 대구 중구에서 공화당 공천 후보로 출마했다.

그러나 나는 야당과 대결한 것이 아니라 삼성의 이병철 회장과 대결하였다.

이 회장은 지난 6대 국회에서 내가 삼성의 사카린 밀수를 규탄하고 이 회장의 구속을 주장한 것에 앙심을 품고 장남인 이맹희李孟熙 씨에게 "여하한 일이 있어도 이만섭 의원은 꼭 떨어뜨려라"라고 특명을 내렸다. 당시 이맹희 씨는 삼성물산의 부사장 겸 〈중앙일보〉 부사장이었다.

삼성 측은 선거 종반에 들어서자 대구 북구에 있는 이병철 소유의 제일모직 공장의 문을 닫게 하고 직원들에게 "이만섭이 당선되면 우리 공장은 문 닫게 된다"고 선동하여 모든 직원들이 중구에 사는 친척, 친구 집을 방문하여 나를 찍지 않도록 부탁하게 했다.

뿐만 아니라 〈중앙일보〉는 매일같이 나를 낙선시키기 위해 사실과 다른 허위보도를 했다. 오죽하면 대구 특파원으로 와 있던 허준

박정희 대통령으로부터 제7대 국회의원 공천장을 받고 있다.
(가운데는 길재호 사무총장)

기자가 밤중에 나에게 전화를 걸어 "선배님 죄송합니다. 기사는 내 이름으로 나가지만 사실은 내가 쓰는 게 아닙니다. 이맹희 부사장이 대구에 내려와서 진두지휘를 하고 있고 그 뒤에는 이병철 회장이 있습니다. 나를 원망하지 마십시오" 하는 것이었다. 허준 기자는 양심적인 기자였으나 그 후 불의의 교통사고로 돌아갔으며 나는 지금도 그 일을 가슴 아프게 생각한다.

이런 악조건 속에서도 나는 이를 악물고 선거운동을 했다. 대구 시내를 눈물을 흘리고 다니면서 연설했다.

정의로운 대구시민 여러분!
여러분은 밀수한 재벌 편을 들겠습니까? 아니면 정의로운 이 젊은 청년 정치인을 도와주시겠습니까? 밀수냐 정의냐 대구시민 여러분들이 심판해 주십시오. 나는 대구시민의 정의감을 믿습니다.

제 7대 국회의원 시절
광화문 국회의사당 앞에서

결국 대구시민들은 밀수재벌보다 바른말 하는 젊은 정치인을 택했다. 이병철 씨의 집요한 방해에도 불구하고 나는 당당히 승리한 것이다. 선거 결과, 24,562표를 얻어 신민당의 이대우 후보를 3,148표 차이로 이겼다.

선거 도중 나는 참다못해 〈중앙일보〉를 고발하기까지 했다. 그러나 당선된 뒤 그 신문사에 있던 가까운 후배 기자들뿐만 아니라 여러 언론인들이 "선거에 이겼으니 아량을 보이는 게 좋지 않느냐"고 권유해 나는 더 이상 문제 삼지 않기로 하고 그 사건을 그대로 넘기고 말았다.

오랜 시간이 흐른 뒤, 나의 수창초등학교 1년 후배이면서 당시 〈중앙일보〉 부사장이었던 이맹희 씨는 1993년에 발간한 그의 회고록《묻어둔 이야기》에서 아버지로부터 '이만섭 의원을 반드시 낙선시키라는 지시를 받았으며, 이를 위해 제일모직 임원들에게 특별지시를 했고, 취재기자들에게 특별조치를 하는 등 갖가지 조치들을 다 취했다. 그리고 이만섭 의원은 대구시내에 울고 다니면서 연설을 했다'는 내용을 털어놓았다.

그때나 지금이나 나의 확고한 소신은 재벌과 언론은 반드시 분리되어야 한다는 점이다. 언론은 결코 특정 재벌에 의해 이용되어서는 안 되며 사회의 공기公器로서 공정보도를 할 때만 그 정당성을 갖게 되는 것이다.

제 9 장
박 대통령의 강력한 리더십으로
뚫린 경부고속도로

야당 반대에 경부고속도로 개통 좌초 위기

제 7 대 국회 들어서 내 기억에 가장 뚜렷이 남는 일은 경부고속도로 개통이었다. 사실 경부고속도로 개통은 야당의 반대에 부딪쳐 좌초될 뻔했으나 박 대통령의 재떨이 한방에 뚫린 것이다. 그 당시 일화를 소개하면 다음과 같다.

박 대통령은 고속도로 건설에 필요한 내자를 조달하기 위해 석유류세법 개정안을 목적세로 바꾸는 세법 개정안을 제 63회 임시국회에 제안하였다. 그러나 이 법률 개정안은 야당이 단상을 점령하는 등 극렬하게 반대하면서 큰 진통을 겪었다.

나는 야당의 김영삼 총무와는 개인적으로 가까운 사이인지라 "고속도로 개통을 반대하는 것은 명분도 없고 국민의 지지를 받지 못한다"면서 농성을 풀 것을 종용했으나 김 총무는 워낙 고집이 센지라 도무지 대화가 되지 않았다.

밤 9시 30분 이후락 청와대 비서실장이 국회를 방문해 이효상 의장을 포함한 공화당 간부들과 대책을 협의했으나 별 뾰족한 방법을 찾지 못했다. 이후락 실장이 다녀간 뒤인 밤 10시 30분경, 박 대통령의 부름을 받고 이효상 국회의장, 김종필 당의장, 길재호吉在號 사무총장, 김진만金振晩 원내총무 등과 함께 나는 청와대에 들어갔다.

청와대 집무실에는 박 대통령이 담배를 피우며 무거운 표정으로 소파에 앉아 있었다. 박 대통령을 중심으로 오른쪽으로는 이효상 국회의장과 총무단이 앉고, 왼쪽으로는 김종필 당의장 등 공화당 간부들이 앉았다. 원내부총무였던 내 자리는 오른쪽 끝이었다.

여야 대립에 '나라 경제 살리기'라는
대전제를 각성시킨 박 대통령

김종필 당의장이 굳은 표정으로 담배를 피우던 박정희 대통령에게 말을 꺼냈다.

"각하, 야당이 농성을 하고 있어 정상적 통과는 도저히 불가능합니다. 다음 회기에 통과시키도록 하겠습니다."

김종필 당의장의 말이 끝나기가 무섭게 박 대통령이 소리를 지르며 재떨이를 집어던졌다.

"무슨 소리야! 내가 이 나라 경제발전을 위해 경부고속도로를 만드는데, 뭐? 야당이 반대한다고 국회에서 통과를 못 시켜? 뭐 이런 일이 다 있어!"

박 대통령이 던진 재떨이는 김종필 당의장 쪽으로 날아갔다. 그러자 김종필 당의장은 말할 것도 없고 이효상 의장을 비롯해 자리에 함께 있던 우리 모두는 혼비백산하여 하얗게 질리고 말았다.

분이 안 풀린 박 대통령은 다시 한 번 고함을 질렀다.

"내가 이 나라 경제를 살리려고 산업도로를 만드는데, 야당이 반대한다고 여당이 그걸 하나 통과 못 시켜? 여당은 뭐 하는 것들이야!"

그때 박 대통령의 화난 얼굴은 무섭다는 말밖에 달리 표현할 길이 없었다. 모두가 고개를 푹 숙인 채 무거운 침묵이 1분 정도 흘렀다. 그때 맨 끝에 앉아 있던 나는 내가 나서는 수밖에 없다고 생각했다. 노기를 가라앉히지 못한 채 연신 담배를 피우는 박 대통령에게 나는 순 경상도 억양으로 애원조로 말했다.

"각하, 고마 한 번만 봐주이소."

나의 난데없는 경상도 사투리 애원에 박 대통령도 웃음을 참지 못했으며 다른 사람들도 웃음을 참다 킥킥거리기 시작했다. 살벌했던 분위기가 한순간에 뒤바뀌는 듯했다. 나는 이 순간을 놓치지 않고 다시 한 번 간청했다.

"각하, 그만 저희들한테 맡겨 주십시오. 잘해 보겠습니다."

그제서야 박 대통령도 웃음을 못 참는 표정으로 손을 내저으며 "알아서 하시오!"라고 말했다. 우리 모두는 "예!" 하고 대답이 끝나자마자 허겁지겁 청와대를 빠져나오기 바빴다. 나는 청와대를 나오면서 김진만 총무에게 "도리 없습니다. 나라를 위해 해야지…. 어떡하겠습니까?"라고 말했다.

회기 종료 40분을 남긴 밤 11시 20분에야 국회에 도착한 우리는

청와대에서 육영수 여사, 영식(令息) 박지만과 함께(육 여사 왼쪽은 이낙선 민정수석비서관).

전열을 정비하였다. 그리고 단상을 점거하고 있던 야당 의원들을
여당 의원들이 밀어내고 회기 종료 직전 석유류 세법 개정 법률안
을 강행 통과시켰다.

　지금 생각하면 그때 국회에서 석유류 세법 개정법안이 통과되지
않았더라면 경부고속도로 건설이 중단되었을지도 모르는 일이다.
그리고 나는 지금도 나라 경제 건설을 위해서는 박 대통령과 같은
강력한 리더십이 필요하다고 생각한다.

제 4 편

공화당 집권 후반기
여당 정치인으로서의 고뇌

제 1 장
4·8 항명,
당명보다 국민의 뜻을 따르겠다

무리한 3선개헌에 분명히 반대

1969년에 들어서면서 공화당에서는 개헌 문제를 논의하기 시작했다. 특히 윤치영尹致暎 공화당 의장 서리는 "우리나라가 조국 근대화와 민족중흥의 과업을 이룩하기 위해서는 무엇보다 강력한 정치적 리더십이 필요하므로 대통령 연임 조항을 포함한 현행 헌법상의 문제점을 개정하는 것이 바람직합니다"라고 노골적으로 개헌 이야기를 끄집어냈다.

이렇게 당내가 양분되어 어수선한 가운데 3월 6일에 의원총회가 열려 본격적으로 개헌 문제를 논의하기 시작했다. 나는 의원 총회에서 3선개헌을 분명히 반대했다.

박 대통령의 조국 근대화 업적은 국민들도 찬양하고 있습니다. 그러나 국민 어느 누구도 개헌을 하면서까지 정권을 연장하려는 것은 원치 않습니다. 지금 이 헌법은 우리 손으로 만든 것입니다. 우린 이를 지켜야 할 의무가 있습니다.

결국 그날 의원총회는 격론을 벌이다 끝나고 말았다. 그러던 중 개헌과 관련된 '4·8 항명' 파동이 벌어졌다.

"권오병 장관은 마땅히 해임돼야" 소신 밝혀

4월 초 신민당은 국회에서의 폭언 등을 이유로 권오병權五柄 문교부 장관 해임 건의안을 낸 것이다. 사실 나를 비롯한 많은 공화당 의원들도 권오병 장관에 대해 문제가 많다고 생각하고 있었다. 지나치게 권위주의적인 데다가 국회의원을 공공연히 무시하여 여야 의원들로부터 평판이 좋지 않았던 것이다.

그런데 JP 라인이 생각하는 불신임안 통과 이유는 다소 달랐다.

이번 기회에 권 장관 불신임안을 통과시켜 버려야만 박 대통령도 국회의원들을 맘대로 할 수 없다고 느껴 3선개헌에 대해서도 다시 생각하게 될 것이다. 그러니 무조건 권 장관 불신임안을 통과시켜 우리의 힘을 보여줘야 한다.

공기가 이상한 방향으로 흐르게 된 것을 눈치챈 박 대통령은 김진만 원내총무를 급히 불렀다.

"어떤 일이 있어도 야당에서 내놓은 해임 건의안은 부결시키시오."

그러나 워낙 분위기가 심상치 않자, 당은 4월 7일 당론 조정을 위해 의원총회를 열었다. 부결시키기 위해 고심한 당은 그날 의총에 권오병 장관을 참석시켜 사과 발언까지 하도록 했다.

"제가 여러 가지로 의원님들의 의견을 존중치 못해 대단히 죄송스럽습니다. 잘 부탁드립니다."

"지금 권 장관께서 사과도 하셨고, 대통령 각하께서도 해임 건의안은 무슨 일이 있어도 부결시키라는 엄명을 내리셨으니 내일은 행동 통일을 해서 꼭 부결시킵시다."

김진만 총무의 말에 일부는 "이의 없소" 하며 맞장구를 쳐 주었으나, 대부분의 의원들은 가타부타 말이 없이 그저 침묵을 지키며 앉아 있을 뿐이었다. 그러나 나는 정정당당하게 내 태도를 밝히는 게 옳은 일이라고 생각돼 발언 신청을 하곤 자리에서 일어섰다.

난 분명히 가표可票를 던지겠습니다. 문교 행정은 덕으로 해야 하는데, 권 장관은 힘으로 하고 있습니다. 그래서 교육자들로부터 지지를 받지 못하고 있습니다. 뿐만 아니라 지난번 사학 특감 때 야당 의원들에게 보인 태도는 여야를 떠나 국회를 전적으로 무시하는 행동으로 이를 용납할 수 없습니다. 난 내일 투표에서 가표를 던져 내 태도를 분명히 할 것입니다. 이 시점에서 당 간부에게 당부드리고 싶은 것은 나는 가표를 던지겠지만, 만일 내일 권 장관의 해임안이 가결된다면 대통령이나 공화당의 체면이 손상될 것이므로 미리 이런 분위기를 대통령께 건의해 사전대책을 강구해야 할 것입니다.

그날 내가 말한 사전대책이란, 대통령이 권오병 장관 경질을 결심하고 그 대신 국회에서의 투표는 보류하는 등의 방법을 의미하는 것이었다. 내 말에 몇몇 의원들은 동조했다. 그러나 아무튼 그날

회의는 표면적으로는 행동 통일을 하자는 것으로 어정쩡하게 결론을 내리고 말았다.

JP계 대거 가담해 해임안 통과

드디어 투표일이 왔다. 그날 아침 〈조선일보〉에는 내가 "가표를 던지겠다"고 태도를 표명한 것과 그 이유가 상세히 보도돼 있었다. 태평로 국회의사당으로 들어서자 상당수의 의원들은 고민하는 모습이었다. 나는 물론 신민당이 낸 해임안에 가표를 던진다는 결심을 해놓고 있었지만, 다른 사람들의 경우는 나중에 분위기를 봐가며 투표하겠다는 자세였다.

어쨌든 투표일은 공화당으로서는 심각한 하루가 됐다. 나는 일찌감치 가표를 던지고 자리에 앉아 있었다. 그런데 투표를 끝내고 자리로 돌아오는 초선의원들 중 상당수가 내 귀에 "나도 가표를 던졌소"라고 속삭이는 게 아닌가. 나는 속으로 '드디어 일이 벌어졌구나' 하고 느꼈다.

아니나 다를까, 개표 결과는 내 예상대로였다. 총 투표수 152표 중 가표가 무려 89표였고 부는 겨우 57표, 무효 3표로 '권 장관 해임안'은 가결되고 말았던 것이다. 투표에 참가한 공화당 의원들이 모두 100명이었으니, 최소한 40여 명 이상이 당명黨命을 어긴 채 신민당 쪽에 동조한 것이다.

당시 진해로 휴가차 내려가 있던 박 대통령은 현지에서 이 소식을 듣고는 노발대발 격노하여 급거 상경했다. 길재호 사무총장을 불러 사건 경위를 보고받은 박 대통령은 강경한 어조로 명령했다.

"즉시 항명 의원들을 색출해서 일주일 이내에 제명해! 그리고 의원들에게 말해요. 현 체제에 불만을 가진 당원들은 모두 당을 떠나라고 … ."

결국 당에서는 조사결과 주동 의원 5명을 제명키로 했으며, 김진만 원내총무도 물러났는데, 박 대통령은 후임자로 의외의 인물인 항명파와 친한 김택수金澤壽 의원을 임명했다. 총무 자리에 앉은 김택수 의원은 인간적으로 가까웠던 양순직楊淳稙, 예춘호, 박종태朴鍾泰, 김달수金達洙, 정태성鄭泰成 의원 등 주동 의원 5명을 13일 의원총회에서 자기 손으로 제명해야만 했다.

죄목(?)은 '음성적으로 야당과 내통해 반란을 일으킨 자'였다. 나 역시 처음에는 제명 대상에 올랐으나 음성적으로 한 것이 아니라 의원총회에서 사전에 내 태도를 분명히 밝혔기에 마지막 순간에 박 대통령이 내 이름을 뺐다고 한다. 아무튼 '4·8 항명' 사건은 그들이 어떤 이유로 항명했건 결국 JP계에 큰 타격을 안겨 주었다. 또한 공화당 내 3선개헌 반대 세력들에게도 심각한 타격을 주는 결과를 낳았다.

그리고 정국은 본격적인 개헌 국면으로 들어섰다. 아울러 3선개헌을 반대하는 입장이었던 나로서도 박 대통령과의 관계에서 큰 변화를 감내해야 할 시점이 다가왔다.

제 2 장
박 대통령의 설득에도 3선개헌 반대

김성곤·길재호 의원, 개헌 찬성의사 타진

1969년 6월 개헌 작업은 더욱 표면화됐다. 대통령의 측근인 이후락 비서실장, 김형욱 중앙정보부장, 길재호 사무총장, 김성곤 재정위원장, 백남억 정책위의장 등은 개헌을 반대하는 국회의원들과 개별적으로 접촉해 개헌 지지를 설득하고 아예 찬성 도장을 받아내기 시작했다. 특히 김형욱 부장은 개헌을 반대하는 의원들에게 온갖 회유와 협박, 공갈로 찬성 도장을 받아내려고 혈안이 돼 있었다.

이 같은 바람은 물론 내게도 불어닥쳤다. 그러나 나는 이미 의원 총회 등에서 공개적으로 개헌을 반대하는 강경한 입장이었기에, 그들은 아주 조심스럽게 접근했다.

"이 의원 … 개헌 문제 얘기 좀 합시다 … ."

"그거라면 … 그건 절대 안 됩니다."

김성곤 의원이 내게 넌지시 의향을 타진했지만 나는 본론이 나오기도 전에 일언지하에 거절해 버렸다. 그러자 다음에는 길재호 의원이 나를 두 번씩이나 찾아와 마음을 돌릴 것을 종용했으나 역시 거절했다. 안 되겠다 싶었던지 그들은 결국 박 대통령에게 미룰 수밖에 없었다.

"이만섭 의원은 우리 힘으로는 도저히 안 됩니다···. 이 의원만큼 각하께서 직접 불러서 설득하셔야 할 것 같습니다."

"그래··· 이 의원은 내가 한번 불러 이야기해 보지···."

결국 박 대통령은 나를 불렀다.

각하, 후계자가 잘하면
다시 집권할 필요가 있습니까?

그날은 1969년 6월 29일이었다. 오후 3시쯤이었는데, 몹시 무더웠다. 나는 들어가기 전부터 대통령을 설득해야겠다고 다짐하며 마음을 단단히 먹었다. 서재로 들어선 나는 박 대통령의 얼굴이 다소 굳어 있음을 느꼈다. 차를 한잔 권한 박 대통령은 먼저 3선개헌을 하지 않을 수 없는 당위성을 말하며 협조를 부탁했다.

그러나 마음을 굳게 먹은 나는 단호한 어조로 말했다.

"5·16 혁명이 아무리 구국救國 혁명이었다 하더라도 무력으로 정권을 잡은 것만은 사실입니다. 때문에 이 군사혁명을 국민혁명으로 승화시키기 위해서는 대통령께서 직접 만든 헌법을 스스로 지켜 평화적으로 정권을 이양해야 합니다. 그것이 순리입니다."

내 말에 대통령은 그저 듣고만 있었다. 나는 계속 말을 이었다.

"4·19 때〈동아일보〉정치부 기자로 역사의 현장을 생생하게 지켜본 바 있습니다. 이승만 대통령이 장기집권을 함으로써 학생혁명을 유발시켰고, 결국 이 박사의 동상을 학생들이 넘어뜨려 새끼줄로 목을 매단 채 광화문 거리를 질질 끌고 다니는 광경을 제 눈으로 직접 목격한 바 있습니다."

이 말은 '각하도 장기집권하면, 나중에 학생이나 국민의 심판을 받게 됩니다'라는 말을 함축적으로 표현한 것이었다. 나는 이제 하고 싶은 말을 다 했다고 생각했다.

그제서야 박 대통령이 입을 열었다.

"그런데 … 내가 나서지 않으면 정권을 야당에게 빼앗기고 말 텐데 … ."

"그건 그렇지 않습니다. 각하께서 물러나시면서 '내가 못다 한 일을 바로 이 사람, 나의 후계자에게 맡겨 주십시오'라고 국민 앞에 한 말씀만 하신다면, 그 사람은 틀림없이 당선됩니다. 왜 정권을 빼앗긴단 말입니까? 절대 그렇지 않습니다."

"그러면 후계자가 될 사람은 있는가?"

박 대통령은 짜증스런 투로 내게 물었다.

"각하께서 김종필 씨가 후계자로 내키지 않는다면 다른 사람도 있잖습니까? 이효상 의장이나 백남억 의장 같은 분도 좋지 않습니까. 그분들 중 한 분에게 4년간 맡긴 뒤, 4년 후에 다시 정권을 잡으시면 되잖습니까?"

박 대통령은 내 말에 버럭 화를 내면서 소리를 질렀다.

"그렇지만 대통령이 된 사람이 자기 조직을 짜고 군대 조직까지 다 장악할 텐데 4년 후에 '정권 여기 있습니다' 하고 내놓을 사람이 어디 있겠어 … ?"

나는 이 말에 다소 반발심 같은 것이 생겼다.

"각하! 만일 후계자한테 맡겨서 그분이 일을 잘하면 꼭 각하께서 다시 하실 필요는 없잖습니까?"

이 말에 박 대통령의 얼굴이 백지장처럼 창백해졌다. 허리에 권총이라도 차고 있었다면 금방이라도 빼서 쏠 기세였다. 그래서 나는 박 대통령의 노기를 풀기 위해 바로 말을 이었다.

"그럴 때에는 나라의 큰 지도자로서 후배 대통령을 뒤에서 도와주시고, 또 나라의 갈 길을 인도해 주시면 되지 않습니까."

그러자 대통령은 잠깐 동안 입을 다물고 아무 말이 없었다. 한동안 분위기는 찬물을 끼얹은 듯 조용하기만 했다. 좋은 의미에서 보자면 박 대통령은 한 4년 더 국정을 맡아 벌여 놓은 일을 마무리 짓고자 하는 집념을 가졌을지도 모른다. 또 달리 생각하면 나 말고는 이 나라를 이끌 사람이 없다는 독선에 사로잡혀 있었을 수도 있다.

그러나 나는 간곡하게 3선개헌은 안 된다고 계속 주장했다.

"저는 이 나라가 민주주의를 꽃피우려면 두 가지 일은 반드시 해야 한다고 생각합니다. 그 하나는 평화적인 정권 교체입니다. 그러나 그건 반드시 야당에게 정권을 넘겨준다는 얘기는 아닙니다. 또 다른 하나는 결코 정권이 바뀌더라도 정치 보복이 있어서는 안 된다는 점입니다. 이 두 가지가 민주주의의 요체라고 전 굳게 믿고 있습니다…. 사실 각하 주위에서 개헌을 해야 한다고 말하는 사람들 중에는 진정 나라를 위하는 마음보다는, 정권을 내놓게 되면 자기들이 죽을지도 모른다고 생각해 살기 위해 개헌하자는 사람들이 있습니다."

말을 마친 나는 조용히 입을 다물었다. 나를 설득하는 데 실패한 박 대통령의 얼굴은 초췌해 보여 인간적으로는 안타까웠다. 사실 박 대통령은 군에 있을 때부터 정의감이 강하고 바른말을 잘하는 분으로 알려져 있었다. 그런 분이 정의롭지 못한 3선개헌을 하려고 하니 그 자신도 얼마나 괴로웠을까. 나는 그분의 마음을 읽을 수 있었다. 그렇기에 대통령은 나를 논리로 설득하기보다는, 나만큼은 자신을 밀어주어야 하지 않느냐고 정에 호소하는 방식으로 대했던 것이다.

서로 평행선만 달리며 무려 2시간 40분 만에 면담을 끝냈지만 청와대를 나오면서도 나는 소신을 결코 굽히지 않았다.

"… 각하께서 3선개헌을 하지 않는 방향으로 빨리 결단을 내려주셔야 합니다. 아니면 나라는 극도로 혼란스러워질 겁니다."

후일 김성곤 의원에게 들은 얘기로는 박 대통령은 내게 상당히 서운해했다고 한다. 김성곤 의원이 나와 면담한 결과를 묻자 대통령은 짜증부터 냈다고 한다.

"고집이 어찌나 센지, 내가 아무리 얘기해도 듣지를 않아."

제 3 장
대의를 따라
돌아올 수 없는 강을 건너다

박 대통령의 배수진에 개헌의 선행조건 작성

박 대통령은 나와 면담한 지 한 달여 뒤인 7월 25일, 드디어 기자
회견을 자청했다.

개헌 문제로 국론이 분란되었는데, 국민 여러분께 직접 묻겠습니
다. 3선개헌을 위해 국민투표를 실시할 것입니다. 만일 국민이 지
지해 주지 않으면, 나와 나의 정부는 미련 없이 물러설 것입니다.

드디어 개헌을 위한 배수진을 친 것이다.

기자회견이 있은 다음날부터 개헌파들은 바로 반대 세력들에 대
한 설득 작업에 들어갔다. 이후락, 김형욱, 김성곤, 길재호 등 4명
은 청와대 비서실장실에 진을 치고 앉아, 그때까지 서명하지 않은
의원들을 한 사람씩 불러 서명을 받았다.

대통령 기자회견 다음날 공화당은 즉시 당무회의를 열어 발의 일

정을 채택한 후, 개헌안 성안을 백남억 정책위의장에게 일임했다. 그리고 사흘 뒤인 7월 29일, 공화당은 개헌안 발의 서명을 받기 위해 그 유명한 영빈관 의원총회를 열게 됐다.

바로 전날인 28일 밤, 나는 심각한 고민에 빠졌다. 서른한 살에 국회의원의 길로 들어선 이후 가장 힘든 순간이었다. 나는 박 대통령과의 개인적 의리 때문에 밤잠을 설치면서 고민을 거듭하다가, 마침내 '선행조건'을 내걸고 투쟁키로 했다. 책상에 앉은 나는 메모지에 선행조건을 하나하나 써나갔다.

첫째, 권력형 부정부패의 책임자 이후락, 김형욱은 그 책임을 지고
　　　즉각 물러날 것
둘째, 중앙정보부는 대공對共 사찰에만 전념하고 정치 사찰은 일절
　　　하지 말 것
셋째, 당의 체질을 명실공히 창당 이념에 맞게 올바르게 개혁할 것
넷째, 국민투표는 지는 한이 있더라도 공명정대하게 실시할 것
다섯째, 권오병 문교부 장관 불신임 파동 때 제명당한 예춘호, 양
　　　순직, 박종태, 정태성, 김달수 등 제명 의원 5명을 복당復黨
　　　시킬 것

나는 비장한 각오로 5가지의 선행조건을 정리했다. 만일 일이 잘 못된다면 첫째 조건에 해당되는 이후락, 김형욱, 특히 김형욱의 보복을 감수해야만 했다.

후일 나는 어느 월간지에서 이때의 나의 행동이 박 대통령과 사전에 교섭한 결과라는 추측성 글을 본 적이 있다. '박 대통령의 용

병술'이란 제목의 이 기사에서 모 중진기자는 "아무리 이만섭 의원이 용기가 있었다 하더라도 당시 나는 새도 떨어뜨린다는 이후락과 김형욱 정보부장의 해임을 요구하는 그런 발언을 어떻게 할 수 있었겠느냐. 사전에 박 대통령과 이야기를 안 했을 리 없다"고 주장했다. 그러나 이는 박 대통령의 용인술을 과대평가하기 위해 쓴 기자의 추측에 불과하지 사실과는 전혀 다른 것이다.

"집을 잘 지키시오. 목숨 걸고 투쟁하겠소"

나는 선행조건을 다 쓰고 다시 한 번 읽어 본 후 집사람을 불렀다.
"여기 5개 선행조건 중 이후락, 김형욱을 물러나라고 한 것은 상당히 위험한 발언이오. 그러나 난 내일 의원총회에서 반드시 발언하고야 말 것이오. 그런데 문제는 내가 그 말을 하면, 김형욱이 무슨 일을 벌일지 모른다는 것이오. 알다시피 김형욱은 김영삼 의원의 얼굴에 초산을 뿌리려고 하지 않았소. 그리고 초산을 뿌렸던 하수인은 오리무중 자취를 감추었는데 그 후 인천 앞바다에서 떠오른 시체 두 구가 그들이라는 이야기도 있소. 나도 그렇게 되지 말라는 법이 없으니, 내일 당신은 집을 깨끗이 치워 주시오. 혹시 습격받더라도 뒤를 깨끗이 해 놓아야 하질 않겠소."
집사람도 이러한 나의 소신에 동의하듯 고개를 끄덕였으나 어두운 표정으로 입술만 깨물고 있었다. 정치인의 아내로서 말로는 표현할 수 없는 무거운 비애를 느꼈으리라. 집사람이 서재에서 말없이 나간 뒤 나는 내 책상 서랍을 말끔히 정리하고 내일이 오기를 기다렸다.

드디어 날이 밝았다. 나는 선행조건을 적은 메모지를 주머니에 집어넣고는 불안한 표정으로 말없이 문밖까지 따라 나온 집사람에게 비장한 각오로 입을 열었다.

"집을 잘 지켜 주시오. 난 오늘 목숨을 걸었소."

의원총회 장소는 영빈관이었다. 지금의 신라호텔 별관 자리였다. 사안이 사안인지라, 처음부터 분위기가 어수선했다. 의원총회는 예정보다 40분 늦은 오전 10시 40분에 돼서야 시작됐다. 공화당 소속 의원 109명 가운데 101명이 참석했다. 김택수 원내총무가 회의 개시를 알리면서 역사적인 '영빈관 의원총회'는 드디어 시작됐다.

JP의 방향 선회로
공화당 내 분위기 급전환

의원총회는 처음부터 파란의 연속이었다. 맨 처음 발언대로 나온 사람은 정구영 의원이었다.

"나는 평소 소신대로 개헌에 찬성할 수 없습니다."

정구영 의원이 간단히 한마디로 소신을 밝히고 자리로 돌아가자, 그때부터 의원들 간에 찬반양론이 물꼬를 트고 넘치기 시작했다. 선행조건을 적은 쪽지를 가슴속에 품은 나는, 처음엔 JP계 의원들이 어떻게 나오는지 지켜보았다. 그러나 JP계 의원들은 아무런 권한도 없는 윤치영 당의장서리에게만 산발적으로 공격을 퍼부을 뿐이었다.

그럴 수밖에 없었던 이유로는 처음 개헌에 반대하던 김종필 씨가 이미 며칠 전 박 대통령과 만난 뒤부터 마음을 돌려 개헌 쪽으로 선회해 있었으며, 때문에 자파 의원들에게 개헌안에 찬성할 것을 오히려 설득하고 있었던 것이다. 그러나 몇몇 의원들은 김종필 씨의 설득에도 아랑곳하지 않았다. 김종필 씨가 개헌 반대에서 찬성 쪽으로 돌아선 데 대해서는 당시 '처삼촌(박 대통령)의 말을 거역할 수 없었다'는 설과 '생명의 위협을 받는다'는 설도 있었다. 아무튼 나는 이로 인해 그가 영영 대권을 잡을 기회를 놓치고 말았다고 생각한다.

공화당 내에서 끝까지 개헌에 반대한 사람은 정구영 전 당의장과 나 둘이었다. 그리고 역시 끝까지 반대한 예춘호, 양순직 의원 등은 권오병 장관 해임 건으로 이미 공화당에서 제명되어 무소속으로 있었다. 그 후 정구영 전 당의장은 월북한 아들 문제로 중앙정보부에 끌려가 곤욕을 치른 후 정계 은퇴를 선언했고, 30대 정치인인 나는 정계 은퇴보다는 정면돌파를 결심하고 선행조건을 제시하였다.

아무튼 회의는 진통에 진통을 거듭했다. 이 날은 영빈관 밖 출입이 완전히 금지돼 식사도 건물 안에서 하게 했다. 점심을 먹은 후에도, 또한 저녁식사를 마친 후까지도 반대파와 찬성파의 이견은 좀처럼 좁혀지지 않았다.

의견 접근이 되질 않자 윤치영 당의장서리 등 당 5역은 옆방으로 들어가 대책을 숙의했으나, 결론은 당 5역 모두 사의를 표한다는 것이었다. 그만큼 그날의 회의는 심각했던 것이다.

이후락, 김형욱 퇴진 등
개헌 선행조건 만장일치 찬성

내가 발언권을 얻어 연단 위에 섰을 때, 이미 밖에는 어둠이 깔려 있었다. 나는 비장한 각오로 입을 열었다.

"알다시피 나는 근본적으로 3선개헌에 반대해 왔습니다. 지금도 그 소신에는 변함이 없습니다. 지금 대통령께서 나라를 위해 꼭 한 번만 더 한다고 하시는데 그렇더라도 우리 공화당에서 먼저 자가 숙정부터 하고 나서 국민에게 고개 숙여 양해를 구하는 것이 정치 도리라고 생각합니다. 또한 이러한 자세를 보이는 것이 국민에 대한 예의가 아니겠습니까."

잠깐 숨을 멈춘 후 나는 말을 이었다.

"그래서 나는 개헌에 대한 선행조건으로 5개항을 제안하는 바입니다. 첫째, 권력형 부정부패의 책임자 이후락, 김형욱은 그 책임을 지고 즉각 물러날 것 …"

그러나 내가 채 다음 항목을 말하기도 전에 장내는 크게 술렁이기 시작했다. 전혀 예상치 못했던 '이후락, 김형욱'이란 이름이 터져나왔기 때문이다. 그러나 내가 5가지 선행조건을 모두 말하고 나자 의원들은 그제서야 정신이 들어 박수를 치기도 하고, 심지어 책상을 두들기면서까지 열렬히 지지했다. 이는 그만큼 두 사람이 대다수 의원들의 원한을 사고 있었다는 증거였다.

개헌이냐 아니냐로 팽팽했던 균형은 내 제의로 일순간에 변화가 생겼다. 즉, 반대파들도 내가 제시한 선행조건에는 전적으로 찬동

했던 것이다. 선행조건은 곧바로 만장일치로 채택되었다. 그 정도까지 열광적인 지지를 받으리라고는 나도 미처 생각하지 못했다.

때는 이미 자정을 넘어 새벽 2시로 치닫고 있었다.

'선행조건은 무슨 …' 노발대발한 박 대통령

그러나 변수가 생겼다. 그때까지 밤잠을 자지 않고 의원총회 결과를 기다리던 박정희 대통령이 이를 일언지하에 거부했기 때문이다. 당시 만장일치로 채택된 선행조건을 들고 김성곤 재정위원장과 장경순 부의장이 대통령의 재가를 얻으러 청와대로 들어갔다. 그러나 박 대통령은 책상을 걷어차고 컵을 내던지면서 화를 벌컥 냈다고 한다.

"뭐야? 누가 이따위 선행조건을 냈어? 뭐? 이만섭 의원? 이 의원 지금 어디 있어! 도장을 찍으려면 찍고 말려면 말지. 선행조건은 무슨 선행조건이야?"

아무튼 박 대통령의 격노에 김성곤 의원과 장경순 부의장은 혼비백산해 그냥 돌아왔고, 만장일치로 채택된 선행조건은 자칫 유야무야될 판이었다. 그러나 나는 소신을 굽히지 않은 채 다시 연단으로 나가 마이크를 잡았다.

"그건 당 간부들의 설명이 부족했기 때문일 겁니다. 대통령과 나라를 위한 일인데, 대통령께서 그렇게 화를 내실 이유가 어디 있습니까? 설명이 부족해서 그런 것이니, 당 간부들이 다시 가서 말씀드려야 합니다. 그렇지 않으면 우리는 끝까지 개헌에 동의할 수 없습니다."

내 말에 모두들 찬성이었다. 이번에는 장경순 부의장이 혼자서 청와대로 가기로 했다. 김성곤 의원이 갑자기 배탈이 나는 바람에 신문로新門路에 있는 자기 집으로 죽을 먹으러 갔다는 것이다. 그런데 우리가 장경순 부의장이 돌아오기를 기다리고 있는 동안 해프닝이 벌어졌다.

우리는 전혀 눈치채지 못하고 있었는데 중앙정보부에서 그날 회의의 모든 발언을 도청하고 있었던 모양이었다. 그래서 내가 "이후락, 김형욱은 책임지고 물러나야 된다"고 한 말도 김형욱의 귀에 즉각 들어가게 되었다. 흥분한 김형욱은 곧장 청와대로 달려가 이후락 비서실장에게 이렇게 말했다고 한다.

"이만섭이가 우릴 쫓아내려고 한다. 내가 이만섭을 죽여 버리겠어. 이럴 줄 알았으면 김성곤이도 미리 잡아넣을 걸 그랬어."

나중에 들은 이야기지만 옛날부터 사이가 좋지 않았던 김형욱과 김성곤은 의원총회 며칠 전, 무슨 일인가로 마음이 상해 서로 욕설까지 하며 언쟁을 한 적이 있었다고 한다. 그렇기 때문에 내가 한 발언을 두고 김형욱은 경북 출신 의원들, 특히 김성곤 의원과 사전에 의논해 선행조건을 제시한 거라고 의심을 하여 김성곤 의원에게도 화를 냈던 것이다. 그러나 눈치 빠른 이후락의 대응은 달랐다.

"의원총회까지 우리 문제가 비화됐다면 이제 우리가 그만두는 길밖에 없겠구먼."

그러나 문제는 김성곤 의원과 가까운 비서실의 한 직원이 김형욱이 고함지르는 것을 듣곤 김성곤 의원의 집으로 몰래 그 사실을 알려 준 것이다. 그것도 '잡아넣을 걸 그랬어'라는 말이 '잡아넣겠다'는 말로 와전되어 전해졌다.

제 4 장

김형욱의 반발과
박 대통령의 비밀약속

이번에는 집에서 죽을 먹다가 그 얘기를 전해들은 김성곤 의원이 흥분해 죽을 먹다 말고 급하게 의원총회장으로 달려 나와서 그 사실을 알렸다.

"지금 우리는 의원총회에서 이후락, 김형욱 두 사람의 퇴진 얘기를 하고 있는데, 김형욱은 아직도 정신을 차리지 못한 채 날 잡아넣으려 하고 있소."

정확하게 '잡아넣으려 한다'고 했는지, 아니면 '잡으러 온다더라'고 했는지는 잘 모르나 아무튼 이 말에 이번에는 의원들이 흥분하면서 총회 분위기는 극도로 들끓었다. 사태가 이렇게까지 막다른 길로 치닫자 나는 '이젠 죽기 아니면 살기'라는 마음으로 다시 단상에 올랐다.

"이후락과 김형욱을 이 자리에 불러냅시다. 불러내서 이 자리에서 사표를 받읍시다. 어차피 어느 쪽이 죽든지 살든지 할 판인데, 두 사람을 불러내 결판을 냅시다. 김형욱이가 기관단총을 가지고 오든, 권총을 들고 오든 아무튼 오늘 결판을 내야 합니다."

그러나 이토록 분위기가 흥분돼 있는 사이에 두 번째로 청와대에 갔던 장경순 부의장이 들어왔다. 모두들 시선이 단상에 오른 장경순 부의장에게 집중됐다.

"다시 말씀드렸더니, 대통령께서는 '모든 것을 잘 알겠고 충분히 이해한다. 그러니 그 문제는 나한테 맡기고 개헌안에 서명해 주었으면 좋겠다'고 말씀하셨습니다. 이번에는 대통령께서 긍정적인 반응을 보였다고 생각합니다."

이제 공은 대통령의 손으로 넘어간 셈이 되었다. 의원들의 흥분도 그제서야 가라앉았고, 김택수 총무는 서둘러 회의를 끝내려 했다.

"여러분! 이만하면 되지 않았습니까? 이것으로 의원총회를 끝내려고 하니 개헌안에 서명하는 것이 어떻겠습니까?"

이왕이면 나는 확실히 해 두는 것이 좋겠다는 생각이 들어 다시 단상에 올라가 마이크를 잡았다.

"대통령에게 맡기는 건 나도 찬성합니다. 그러나 대신 일주일 후 다시 의원총회를 열어야 합니다. 그 기간 내에 대통령께서는 두 사람을 반드시 조치해 줘야 합니다. 아무튼 일주일 후 다시 의원총회를 열기로 결의하고 끝내야지, 그냥 막연히 기다려서는 안 됩니다."

나의 제안을 모든 의원들이 지지해 주었고, 이어서 의원들이 개헌안에 서명함으로써 마침내 총회는 끝났다. 그때는 벌써 30일 새벽 4시 40분이었다. 우리나라 정치사상 최장 기록인 18시간 동안의 의원총회였다.

집으로 돌아가기 위해 밖으로 나오자 여름비가 퍼붓고 있었다. 그날따라 비 오는 밤거리가 기분이 좋지 않았다. 더구나 김형욱이 내 말을 모두 도청하지 않았던가.

"이 의원님, 차 좀 태워 주세요."

누군가 하고 고개를 돌려보니 심상기沈相基〈중앙일보〉기자(후일 〈일요신문〉사장)였다. 내게 의원총회 결과와 과정에 관해 취재를 하려는 것이었다. 나는 얼른 그를 내 차에 태웠다. 평소 그를 좋아하기도 했고, 또 한편으로는 혹시 내가 변을 당하더라도 목격자가 있으면 좋겠다는 생각이 들어서였다. 영빈관에서 동대문으로 해서 안국동을 거쳐 광화문에 다다를 때까지 나는 심상기 기자에게 의원총회 얘기를 해 주었다.

나는 광화문에서 차를 세웠다. 그리고 내 차를 뒤따라오던 〈중앙일보〉지프에 심상기 기자를 태워 보낸 뒤, 우리 집이 있는 서대문 로터리 쪽으로 향했다. 그러나 차가 고려병원 가까이에 이르렀을 때 왠지 불길한 생각이 들었다.

'아무래도 오늘은 다른 곳에서 자는 게 좋겠다.'

우리 집 바로 맞은편에는 어둑한 골목길이 있었는데, 사람이 매복하기에 적당한 장소였다. 나는 곧바로 차를 미아리 쪽으로 되돌렸다. 친척동생 집으로 피하기 위해서였다.

그러나 친척동생 집에 누웠지만 잠은 오지 않았다. 나는 거의 뜬

눈으로 밤을 지새웠다. 날이 밝자 나의 행방을 궁금해하고 있을 식구들이 걱정되었다. 그러나 혹시 전화통화가 도청되면 위치가 알려질 수 있으므로 친척동생 집에서 전화하지 않고 운전기사를 시켜 공중전화로 집에 연락하도록 했다. 그런데 뜻밖에도 청와대에서 날 찾고 있다는 게 아닌가. 아마 대통령이 선행조건을 내건 당사자의 생각을 직접 알아보려고 하는 것 같았다.

김형욱의 고함,
"야! 이 의원, 너 나한테 이러기야!"

그날 오후 3시, 청와대에서 박 대통령을 만났다. 나는 되도록이면 심경을 있는 그대로 솔직히 털어놓으려고 했다.

"나라를 위해서 부득이 개헌을 한다고 하더라도, 우리가 먼저 국민에게 반성하는 자세를 보여야 한다는 뜻에서 이런 제안을 했습니다. 개헌을 하더라도 이렇게 해야만 국민들을 설득할 수 있다고 생각합니다."

이어서 나는 선행조건의 내용을 상세히 설명했다. 굳은 표정의 박 대통령은 내 말을 다 듣고는 못마땅하다는 듯 말을 꺼냈다.

"그런데 이만섭 의원의 순수한 마음이야 내가 이해하지만, 김성곤 재정위원장은 그게 뭐야? 그 사람들(이후락, 김형욱)하고 밤낮 이마를 맞대고 일해 오다가 이제 와서 그게 무슨 짓이야?"

아마 김성곤 의원까지 나서서 '이후락, 김형욱을 물러나라'고 하며 선행조건에 동조하는 것이 못마땅한 모양이었다. 아무튼 나는 내가 만든 선행조건의 내용을 설명하고는 그 자리에서 물러나왔다. 그런데 이상한 일이었다. 집으로 돌아왔는데 청와대에서 다시 찾는다는 게 아닌가.

처음에는 연락이 잘못됐나 싶었다. 지금까지 하루에 두 번씩이나 찾는 경우가 없었기 때문이다. 그러나 확인해 보니 틀림없었다. 저녁식사 초대였다. 바로 다시 들어가 보니 식당에는 이후락 비서실장, 김형욱 중앙정보부장, 김성곤 의원까지 모여 있었다. 박 대통령이 선행조건으로 서로 감정이 나빠진 네 사람을 화해시키려 자리를 마련한 것 같았다.

그런데 제일 늦게 들어간 내가 박 대통령, 이후락 실장과 악수를 한 뒤 그 옆에 앉아 있는 김형욱에게 손을 내밀었을 때였다. 그때까지도 분이 풀리지 않았던지 그는 내 손을 잡기는커녕 앉은 채로 나를 노려보면서 소리부터 지르는 게 아닌가.

"야! 이 의원, 너 나한테 이러기야!"

순간 나는 극도로 화가 치밀어 올랐다. 그래서 내민 손을 거둬들이곤 소리를 질렀다.

"뭐야! 너 각하 앞이라고 큰소리치는 거야. 네가 할 일은 당장 그만두는 것밖에 없어. 이게 어디다 큰소리야!"

서로 고성이 오갔음에도 박 대통령은 굳게 입을 다문 채 무거운 침묵만 지키고 있었다. 결국 박 대통령이 주선한 화해는 실패로 끝나고 그날의 만찬 분위기는 납덩이처럼 무겁기만 했다.

박 대통령의 이후락·김형욱 퇴진 약속에
의원총회 전날 마음 돌려

대통령이 화해를 위하여 마련한 자리에서 김형욱과 내가 소리를 질러가면서 싸웠으니 대통령께는 죄송하고 무례한 행동임에 틀림없었다. 사실 그렇게까지 소리를 지르고 싶지는 않았다. 그러나 김형욱 부장이 워낙 무례하게 나오는 바람에 어쩔 수 없이 맞받아쳤던 것이다.

박 대통령도 기분이 좋을 리 없었을 것이다. 그래서 그런지 대통령은 저녁식사를 하는 동안 내내 아무 말이 없었다. 그러다 보니 우리도 시종 침묵 속에서 식사를 할 수밖에 없었다. 정갈한 한식이었지만 맛이 어떤지 느낄 마음의 여유조차 없었다.

한마디 말도 없이 저녁식사를 마친 뒤 이후락 실장과 김형욱 부장이 먼저 걸어 나가고, 김성곤 의원과 내가 뒤따라 나왔다. 밖에 나온 나는 다소 불안한 느낌이 들어 김성곤 의원의 차에 함께 타고 갈까 하는 생각도 해 봤지만, 괜히 나 때문에 다른 사람까지 피해를 입는 것이 싫어서 생각을 바꾸었다. 대신 그날도 집에 가서 자지 않고 친척 집에 가서 밤을 보냈다.

그러는 새 어느덧 엿새가 흘러, 드디어 이후락, 김형욱의 해임 결의를 다루는 의원총회가 내일로 다가와 있었다. 그런데 바로 그 전날이었다. 청와대에서 날 다시 부르는 게 아닌가. 역시 박 대통령은 그 일 때문에 나를 부른 것이었다.

"내일 의원총회에서 이후락, 김형욱의 해임 문제가 더 이상 나오지 않았으면 좋겠는데 …. 이 의원이 좀 도와주었으면 좋겠어."

그러나 내 생각은 변함이 없었다.

"각하! 국민투표를 하기 전에 반드시 그 두 사람을 교체해야 합
니다. 그래야만 국민투표에서도 표를 얻을 수 있습니다. 국민 모두
가 싫어하는데 왜 그 사람들을 굳이 곁에 두려고 하십니까?"

"지금 곧 국민투표를 해야 하는데, 당장 어떻게 그 체제를 바꾸
겠나? 국민투표가 끝나고 난 뒤 내가 조치할 테니, 이 문제가 다시
거론되지 않았으면 좋겠어."

"그러나 국민투표가 끝나면 그 사람들은 공로자가 되는데, 어떻
게 인정이 많으신 각하께서 그들을 자를 수 있겠습니까?"

"아니야, 나를 믿어 줘요. 국민투표 직후에 틀림없이 조치할 테
니 …. 대신 이 일은 이 의원과 나 이렇게 둘만의 비밀이니 꼭 지
키도록 해요."

명령이라기보다 인간적인 설득이었다. 대통령이 저토록 두 사람
을 틀림없이 조치한다는데 더 이상 고집을 부릴 수는 없었다. 나는
할 수 없이 고개를 끄덕이며 동의한다는 뜻을 표했다.

"그러시다면 내일 의원총회의 공기를 그런 방향으로 돌리도록 하
겠습니다. 김택수 총무에게도 한 말씀 해 놓으시죠."

사실 의원총회의 분위기를 바꾸는 것은 나에게 달려 있었다. 내
가 그 문제를 거론하지 않으면 그냥 넘어갈 수 있었다. 왜냐하면
다른 어떤 의원도 그런 위험한 문제를 앞장서 이야기하기는 어려운
분위기였기 때문이다.

김형욱, "이만섭 해치워라" 밀명

그날 나는 청와대에서 대통령과 밀약을 나눈 것이었다. 그러나 사실 집에 돌아와서도 박 대통령이 과연 국민투표 이후에 그 두 사람을 자를 수 있을지 회의가 들었다. 다만 너무 간절히 인간적인 정으로 호소를 해왔기에 나로서도 어쩔 도리가 없었던 것이다.

다음날 광화문에 있는 국회의사당 본회의장에서는 예정대로 의원총회가 열렸다. 나는 박 대통령과 약속한 바가 있기에 입을 다물고 있었고, 대통령에게 뭔가를 귀띔을 받은 김택수 총무도 조심했기에 이후락, 김형욱 해임 얘기는 더 이상 나오지 않았다.

그리고 나중에 알았지만 당시 나는 자칫 불귀의 객이 될 뻔하기도 했다. 후일 중앙정보부의 한 간부와 김성곤 의원은 내게 소름끼치는 얘기를 한 적이 있다.

'이후락, 김형욱은 물러나야 한다'는 나의 의원총회 발언에 앙심을 품은 김형욱이 중앙정보부 간부 두 사람을 불러 국가 기밀문서 보관함에서 수류탄과 권총을 꺼내 주면서 날 해치우라고 지시했다는 것이다. 하지만 현역 의원을 죽인다는 게 결코 간단한 일이 아니었기에 지시받은 이 간부는 만류했다고 한다.

"그냥 정치적으로 매장해 버리는 방법을 쓰면 되지, 굳이 죽일 것까지는 없지 않습니까?"

그러나 김형욱은 끝까지 막무가내였고, 결국 내게는 살인 지령이 내려졌다. 그러나 죽을 운명은 아니었던 모양이다. 이 사실을 김성곤 의원이 어떻게 알아내곤 급히 청와대로 가 박 대통령에게 알렸다고 한다.

"각하 제가 이상한 얘기를 들었습니다. 만일 국민투표를 앞두고 이만섭 의원이 다치게 되면 모든 게 끝장이고, 정국은 크게 혼란스러워질 것입니다."

"그게 무슨 소리요? 누가 이만섭 의원을 죽이려 한단 말이오. 김형욱이 그러는 게요?"

"설사 김형욱 부장이 직접 나서지는 않더라도 과잉 충성하는 그의 부하들이 일을 저지를지도 모릅니다. 그러니 각하께서 조치를 취해 주십시오."

박 대통령은 즉각 그 자리에서 전화로 김형욱 부장을 불러 진위를 묻곤 야단을 쳤다고 한다.

"이상한 소리를 들었는데, 만일 김 부장이 이만섭 의원 몸에 손을 대기만 하면 내가 가만두지 않을 거야!"

당시 김성곤 의원이 아니었다면 난 어떻게 되었을지 아찔할 따름이다. 김형욱이 날 죽이려 했다는 이 얘기는 《성곡惺谷 김성곤 전》에도 자세하게 나와 있다. 아무튼 난 김성곤 씨의 덕을 본 셈인데, 지금 생각하면 그는 배짱이 대단한 인물이었다.

후일 박 대통령에게 내가 직접 들은 얘기지만, 김성곤 의원은 나의 선행조건 사건 이후 박 대통령이 자신을 못마땅하게 여긴다는 얘길 듣고는 이후락 실장을 통해 "나의 전 재산을 각하께 바치겠습니다"라고 쓴 재산 헌납 서약서에 도장까지 찍어 바치기도 했다는 것이다.

그 후 박 대통령은 나를 만난 자리에서 이렇게 얘기했다.

"김성곤 의원이 자기의 전 재산을 나에게 바친다고 서명한 종이를 이후락 실장을 통해 내게 가져왔던데 … 내가 그 자리에서 이 실장한테 소리를 질렀어. 이거 나한테 시위하는 거야, 뭐야! 자기가 그걸 도로 안 가져가면 내가 정말 전 재산뿐 아니라, 모든 걸 다 빼앗아 버리겠어 … ."

제 5 장

3선개헌 후 멀어진 박 대통령

3선 개헌안 날치기 통과와
이후락, 김형욱의 일시적 퇴진

개헌 논쟁은 결국 일단락돼 1969년 8월 7일 윤치영 의원 외 121명의 이름으로 대통령 3기 연임을 허용한다는 골자의 3선 개헌안이 국회에 제안됐고, 다음날 제71회 임시국회가 개헌안 발의를 위해 소집되었다. 9월 14일 새벽 2시 27분, 개헌안은 결국 국민투표법안과 함께 국회 제3별관에서 야당 몰래 변칙 통과했다. 그리고 그 여파로 그날 날이 밝자 국회의장실과 장충동의 의장 공관은 야당 의원들에 의해 점령돼 각종 기물이 부서지는 일까지 벌어졌다.

아무튼 날치기이긴 했지만 개헌안은 통과됐고, 국민투표 일자도 10월 17일로 결정됐다.

결국 10월 17일 국민투표에서는 77.1%의 투표율에 찬성 65.1%, 반대 31.4%, 그리고 무효 3.5%로 개헌안은 확정됐다. 국민투표가 끝나자 박정희 대통령은 전격적으로 이후락 비서실장은 주일대사로 임명하고 김형욱은 그만두게 했다가 나중에 8대 때 전국구로 국회의원을 시켜 주었다.

그러나 김형욱은 원내에 진출하긴 했으나 극도의 불안과 외로움을 이기지 못해 미국으로 망명했다. 그는 그곳에서 미 의회의 청문회에 증언을 하는 등 극렬한 반정부 활동을 벌였으며, 이후 카지노를 하러 프랑스 파리에 갔다가 영원히 실종되고 말았다.

이로써 그의 마지막은 미스터리로 남게 되었으나 항간에는 그의 죽음을 전제로 몇 가지 소문이 떠돌기도 했다. 그것은 그의 죽음을 김재규 중앙정보부장이 지시했다는 설과 차지철 경호실장이 진두지휘했다는 설이다. 일본의 한 주간잡지에는 청와대에서 그를 납치해 박 대통령이 직접 권총을 쏘았다는 기사가 실리기도 했다.

사건의 진상은 당시 중앙정보부 파리주재 공사였던 이상열李相悅 씨가 잘 알고 있는 것으로 알려져 있으나 그는 죽을 때까지 이 일에 대해서 입을 굳게 다물었다.

개헌 문제 이후 틀어진 박 대통령

아무튼 박 대통령은 두 사람을 교체하겠다는 나와의 약속은 지킨 셈이지만 10년 뒤 '10·26'으로 목숨을 잃을 때까지 단 한 번도 나를 청와대로 부른 적이 없었다. 나에 대한 섭섭한 감정이 풀어지지 않았던 것이다. 박 대통령은 평소에는 소탈하고 인정이 많았으나, 차기 대통령 자리를 노리거나 대통령의 권위를 훼손하는 자에 대해서는 사정없이 철퇴를 가했다.

김종필 공화당 의장은 4대 의혹사건과 국민복지회 사건으로 일찍
부터 박 대통령의 눈 밖에 났으며, 이북 출신들이 결속하여 정일권
총리를 차기 대통령으로 옹립한다는 소문이 나돌자 은밀히 뒷조사
를 시킨 적도 있었다.

최측근 심복이었던 윤필용尹必鏞 장군을 감옥에 가두었고, 윤필용
사건과 관련이 있는 것으로 소문난 이후락 전 비서실장도 의심을
계속하다가 7·4 남북공동성명을 위해 이북에 다녀온 후 후계자 중
한 사람이라는 외신 기사가 나오자 그를 멀리하고 말았다. 그리고
나에 대해서도 마찬가지였다.

나는 빛나는 청춘 시절을 박 대통령과 함께 보냈다. 5·16 후 내
외신 기자를 통틀어 처음 단독 인터뷰를 하면서 인연을 맺은 뒤,
1963년 민정 이양을 위한 대통령 선거 때는 침식을 함께하며 유세
를 다녔고, 크고 작은 국사를 같이 의논하기도 했던 사이였다.

그런데 3선개헌 이후 10년간의 정을 끊어 버린 것이다. 리셉션이
나 공식행사에서 마주쳐도 박 대통령은 말 한마디 없이 싸늘했다.
다만 10대 국회의원 선거가 끝난 1979년 초에 한 번 만난 적은 있
었다. 천주교 대구 대교구의 서정길徐正吉 대주교와 대구매일신문사
의 전달출全達出 사장 신부가 청와대를 예방했을 때, 대구 출신 의
원이자 가톨릭 신도로서 자리를 함께했던 것이다. 그러나 그날도
역시 내게 별로 말을 건네지 않았다.

아무튼 3선개헌을 반대했다는 이유로 나는 그 후 8년여 동안 그
늘에서 엄청난 고초를 겪었다. 그리고 그 첫 번째 시련은 이후락
중앙정보부장과 함께 찾아왔다.

제 6 장
10월유신과 독재체제 속에서
8년간 와신상담

이후락의 중앙정보부장 복귀와
제 7대 대통령 선거의 신승

3선개헌 후, 1971년 4월 대통령 선거를 앞두고 주일 대사로 가 있던 이후락 씨가 불과 1년 2개월 만에 다시 중앙정보부장으로 돌아왔다. 그는 내가 선행조건에서 김형욱과 더불어 권력 남용의 장본인으로 퇴진을 요구했던 사람이므로 그의 복귀는 나에게 불행한 일이 아닐 수 없었다.

1969년 10월에 일본으로 떠난 이후락 씨는 결국 1970년 12월, 7대 대통령 선거를 4개월쯤 남겨둔 상태에서 다시 복귀했다.

제 7대 대통령 선거는 3선개헌 뒤의 대통령 선거였기에 40대 기수론을 주장한 김대중 씨의 도전이 만만치 않았고, 상대적으로 박정희 대통령은 고전하는 양상이었다. 김대중 씨는 "70년대를 희망에 찬 대중의 시대로 만들자"며 '대중 경제론'을 주장하는 한편, 헌법의 3선 조항을 중임 제한으로 환원시키고 미·일·중·소 등 4강에 한반도의 안전보장을 요구한다는 등의 선거구호로 도전했다.

고전하던 박 대통령은 중반전에 들어서서는, 부산과 서울 장충단 공원에서 "이번이 마지막이니 한 번만 더 지지해 달라"고 호소할 정도였다.

결국 4월 27일 대통령 선거 결과, 총 유권자 1,555만 2,236명 중 투표율 79.9%인 1,241만 7,824표 가운데 박정희 후보가 634만 2,828표를 얻어, 539만 5,900표를 획득한 김대중 후보를 약 100만 표 차이로 누르고 어렵게 당선됐다. 그리고 부정과 관권官權 선거라는 재야在野와 학생들의 규탄 데모가 격렬한 가운데, 한 달 뒤인 5월 25일에는 제 8대 국회의원 총선거가 실시되었다.

이후락의 정치보복으로 8대 국회 등원 실패

이후락 중앙정보부장은 모든 수단을 동원하여 내 선거를 악랄하게 방해했다.

처음부터 나는 이 사실을 조금 눈치채긴 했다. 그리고 투표를 일주일쯤 앞둔 어느 날, 밤중에 날 몰래 찾아온 내 선거구 구청장의 말에 결국 전모를 알게 됐다.

"이 의원님께 죄송한 말씀을 드리러 왔습니다. 이 의원님을 떨어뜨리라는 비밀지령이 내려와 있습니다. 여당이라고 일절 봐줘서도 도와줘서도 안 된다는 것입니다. 저도 양심의 가책을 느끼지만 할 수 없습니다. 제가 투표 때나 개표 때 대구에 없더라도 양해해 주십시오."

말을 마친 그는 곧바로 사라져 버렸다. 그제서야 내가 낙선할 수밖에 없다는 것을 알게 되었다. 결국 나는 3선개헌을 소신 있게 반대했던 것과 이후락 정보부장의 보복 때문에 8대 국회의원 선거에서 낙선하고 말았다.

8년간 의정활동 뒤로한 채 와신상담

무리하게 3선개헌을 한 박 대통령은 1년 뒤인 1972년 10월 17일에 10월유신을 단행하였다. 이로써 국회를 해산하고 정당 및 정치활동을 정지시키는 등 헌정을 중단시켰을 뿐 아니라, 대학에 휴교령을 내리고 신문·통신에 대해 사전검열제를 실시하였다.

민주주의에 정면으로 역행하는 이 유신은 이후락 중앙정보부장이 주도하였으며 한태연韓泰淵 갈봉근葛奉根 두 헌법학자가 이론적 뒷받침을 하여 단행되었다.

'이제 공화당은 어디로 가는가? 박 대통령의 집권욕이 자신의 순수한 구국 의지와 지금까지의 업적마저 무너뜨리고 말겠구나 ….'

대통령 한 사람이 나라를 마음대로 움직일 수 있다는 사실은 분명 민주주의에 대한 도전이었다.

한편 당시 남한에서 유신체제가 들어선 때와 비슷한 시기에 북한에도 통치체제를 강화하기 위한 헌법 개정이 있었다. '조선민주주의'를 명문화하여 주체사상을 강화하고 강력한 독재적 주석제主席制 신설을 골자로 하는 이른바 '조선민주주의 인민공화국 사회주의 헌법'이 만들어진 것이다.

전문을 비롯해 11장 149조로 구성된 '신헌법'은 10월유신이 단행된 1972년 10월 공식화돼 같은 해 12월 27일 최고인민회의 제5기 제1차 회의에서 대의원 전원일치의 찬성으로 통과되어 정식 발효되었다.

남북이 비슷한 시기에 통치체제를 강화하는 새로운 헌법을 만든 것을 두고 남북 수뇌부 간에 모종의 사전 교감이 있었던 것이 아닌가 하는 설이 나돌기도 했다. 특히 남북에서 헌법 개정이 있었던 1972년에 7·4 남북공동성명이 발표되었고, 그전에 남북의 고위층이 서로 남북을 비밀리에 왕래하였다는 점은 이러한 추측을 뒷받침하는 근거가 되기도 했다.

국제적으로 동서 간에 긴장 완화 분위기가 조성되는 가운데 1972년 5월 2일부터 5일까지 이후락 중앙정보부장이 비밀리에 평양으로 가 김일성 주석과 회담을 가진 데 이어 5월 29일부터 6월 1일 사이에는 박성철朴成哲 북한 제2 부수상 일행이 서울을 방문하여 박정희 대통령을 만나고 남북공동성명에 합의했던 것이다.

7·4 남북공동성명의 핵심은 '자주'와 '평화통일', 그리고 '민족의 대단결 도모'라는 3대 원칙이었다. 특히, 남북이 '통일은 외세에 의존하거나 외세의 간섭을 받음이 없이 자주적으로 해결하여야 한다'는 원칙을 합의하는 과정에서 남북 수뇌부 간에 서로의 체제에 대한 모종의 교감과 양해가 있었던 것이 아닌가 하는 추측을 낳았다.

10월유신이 단행되자 환멸을 느낀 나는 정치를 그만둘 생각까지 했다. 나라가 뒤로 가고 있다는 생각을 하면 할수록 참을 수 없었다. 오랫동안 고민의 시간이 필요했다. 그러나 누군가 공화당에 끝까지 남아 바른 소리를 해야 한다면 그 역할은 내가 해야 한다고 다시 마음을 고쳐먹었다.

1972년 12월 23일에는 유신헌법에 의한 제8대 대통령 선거가 있었다. 투표 결과, 총 2,359표 중 무효 2표를 제외한 2,357표의 찬성으로 단일 후보인 박정희 대통령이 당선됐다. 이어 27일 박정희 대통령의 취임과 동시에 유신체제가 출범하여 독재체제가 구축되었다.

박 대통령이 3선개헌만 하고 물러설 것이라는 나의 기대와는 달리 유신으로 종신독재의 길을 선택한 것은 그 자신을 위해서도 안타깝고 불행한 일이었다.

제 7 장

초심을 잃은 공화당 정권의
표류에 일침을 가하다

8년 만에 극적으로 10대 국회 복귀

3선개헌을 끝까지 반대하고 박 대통령에게 직언을 서슴지 않았던 나는 유신체제 이후 더욱 모진 정치적 탄압을 받아 8년의 정치 공백을 강요받았다. 그러나 단 하루라도 국회에 다시 복귀하고 말겠다는 나의 의지는 누구도 꺾을 수 없었다.

그야말로 와신상담臥薪嘗膽 절치부심切齒腐心하면서 8년간을 참고 기다리던 나는 만일 공화당에서 공천을 못 받는다면 이번에는 무소속으로라도 출마한다는 굳은 결심을 하고 있었다.

그런데 마침 내 지역구의 국회의원이 '박복순朴福淳 간첩사건'에 연루되어 정치를 못하게 되자 내가 공천을 받게 된 것이다.

나는 비록 10대 국회의원 공천을 받았지만 장기집권과 세제개편 등으로 민심이 정부, 여당을 떠난 상황에서 겨우 2등으로 당선됐다. 내가 은메달로 등원하게 된 것도 사실은 장기집권에 대한 국민의 불

176

신과 선거 전에 실시된 부가가치세로 물가가 급등하는 등 경제혼란
이 일어났기 때문인 것이다.

민심 떠난 공화당 총선 득표율 야당에 뒤져

이러한 모든 요인들이 바로 선거 득표율에 반영되었다. 그리하여
12·12 총선에서의 공화당 득표율은 신민당에 뒤지고 말았다. 헌정
사상 처음 있는 일이었다. 투표율은 77.1%로 9대 때보다 4.2%포
인트나 상승했건만, 공화당의 득표율은 31.7%로 신민당의 32.8%
에 비해 1.1%포인트나 뒤졌던 것이다. 다만 1구 2인제의 덕으로
의석수는 공화당 68석, 신민당 61석, 통일당 3석, 무소속 22석으로
공화당이 여전히 앞섰다. 이 같은 결과를 두고 공화당 지도부는 애
써 자위했다.

"친여親與 무소속을 합치면 결코 진 것은 아니다."

군색한 변명이었다. 12·12 선거는 확실히 여당이 진 것이었다.
더욱이 그 배경에는 '부가가치세' 세제개편이 있었다는 것이 이후의
사건으로도 밝혀진다. 즉, 1년 뒤 부마釜馬사태가 발생했을 때 많은
시민과 학생들의 시위 구호 중에는 '부가가치세 철폐'가 들어 있었
던 것이다.

대정부 질의에서 총선패배 책임을 묻다

나는 공화당 정부에 대해 끝없는 회의에 빠지게 됐다. 그러나 한편
으로는 이왕 이렇게 된 바에야 끝까지 할 말을 당당히 해야겠다고

스스로 다짐했다. 그렇게 하는 길만이 동맥경화증에 걸린 공화당을 살리는 길이라고 생각했기 때문이다. 그리고 기회는 의외로 빨리 찾아왔다. 3월 24일에 열린 제7차 국회 본회의에서 경제 및 사회 분야 대정부 질문자로 내가 선정된 것이다.

최규하 국무총리와 관계 국무의원들을 출석시킨 가운데 열린 이 날 본회의에서 나는 나라의 앞날을 걱정하는 입장에서 발언의 포문을 열었다.

나는 지금으로부터 17년 전 외국에 의존하지 않으려는 자주의식, 가난에서 벗어나려는 자립경제, 서민 대중을 위한 정책과 정의구현 등 근본이념에 공감해 민주공화당에 입당한 이래 오늘에 이르렀지만 과연 공화당이 서민 대중을 위해 무엇을 했는가에 대해서는 스스로 자성하는 바입니다.

이때까지도 의석과 국무위원석은 조용했다. 나는 말을 이어갔다.

정부는 당의 반대에도 불구하고 무리하게 부가가치세를 도입하여 일대 경제 혼란을 가져왔으며 물가를 다락같이 올려 국민 생활고를 가중시키지 않았습니까?

"졌다" 솔직한 해석에
야당 의원들 "옳소" 맞장구

이때쯤부터 의석이 술렁거리기 시작했다. 야당 쪽에서 "옳소!" 하는 소리와 "잘한다!" 하는 소리가 터져나오기 시작한 것이다. 나는

178

유신말기 제10대 국회에서 민심이 공화당으로부터 완전히 떠나갔음을 주장하며 경각심을 불러일으키는 국회 발언 장면.

아랑곳하지 않고 내 의견을 계속 이어갔다.

장관들이 모든 정책을 미리 결정해 대통령 결재까지 받아 놓고서는 여당은 그저 따라오기만 하라는 식으로 밀어붙이기만 하니 지난번 선거 결과가 그렇게 될 수밖에 없지 않습니까? 그리고 그 선거 결과는 분명히 공화당이 1.1％포인트 진 것입니다.

나는 이렇게 발언하면서 의석을 둘러보았다. 야당 의원들은 자신들도 감히 못하는 발언을 내가 하자 "옳소"를 연발하고 있었고, 공화당 의원들은 놀란 표정이었으며 당 간부와 중진급 의원들은 얼굴마저 창백해져 안절부절 못하고 있었다. 이어서 나는 연설하는 동안 좋아하던 신민당 의원들에게도 일침을 가했다.

신민당도 너무 좋아하지 마시오. 이번 선거 결과는 국민들이 신민당에게 나라의 운명을 맡기겠다는 생각보다는, 공화당의 정책에 대한 반발이 표로 나타난 것일 뿐이오.

이후에도 나는 강력하게 당과 장관들의 무책임을 질타했다. 그러고는 마지막으로 한 번 더 강조했다.

나는 정부, 여당이 선거 결과 1.1%포인트 졌다는 것을 솔직히 인정해야 한다고 생각하는 것입니다. 그렇기 때문에 여기 총리와 장관들이 왜 선거 결과가 그렇게 되었는지를 깊이 반성하고 과거의 실책에 대해서는 이를 고치는 양심을 가져줄 것을 간곡하게 부탁드리는 바입니다. 또한 장관들은 자리에만 연연할 게 아니라 자기가 맡은 일에 대해 사명감을 가지고 추진해야 할 것이며, 무엇보다 국민들의 어려운 고충을 해소하는 데 모든 힘을 기울여야 할 것입니다.

제 8 장
'옳소' 국회가 '옳지 않음'을 밝히다

용기 있는 직언에 쏟아지는 여론의 박수

대정부 질의를 마치고 내려오자 많은 의원들, 특히 야당 의원들은 "잘했소", "옳소"를 연발했다. 내 뒤를 이어서 등단한 야당의 천명기千命基 의원도 질의 서두에 내 얘기부터 꺼냈다.

"야당 의원이 할 말을 이만섭 의원이 다 했습니다⋯."

천명기 의원의 말이 끝나자, 잠시 의원 휴게실로 가서 담배 한 대를 피워 물었다. 그리고 속으로 다시 한 번 다짐했다.

'장관들이 내 얘길 듣고 얼마나 반성할까? ⋯ 아무튼 속 시원히 잘했다. 여당이라도 할 말은 해야지, 누가 뭐래도 소신을 굽히진 말자. 이것이 진정으로 나라와 국민을 위하는 길이다.'

담배를 끄고 일어나려는데 야당 의원들이 우르르 몰려와 내게 악수를 청하며 격려해 주었다. 그러나 공화당 의원들과 유정회 의원들은 내게 접근하기를 꺼렸다. 당시만 해도 국회 안에는 기관원이 많이 파견돼 의원들의 동태를 감시했기에, 나와 접촉하는 것을 꺼릴 수밖에 없었다. 다만 몇 명이 날 격려해 주었을 뿐이었다.

"아주 훌륭한 연설이었습니다. 감명을 받았습니다."

육군참모총장을 지낸 이종찬李鍾贊 의원과 후에 주일대사를 지낸 최경록崔慶祿 의원 정도만 격려를 했다. 그리고 윤식尹埴 의원은 슬그머니 다가와 속삭이곤 사라졌다.

"이 선배님이시니까 괜찮지, 우리 같은 사람이 그런 발언을 했다면 구속됐을 겁니다."

내가 워낙 강력하게 정부를 비판한 탓인지, 점심시간이 돼도 누구 하나 내게 점심을 함께 하자고 말을 걸어오지 않았다. 나는 공연히 서글퍼졌으며 고독감을 느꼈다.

나중에 들은 얘기지만, 영등포 출신 강모 의원은 내가 질의를 하는 도중에 몰래 본회의장을 빠져나와 차지철 경호실장에게 전화를 했다고 한다.

"국회에 큰일이 났습니다. 지금 이만섭 의원이 야당 의원보다 더 강력하게 발언을 하여 국회가 발칵 뒤집혔습니다."

참으로 어처구니없는 일이었다. 당시 막강한 권력을 휘두르던 차지철 경호실장이 이처럼 여당 내에도 20명 정도의 자기 사람을 심어 놓았다는 것은 공공연히 알려진 사실이었다.

한편 내 발언이 끝난 후 당 중진들도 내 말에 대해 지나치게 민감한 반응을 보여 날 실망시켰다. 다음날 아침 〈조선일보〉에는 '옳소 국회에 여 의원의 비옳소 파문'이란 제목으로 내가 질의하는 사진과 신민당 의원들이 손을 흔들며 환호하는 사진을 함께 실었다. 기사의 일부 내용은 이러했다.

… 이만섭 의원의 발언이 끝난 뒤 공화당의 5역은 이 의원의 발언이 너무 강했다며 무사無事 속에 안주했던 습성에서인지 당의장실로 이 의원을 소환해 진의를 다시 묻는 진풍경을 보이기도 했다. 그러나 대부분의 여야 의원들은 여당 의원이라고 해서 언제나 '옳소 의원' 만은 아님을 과시했다는 점에서 이 의원 발언의 의미를 평가해야 할 것이라고 칭찬했다. … 국회 주변에서는 이 의원의 발언은 결국 국회와 여당의 비중을 높였다는 것이 공통된 견해이기도 ….

차지철의 악의적 보고에 공화당 제명 위기

내 발언에 대한 본격적인 파문은 이틀 뒤 일요일에 일어났다. 그날은 박 대통령이 처남인 육인수陸寅修 의원 집 제사에 참석하기 위해 자동차를 타고 이동하고 있었다. 그런데 이때 차지철 경호실장이 내 국회 발언에 대해 좋지 않은 쪽으로 과장해 보고한 것이다.

이에 박 대통령은 대로했고, 육인수 의원 집에 도착하자마자 박준규 당의장 집에 전화를 걸어 즉각 징계위원회를 소집해 나를 제명토록 지시했다. 물론 이러한 사실을 알 리 없는 나는 다음날 평소와 다름없이 국회에 등원했다. 그런데 의사당에 도착하니 분위기가 이상했다. 이상한 분위기를 느끼고 있었는데, 박준규 당의장이 날 찾는다는 연락이 왔다. 가 보니 박준규 당의장은 난감한 표정으로 입을 열었다.

"이 의원, 큰일 났습니다. 어제 각하께서 우리 집에 전화를 하셨는데, 긴급히 징계위원회를 열어 이 의원을 제명 조치하라고 말씀하셨습니다."

나는 당황하지는 않았지만, '기어이 올 것이 왔구나' 하고 생각했다. 바른말을 했다고 쫓아내려 한다니, 도대체 말도 안 되는 일이었다. 이제야 공화당을 떠날 때가 됐음을 직감했다.

"박 의장, 하나도 걱정할 게 없습니다. 징계위원회를 열어 나를 제명시키면 될 게 아닙니까? 나는 의리상 내가 먼저 공화당을 떠날 수는 없지만, 당에서 제명해 준다면 오히려 잘 된 일이지요. 나도 당을 떠나기를 바라고 있으니 어서 제명시켜 주시오."

그러나 박준규 당의장의 반응은 의외였다.

"그건 안 될 말이오. 공화당이 이만섭 의원을 제명한다면 이 의원은 영웅이 되고, 공화당은 큰 데미지를 입을 텐데 그렇게 할 수는 없지요. 그러니 어떻게 해서든 이 의원과 당이 모두 상처를 입지 않는 방안을 강구해 제대로 수습하도록 합시다."

당 떠날 각오하고 박 대통령에게 쓴 편지

우리는 한동안 말이 없었다. 시간이 흐르자 박준규 당의장이 입을 열었다.

"이 의원이 대통령께 사과드리는 편지를 쓰는 게 어떻겠소?"

솔직히 나는 편지 쓰는 게 내키질 않았다. 잘못한 것도 없는데 왜 쓴단 말인가.

"그게 이 의원에게도, 당에도 모두 도움이 되는 일이니 …"

다시 한 번 박준규 당의장이 간곡히 부탁해왔다. 사실 나도 당을 떠나도 좋다고 생각하던 터에 마지막 편지쯤이야 쓸 수 있다고 생각하여 고개를 끄덕이며 입을 열었다.

"좋소. 편지를 쓰지요. 그러나 내게 잘못이 없으니 사과 편지를 쓸 수는 없고, 내 입장을 떳떳하게 밝히는 편지를 쓰겠소."

결국 나는 '공화당 1.1% 패배' 발언으로 박 대통령에게 편지를 쓰게 됐다. 사과 편지는 아니지만 솔직한 내 심정을 적었다.

… 제가 발언한 것은 하나도 거짓이 없는 진실된 내용입니다. 또한 저는 전부터 여당 국회의원일수록 국민의 편에 서서 바른 소리를 해야만 여당이 국민의 신임을 얻게 된다고 생각해왔습니다. 그리고 국회에서는 여당이 야당보다 앞서 바른말을 함으로써 야당의 대정부 공세를 오히려 둔화시킬 수 있는 것입니다…. 저는 이 같은 소신에 의해 발언을 했으나 대통령 각하께서 못마땅하시다면 저는 제명을 포함한 어떠한 징계도 달게 받겠습니다.

이 편지는 그 후 박준규 당의장에 의해 바로 박정희 대통령에게 전달됐다. 그 편지를 읽은 뒤 박 대통령이 화를 풀었다는 얘기를 나중에 김재규 중앙정보부장으로부터 들었다. 박 대통령은 김재규 부장, 김계원金桂元 비서실장, 차지철 경호실장과 함께 저녁식사를 하는 자리에서 내 편지를 언급했다고 한다.

"오늘 내가 이만섭 의원의 편지를 받았지. 그 친구 고집이 워낙 세서…."

내 말이 나오자, 김재규 부장이 날 두둔해 주었다는 것이다.

"이만섭 의원은 옛날부터 정의감이 강하고 올바른 소리를 잘하는 사람이었습니다."

역시 김계원 실장도 날 좋게 보았기에 맞장구를 쳐주었다.

"그렇습니다. 각하! 이 의원은 본래 정의감이 강합니다."

그러자 박 대통령은 의아한 표정으로 김 실장에게 물었다.

"아니, 김 실장은 이 의원을 어떻게 아시오?"

"예, 이만섭 의원은 저하고는 연세대 동문입니다."

그제서야 박 대통령은 고개를 끄덕이며 화제를 돌렸다고 한다. 김계원 실장은 연희전문을 졸업한 직후 일찍 육사에 들어간 이력을 갖고 있기도 했다. 그날 만찬 자리에 함께 있었던 차지철 실장은 내내 아무 말도 하지 않았다고 한다.

이미 밝혔듯이, 차지철 실장은 내 발언을 악의적으로 박 대통령에게 보고한 장본인이다. 그 일과 관련해서는 내 발언 직후 김재규 중앙정보부장이 김계원 비서실장, 유혁인柳赫仁 정무수석비서관에게 "이 의원의 발언을 검토한바 문제될 것이 없으니 공연히 대통령에게 보고해서 문제를 일으키지 맙시다"라고 제의해 두 사람도 이에 동의함으로써 그냥 넘어가기로 했다는 것이다. 그런데 차지철 경호실장이 군이 박 대통령에게 과장해서 보고하는 바람에 다시 문제가 생긴 것이다.

이러한 차지철의 독선과 오만이 이후 얼마나 큰 태풍을 몰고 올지 그때는 알지 못했다.

제 9 장
10·26, 그 비극의 징후들

김재규 부장 "차지철 때문에 골치 아파"

아무튼 차지철 경호실장은 문제의 인물이었다.

1979년 가을 어느 날 김재규 중앙정보부장이 나에게 점심을 함께 하자는 제의를 해왔다. 장소는 일반 식당이 아니라 청와대 옆 '안 가'였다. 지금 생각해 보면 그 안가는 박 대통령 시해사건이 일어 난 안가가 아니라 그 옆 중앙정보부장이 집무하는 작은 안가였던 것 같다. 그 자리에서 김재규 중앙정보부장은 어두운 표정으로 나 에게 이렇게 말했다.

"차지철 때문에 골치가 아파 죽겠어요. 그가 모든 일을 제 마음 대로 하려고 하니 여간 큰일이 아니오."

당시 차지철 경호실장은 마치 부통령과 같은 행세를 하고 있었 다. 그는 대통령이 자신을 신임한다는 사실만 믿고 모든 일에 독선 적으로 날뛰어 많은 문제를 일으켰던 것이다. 바로 내 국회 발언에 대한 태도 역시 그의 안하무인격 행동에서 나온 것이었다. 청와대 경호실 국기 하강식 때도 경호실 직원과 경호원뿐만 아니라 심지어 누구라고 하면 알 만한 대학교수들까지도 동석시킨다는 이야기가 공공연히 나돌고 있었다.

5·16 혁명 당시 육군대위였던 차지철은 2성 장군 출신으로 군의 대선배인 김계원 비서실장을 "내 방으로 좀 내려오세요"라고 하는가 하면 김재규 중앙정보부장이 대통령에게 급히 보고하는 것도 때로는 "각하의 몸이 불편하니 오늘은 보고할 수가 없다"고 막기도 했다. 그 대신 차 실장은 개인 정보조직을 이용하여 중앙정보부보다 앞서 대통령에게 수시로 정세보고를 했다.

김재규 부장은 차지철의 이러한 횡포에 골머리를 앓고 있었다. 더구나 박 대통령이 이러한 차지철 실장을 김재규 부장보다 훨씬 편애한다는 사실은 심각한 문제였다.

아무튼 나는 그때 국회 발언에 대한 청와대의 반응에 큰 실망을 했다. 의리상 공화당을 떠나지는 못하고 있었지만 내 마음은 민심과 함께 그때 이미 당을 떠나 있었다는 게 솔직한 심경이다.

YH 사건, 김영삼 총재 제명 등 잇단 악수惡手

5월 30일에는 신민당의 새 총재로 김영삼 씨가 당선되었다. 이는 중요한 변수였다. 즉, 그의 당선은 강경 야당의 출범을 의미했기 때문이다.

그리고 8월 11일 YH 사건이 일어났다. YH 사건은 가발생산 업체인 YH 무역의 부당한 폐업공고에 항의하는 여성노동자 170명이 신민당 당사에서 농성을 벌이며 시작되었다. 경찰의 진압으로 해산되었지만 이 사건은 이후 커다란 사회적 파장을 일으킨다. 경찰이 개입하는 과정에서 농성하던 어린 여공들을 무리하게 진압한 것이 문제가 된 것이다. 옥상으로 쫓기던 김경숙金京淑이라는 여공이 추락사하고 신민당 국회의원들이 구타당했다는 소식이 전해지면서 여론이 악화되고 정국은 극도로 혼란해졌다.

이런 가운데 9월 16일 김영삼 총재가 〈뉴욕타임스〉와의 회견에서 다음과 같은 발언을 해 정국에 다시 한 번 회오리바람이 불었다.

미국은 한국에서 이란과 같은 전철을 밟지 말라. 그리고 주한 미군을 내정간섭으로 볼 수 없다면, 한국의 민주화를 위한 압력 역시 내정간섭으로 보지 않는다. 미국은 국민과 유리된 정권, 민주주의를 열망하는 다수 국민 가운데 어느 쪽을 선택할 것인지를 분명하게 밝혀야 할 때가 왔다.

결국 10월 4일 국회는 김영삼 총재의 발언을 '용공적 이적행위이자 국회의원으로서의 품위를 손상시킨 행위'라며 의원 제명을 변칙으로 통과시켜 버렸다. 그것도 신민당 의원들이 단상을 점거해 의장석에 오르지 못한 백두진 국회의장이 본회의장 출입구에서 20여 명의 경위들에게 둘러싸인 채 구두로 "김영삼 의원의 징계동의안이 발의되어 이를 법사위에 회부한다"며 순식간에 의사봉도 없이 손만 흔들어 처리한 것이었다.

이어 경호권이 발동된 가운데 본회의 장소를 146호로 옮겨 출입구와 복도를 300여 명의 사복 경찰과 50여 명의 국회 경위들이 야당

의원들의 접근을 막은 채 159명의 공화당 유정회 의원만으로 김영삼 총재 징계안을 단 10분 만에 전격 처리해 버렸다. 30년 의정議政 사상 최초의 정당 대표 제명이었고, 그것도 날치기 통과였다.

내 심정은 우울했다. 나 역시 김영삼 총재와는 정치부 기자였던 3대 국회 후반부터 알고 지내며 거의 20여 년을 인간적으로 가깝게 지내온 사이였기에 그의 제명을 한없이 안타깝게 느꼈다.

'이젠 마지막이구나!'

공화당은 이제 막다른 골목까지 몰렸다는 침통한 생각으로 나는 국회의사당을 힘없이 걸어 나왔다.

사건이 사건인지라 이에 반발한 야당은 신민당 의원 60명 전원과 통일당 의원 3명이 국회의원 사퇴서를 내기에 이르렀다.

부마사태로 막다른 골목 그리고 10·26

이젠 정상적인 방법으로는 도저히 해결방법이 없어 보였다. 그럼에도 당내 강경파에서는 야당 의원들의 사표를 선별 수리하자는 주장까지 나와 정국은 더욱 꼬여가기만 했다. 그런 보도를 보고 나는 "사태를 이성적으로 해결하려 하지 않고 야당 의원들의 사표를 선별 수리하겠다니 말이 되는가?" 하며 기자들 앞에서 울분을 토했는데 이것이 〈중앙일보〉에 보도돼 또다시 문제가 되기도 했다.

이젠 끝이라는 생각이 들었다. 대학에서는 저항의 물결이 일어났다. 9월 4일 대구의 계명대, 경북대, 영남대생들의 유신철폐 데모에 이어 10월 16일에는 부산대생 5천여 명이 유신철폐를 외치며 가

두 시위를 벌여 바야흐로 부마사태로까지 확산되었다.

나라가 이처럼 심각한 지경에 이르자, 나는 국회의원인 것이 부끄럽기까지 했다. 그리고 고뇌하면서 앞날을 예측해 보았다.

'어쩌면 다시 4·19와 같은 사태가 발생할지도 모른다. 그때도 대구에서 데모가 시작되지 않았던가. 그렇게 되면 나라는 어떻게 될까? 만일 4·19 같은 사태가 다시 발생한다면 … 그때는 박 대통령이 암살당하거나 그렇지 않으면 자살할지도 모른다. 이승만 박사야 스스로 물러났지만, 박 대통령은 군인 출신이기 때문에 이 박사와는 다르지 않을까. 혼자서라도 끝까지 청와대를 지키다가 자결의 길을 택할지도 모른다. 만일 박 대통령이 돌아가신다면 어떻게 될까? 만일 과격한 차지철이 대권大權에 욕심이 있다면 엉뚱한 짓을 저지를지도 모른다 … .'

생각만 해도 몸서리쳐지는 일이었다. 그만큼 당시 상황은 극도로 불안했다. 그렇다고 이런 생각을 아무에게나 함부로 말할 수 없었다. 다만 평소 서로 믿는 정치 선배인 백남억 전 당의장에게 터놓고 걱정한 일이 있었다.

"백 의장님! 큰일입니다. 이렇게 나가다가는 앞으로 걷잡을 수 없는 파국이 올 텐데, 장차 이 나라를 어떻게 해야 살릴 수 있겠습니까? 불행한 사태가 생길 때를 대비해 미리 대책을 강구해야 하지 않겠습니까."

"그러게 말이오. 나라의 앞날이 정말 걱정입니다 … ."

백남억 의장은 더 이상 말이 없었다. 내 말이 워낙 심각하고 두려운 내용인지라 백남억 의장은 오히려 그런 이야기를 서로가 안

했던 걸로 하기를 바라는 눈치였다.

이렇듯 나나 백남억 의장, 그리고 많은 지식인들이 나라의 상황을 우려하는 사이에 결국 부마사태가 터지고 말았다.

그리고 18일 0시를 기해 부산에 비상계엄을 선포하는 한편, 각 대학에서는 휴교 조치가 내려졌다. 1964년 한일회담과 관련된 6·3 사태 때 서울 일원에 내려졌던 비상계엄에 이어 15년 만에 발동된 계엄령이었다.

그러나 계엄령은 국민의 민주화 열기를 막기는커녕 더욱 불을 붙이는 결과가 되고 말았다. 18일 저녁에는 부산 시민까지 합세했고, 급기야 마산까지 번졌던 것이다.

이와 같이 학생 데모에 시민들까지 합세했으니 이제 사태는 돌아올 수 없는 다리를 건넌 것이나 마찬가지였다.

결국 나는 10월 27일 새벽, 전화로 박준규 당의장으로부터 '대통령 유고有故' 소식을 듣고야 말았다.

순간 문득 떠오른 게 있었다. 지난번 김재규 부장이 나에게 "차지철 때문에 나라가 걱정"이라고 한 말이었다. 사건의 전모를 정확히 모르면서도 대통령 유고가 김재규 부장과 차지철 경호실장의 갈등과 관계가 있을 것이란 생각이 머리를 스쳤다.

한때는 비상사태가 벌어질지도 모른다는 생각에 대책까지 생각해 본 나였건만, 막상 현실로 눈앞에 닥쳐오니 걱정만 앞섰다.

박정희 대통령과 그의 시대를 회상하며

돌이켜 보면 박정희 대통령은 경제적으로는 훌륭한 업적을 남겼지만, 정치적으로는 민주주의에 역행했던 양면성을 지녔던 게 사실이다. 만일 박 대통령이 3선개헌을 하지 않은 채 중임의 8년 임기를 마치고 물러났거나 적어도 3선만 하고 유신을 하지 않았더라면 이러한 비극적인 종말은 맞지 않았을 것이다. 오히려 평화적 정권 교체의 선례를 남겨 역사의 한 페이지를 장식하는 위대한 지도자로 추앙됐을 것이다.

마찬가지로 공화당이 경제 치적에도 불구하고 결국 비극적 몰락을 맞게 된 원인은 무리한 3선개헌과 1972년 10월유신 이후 장기집권에 따르는 권력 심층부의 타락과 부패에 있었다. 그리고 근인近因으로는 권력층 내부의 경직성과 과잉 충성에서 빚어진 1973년 김대중 납치사건, 1978년 12월 제10대 총선에서의 공화당 1.1% 패배와 광범위한 민심이반, 그리고 부마사태가 결정적인 것이었다.

특히 시해사건의 직접적인 동기는 박정희 대통령, 김재규 부장, 차지철 실장 3자 간의 미묘한 갈등관계에 있다고 생각한다. 김재규 부장과 차지철 실장은 박정희 정권 말기에 대통령의 핵심 측근이었다. 두 명의 성향을 비교하자면, 김 부장은 비교적 합리적이고 온건한 편이었으나 차 실장은 강경 일변도였다.

그런데 문제는 박 대통령이 모든 문제를 처리함에 있어 김 부장보다 차 실장의 의견에 귀를 더 기울였으며 심지어 차지철 실장 앞에서 김재규 부장에게 면박을 주는 일이 한두 번이 아니었다고 한다. 5·16 혁명 당시 차 실장은 육군 대위였으며 김재규 부장은 장군이었다. 그래서 김재규 부장은 이런 일이 반복될수록 심한 불쾌감과 모멸감을 느꼈을 것이며 1979년 10·26 사건 직전에 나를 만났을 때 "차지철이 때문에 골치가 아파 죽겠다"고 푸념한 것도 이러한 김 부장의 심리가 잘 반영된 것이라고 판단된다. 이에 김재규 부장이 차지철 실장을 없애야겠다고 생각하다 보니 결국 박 대통령까지 시해하게 된 것이 아닌가 추측된다.

한편 당시 김재규 부장의 박 대통령 시해사건에는 미국이 관련되어 있다는 소문이 나돌기도 했다. 그것은 박 대통령이 미국 몰래 핵개발을 시도하면서 미국과 긴장관계가 높아진 데 그 원인이 있었다는 것이다.

1970년대 들어 미국 정부가 아시아에서 미국의 역할 감소를 의미하는 '닉슨 독트린'을 발표하고 1971년 3월 주한미군 제7사단 병력약 2만 명이 한국에서 철수하여 미군이 크게 줄어들자, 박 대통령은 자주국방을 내세우며 핵무기와 미사일 개발에 나섰다.

이어 1975년 4월 베트남 내전이 공산화로 끝나자 박 대통령은 '번개사업'으로 명명된 핵 및 미사일 개발을 본격화했다. 이렇게 되자 1976년 5월 당시 포드 행정부의 도널드 럼스펠드Donald Rumsfeld 국방장관은 "한국이 핵무기 개발을 고집하면 미국은 안보 경제 문제를 포함해 한국과의 모든 관계를 재검토할 것"이라고 정면으로 경고했다. 바로 그 럼스펠드는 훗날 부시George W. Bush 행정부에서도 국방장관을 역임했다.

프랑스와 비밀리에 핵 재처리 시설 및 기술 공급 계약을 체결,

핵개발이 초읽기에 들어가자 한·미 간에 긴장감은 더욱 높아졌으며, 이것이 박 대통령 시해사건에 미국이 관련되어 있다는 설까지 나돌게 한 근거가 되기도 했다.

박정희 대통령의 서거를 둘러싸고 아직까지 여러 가지 이야기가 나오고 있다. 그러나 그 이유가 어떻든지 간에 그는 한국 근현대사에 큰 족적을 남기고 우리 곁을 떠났다. 그리고 그가 떠나면서 한 시대도 막을 내렸다.

이제 남은 문제는 누가 그를 대신해 또 다른 시대를 여느냐였다.

제 1 장
민주화의 대로에서

민주주의가 꽃피기도 전에 맞은 12·12

박정희 대통령 서거 후 정국은 극도의 혼란기를 맞게 된다. 그리고 이 가운데 불행히도 12·12 사태가 일어나고 만다. 전두환全斗煥 보안사령관이 중앙정보부장 서리로 전면에 등장하며 권력 변동이 시작된 것이다.

그러나 국민들의 민주화에 대한 욕구는 멈추지 않았으며, 1980년 봄이 되자 학생들은 "비상계엄 해제하라", "신군부 물러가라"고 외치면서 가두시위를 벌였고 신군부는 이를 기다렸다는 듯 칼을 빼들었다. 그 당시 신군부는 어떤 꼬투리라도 잡아서 정권을 장악하려고 호시탐탐 노리고 있을 때였다.

이때 3김 씨는 대권경쟁에 빠져 있어 이러한 군의 움직임을 전혀 눈치채지 못하고 있었다. 그들은 각각 학생들을 대선에 이용하려는 생각만 하고 있어 신군부의 함정에 빠져들어 가고 있었다. 나는 결국 3김 씨가 신군부에 구실을 주어 대선마저 못 치르게 되지 않을까 걱정이 되어 공화당 간부회의가 있을 때마다 "공화당은 학생을 선동하지 말고 진정시켜 군에 구실을 잡히지 않아야 한다"고 여러 번 이야기하였으며, 대변인에게 그런 방향으로 발표하라고 요구했다.

결국 신군부는 17일 자정을 기해 비상 국무회의 의결을 거쳐 비상계엄확대 조치를 발표했다. 비상계엄 제10호에 의해 전 현직 국가원수 비방금지, 정치활동 중단, 대학 휴교조치 등을 내렸다. 그리고 대권 경쟁을 벌이던 3김 씨에 대해서도 브레이크를 걸었다. 김종필 씨는 부정축재 혐의로 검거하고, 김대중 씨는 내란음모 혐의로 구속했으며 김영삼 총재는 가택연금을 하고 만 것이다. 뿐만 아니라 정치활동이 금지됨으로써 헌정이 중단되고 말았다.

이와 같이 1980년 '서울의 봄'은 꽃도 피워보지 못한 채 모진 찬서리를 맞았다. 그리고 8월 16일 수순대로 최규하 대통령이 하야한 후 27일에는 전두환 국보위원장이 통일주체국민회의에서 제11대 대통령으로 선출됐다. 국회가 다시 개회될 때까지 해산된 국회의 기능을 대행할 국가보위입법회의를 발족시켰으며 '정치풍토 쇄신을 위한 임시조치법'을 제정함으로써 정치인들의 정치활동을 규제했다.

나의 경우에는 3선개헌을 반대하여 8년간의 정치공백을 강요당했고 또한 나름대로 바른 소리를 하고 깨끗한 정치를 해왔던 선명한 정치이력이 있어, 신군부도 나를 묶지는 않았다.

물론 규제에서 풀리지 못한 사람들 중에는 억울한 사람이 많았다. 이러한 정치활동 규제는 자유민주주의 정신에 위배될 뿐 아니라 인권유린이었다. 나는 이러한 잘못된 조치를 반드시 풀기 위해서라도 정치적으로 새출발을 하기로 단단히 결심했다.

그러나 문제는 공화당이 해체되었기 때문에 새로운 정치활동을 위해서는 새로운 정당을 만들어야 한다는 것이었다. 그래서 나는 과거 박정희 대통령과 함께 정치를 했던 공화당 의원들을 중심으로 한국국민당(국민당)을 만들었다. 이 과정에서 공화당 1기 출신 김한선金翰宣 의원과 2기인 김종학金鍾學 의원이 많은 애를 썼다.

'승계와 단절'의 국민당 창당과 국회의원 25명 당선

그리고 1980년 12월 3일 남산의 외교구락부에서는 구 공화당 출신 의원들로 창당발기 준비위원회가 열렸다. 이때 나는 '승계와 단절'을 기본 정신으로 한 창당발기 선언문을 기초하고 낭독했다.

승계와 단절이란 과거 공화당 정권이 집권 당시 잘한 것은 승계하고 잘못한 것은 단절한다는 정신이었다. 승계할 일은 경제발전을 이룩하여 국민을 가난에서 구한 것과 '하면 된다'는 민족의 가능성을 개발한 것이다. 한편, 단절해야 할 것은 1인 장기집권으로 평화적 정권교체의 길을 봉쇄하고 국민의 정치 참여를 막은 것 등을 들수 있다. 즉, 경제는 승계, 정치는 단절인 셈이었다.

그리고 3월 25일에 실시된 제11대 국회의원 총선거에서 국민당은 전국 92개 지역구 중 75개 지역에 공천을 했고, 이 가운데 18명이 당선되었으며, 전국구를 포함해 모두 25명의 국회의원이 당선됐다.

국민당은 선거결과에 있어서는 비록 원내 제2야당에 그쳤지만 선거과정에서 많은 사람들에게 그 존재를 각인시켰고 새로운 정치세력을 형성했다는 점에서는 일단 성공적인 출발을 했다고 본다.

제 2 장
대통령 직선제 개헌 요구로
6·29의 씨앗을 뿌리다

11대 국회에서
'대통령 직선'이란 금기어를 꺼내다

총선거를 치른 후 1981년 4월 7일 국민당은 지도체제와 당 조직 개편을 완료하고 정식으로 출범하게 되었다.

나는 당내 최다선 국회의원이었으나 정권의 집요한 방해로 총재는 되지 못하고 부총재로 남아 있었다. 당시 정부당국에서는 야당의 당내 조직운용까지 간섭했던 것이다. 그러나 당시 김종철金鍾哲 총재가 원외였던 관계로 원내의 일은 다선 부총재인 내가 맡아서 하였다.

1981년 5월 4일에는 11대 국회에 들어 처음으로 제106회 임시국회가 열렸다.

4일 이재형李載瀅 민정당 대표 연설에 이어 5일 유치송柳致松 민주한국당(민한당) 대표 연설이 있었으며 나는 그다음 날인 6일 대표연설을 하였다. 제 1 야당인 민한당의 유 총재는 성격이 온건하고 현실과 적당히 타협하는 경향이 있었으나 나는 분명히 달랐다. 누구보다 현실의 모순을 시정하는 데 앞장섰다. 나는 '하늘을 우러러 한점 부끄러움이 없도록 해야겠다'고 다짐하면서 연설을 시작했다.

내가 "대통령 선거는 국민의 진실된 의사가 자유롭게 선거에 반영되어야 하므로 반드시 직접선거를 해야 합니다"라고 말하자 의사당 안에는 갑자기 긴장감이 감돌기 시작했다. 5공화국 들어 국회에서 '대통령 직선'이란 단어가 처음 튀어나오는 순간이었기 때문이다. 여당은 물론 야당도, 그리고 국민당 의원들조차 놀라는 얼굴이었다. 나는 이에 개의치 않고 연설을 이어갔다.

"제5공화국이 출범하고 국회가 구성된 마당에 대통령은 현행 정치쇄신법에 묶여 있는 모든 인사들에게 하루속히 동참할 수 있는 기회를 줄 것을 촉구하는 바입니다. 참다운 국민적 화합과 국력의 결집을 위해서도 정치보복은 절대로 없어져야 합니다"라고 소리 높여 외쳤다.

내가 이렇게 계속 바른 소리를 하자 정부 당국에서는 11대 국회 말까지 내가 총재가 되지 못하도록 중앙정보부로 하여금 끝까지 억압하도록 했다. 어떻게 집요하게 방해했느냐 하는 것은 그 당시의 중앙정보부장이 지금도 그 내용을 상세히 알고 있을 것이다.

하지만 나는 절망하지 않았다. 내 뒤에는 든든한 지원군이 있었기 때문이다. 비록 앞에 나서지는 않지만 나를 지지해 주는 정치인들, 언론들, 그리고 국민들을 통해 힘을 얻었다. 11대 국회에서 '국회의원다운 국회의원은 국민당의 이만섭 부총재밖에 없다'는 정계와 언론계의 평을 들으면서 자신감을 얻기도 했다.

시간이 흘러 12대 국회의원 선거가 다가오자 민주화추진협의회(민추협)를 모태로 창당된 신한민주당은 제1야당을 목표로 깃발을 들었고 기존의 민한당 소속 의원들의 대거 탈당이 이어졌다. 그리고 1985년 2월 12일에는 제12대 국회의원 선거가 있었다.

대구 중·서구에서 출마한 나는 처음부터 1등 당선에 자신이 있었기에 함께 내 구역에서 출마한 신민당의 유성환兪成煥 의원을 2등 당선이라도 시키기 위해 적극적으로 도와주었다. 나는 그가 도의원이었던 시절부터 좋아했으며 언젠가 함께 국회의원 생활을 했으면 하고 생각했던 터라 합동유세 때도 내 정견발표보다 유 의원을 도와달라고 유권자에게 부탁하기도 했다.

그런데 개표 결과 내가 2등으로 당선되고, 거꾸로 유 의원이 1등으로 당선되었다. 그러나 나는 지금까지도 그가 국회에 들어오도록 도와준 것을 만족스럽게 생각하며 유 의원도 지금까지 이 일을 마음속 깊이 고맙게 생각한다.

유 의원은 소신 있고 정의로운 그의 성품으로 인해 힘든 고초를 겪기도 했다. 12대 국회에서 "우리의 국시는 반공이 아니라 통일"이라고 발언한 것이 문제가 돼 구속, 수감된 것이다. 나는 당시 이 발언이 문제가 된 것 자체가 어처구니없는 일이었다고 생각한다. 나는 교도소로 여러 번 그를 찾아가 격려하기도 했다.

12대 총선이 끝나자 3김 씨도 정치활동이 허용되었으며, 나도 '총재 절대불가' 상태에서 풀려나 3월 22일 잠실의 교통회관에서 열린

1985년 3월 22일 국민당 전당대회에서 직선 총재로 당선되어 축하를 받고 있다.

국민당 제3차 전당대회에서 당당하게 총재에 당선되었다. 이때 최치환崔致煥(남해 출신) 의원이 나와 경쟁하였으나 내가 1차 투표에서 압도적으로 당선된 것이다.

그날 총재로 취임한 나는 기자회견을 통해 "국민 여망에 따라 반드시 대통령 직선제로 개헌해야 하며 이를 위해 국회 내에 '헌법개정특별위원회'(헌특위)를 조속히 구성해야 한다"고 제안하였다.

개헌 투쟁의 서곡이 된 '헌특위'의 구성을 5공 이후 내가 처음 제의한 것이었다. '헌특위' 문제는 이후 거의 1년여 동안 여야의 쟁점이 되어 논란을 빚다가 1986년 6월 24일 마침내 국회 내에 헌특위가 설치됐다.

헌특위 제안은 역시 큰 뉴스였다. 다음날 각 신문은 지난밤의 국민당 전당대회 소식을 일제히 머리기사로 실었다. 5공화국 들어서 최초의 민주적 절차에 의한 총재 선출이라는 찬사와 함께, 헌특위 기사 또한 큰 활자로 보도했다. 나는 지금도 당시 헌특위 문제를 처음 꺼내 국회 내에 헌법 개정의 장을 여는 계기를 만들고, 이것이 이후 역사의 전환점이 된 '6·29 선언'을 이끌어내는 씨앗이 된 사실을 마음 뿌듯하게 생각한다.

제 3 장
전두환 대통령을 설득,
'학원안정법'을 저지하다

영수회담에서 학원안정법의 부작용 피력

12대 국회에 들어 가장 심각했던 문제는 학원안정법이었다. 학원안정법은 학원을 비민주적으로 탄압하려는 악법이었다.

그 내용은 '학원의 안정을 해칠 가능성이 있다고 판단되는 학생은 학생선도교육위원회의 요청을 받아 6개월 범위 안에서 선도교육을 실시하고 선도교육을 하기 전에 그 심사를 위해 필요하다고 인정될 때는 법원이 15일 범위 안에서 그 학생을 일정한 장소에 보호 위탁할 수 있다'는 것이었다. 모두 11개 조항으로 돼 있는 학원안정법은 말이 '보호위탁'이지 사실은 '15일간 감금'이나 마찬가지이고 일정 기간 '삼청교육대'와 같은 방식으로 순화시킨다는 악법이었다.

우리 국민당은 신민당과 힘을 합쳐 학원안정법의 제정을 저지하기 위해 민정당과 첨예하게 대치하게 되었다. 야당 측의 반발이 예상외로 완강하자 정부와 여당은 야당을 설득하기 위해 영수회담을 추진하게 되었다.

8월 15일 신민당 이민우李敏雨 총재와 영수회담을 가진 전두환 대통령은 다음날 나와 만나게 됐다. 그 자리에는 노태우盧泰愚 민정당 대표위원도 함께 배석했으며 나로서는 대통령과의 첫 대면이었다.

사실 나는 영수회담이 있기 전날 여러 가지 생각을 정리했다. 학원의 근본적인 안정을 위해서는 직선제로의 헌법 개정이 무엇보다 필요하다고 생각했다. 따라서 이왕 만난 김에 '대통령 직선제'도 그 자리에서 거론하기로 마음먹었다. 대통령과 만나 우선 학원안정법의 부작용부터 강조했다.

"… 학원을 안정시켜야 한다는 데는 이론의 여지가 없으나, 그 내용을 훑어보면 이 법이 전혀 실효를 거둘 수 없다는 것을 알 수 있습니다. 학생 선도란 모름지기 교수가 교권을 가지고 해야 하는 것인데, 교수 이외에 누가 이들을 효율적으로 선도할 수 있겠습니까? 이는 필요 없는 부작용만 일으킬 것이니, 이 법은 차라리 없는 것만 못합니다. 그러나 대신 여야가 함께 '학원대책특별위원회'를 만들어 시간을 두고 신중히 논의하는 것이 좋을 듯합니다 … ."

나는 이처럼 설득조로 이야기를 풀어나갔다. 그러자 전 대통령이 말을 받았다.

"이 총재의 말씀은 구구절절 다 나라를 위한 말씀이고, 나도 공감하는 바가 많습니다. 정부와 민정당도 처음에는 좀더 기간을 갖고 대처하려고 했지요. 그런데 일부 극렬 학생들의 동향이나 불온 유인물의 내용을 분석해 보니, 그 수가 적다고 해서 그대로 방치해서는 안 된다고 판단되어 학원관계법을 연구, 제정키로 한 것입니다. 나도 이 총재의 말씀대로 당초에는 교육 효과에 있어서 어떤

208

부작용이 있지 않을까 검토도 했으나, 그 뒤 관계 기관들이 많은 연구를 해서 실효를 거둘 수 있도록 보완해 놓았기에 말씀드리는 것입니다."

옆에 있던 노태우 대표도 거들었다.

"지금 이 총재께서 제기하신 문제들은 당에서도 충분히 의견을 모으고 논의해왔으며, 정부·여당이 이것저것 다 검토한 결과 해야 겠다는 결론이 난 것입니다. 때문에 이번 학원안정법은 반드시 국회에서 통과돼야 하며, 민정당은 이미 각 지구당에 많은 홍보물을 보내는 등 법을 통과시킬 만반의 준비를 끝내놓은 상태입니다."

이번에는 내가 노태우 대표를 바라보며 다소 언성을 높였다.

"민정당은 대통령을 올바르게 보좌해야 합니다. 민정당이 모든 준비를 해 놓았더라도 대통령이 최종적으로 올바른 결정을 내리도록 해야 하지 않겠습니까? 일이 잘 수습된다면 그게 대통령을 위해서 좋은 일이지요. 너무 민정당의 입장만 강조하지 마세요."

잠시 말을 끊은 나는 다시 말을 이었다.

"전 대통령께서 오는 9월 유엔 총회에 가서 연설을 한다고 들었습니다. 그러나 이처럼 학원에 대해 강경한 조치를 취해 놓고 어떻게 유엔에 가서 연설을 할 수 있겠습니까? 그러니 이 법은 철폐하든가 최소한 보류라도 해야 합니다."

유엔 연설과 연계시키니 대통령의 표정이 다소 누그러지는 느낌이었다. 대통령이 입을 열었다.

"이 총재의 충정을 충분히 이해했습니다. 앞으로 시간이 있고 국민당에 율사律士들도 있으니, 미심쩍은 점이 있으면 노 대표와 자주 만나 논의해 주시기 바랍니다. 그리고 유엔 총회에 가서 연설하는 것은 김일성이 고소공포증이 있어 비행기를 못 타 유엔에 나오지 않는다는데, 나만 가서 연설할 필요가 있겠느냐는 생각입니다….."

처음과는 달리 전 대통령은 내 말을 경청하고 있었다. 나는 아예 '직선제' 문제까지 꺼냈다.

"우리나라의 많은 국민들은 대통령 직선제를 바라고 있습니다. 그렇기 때문에 우리 국민당도 당 방침으로 직선제 개헌을 주장하고 있는 것입니다."

그러나 직선제 애기가 나오자 대통령은 즉각 말을 받았다.

"헌법도 시대의 변천이나 발전에 따라 필요가 있을 때는 보완할 수도 있겠지요. 그러나 현 시점에서는 헌법을 고칠 필요는 없다고 생각합니다. 절대 다수 국민의 찬성으로 확정된 헌법을 한 번도 시행해 보지 않고 고친다는 것은 국민에 대한 약속 위반이라고 생각합니다."

이때 나는 바로 '헌법특위' 애기를 꺼냈다.

"헌법 문제에 관해서는 국회 안에 헌법특위를 만들어 다른 나라의 예도 보아가며 여야가 서로 흉금을 터놓고 상의하는 것이 좋겠습니다."

학원안정법 보류 성명을 이끌어내다

나는 그날 대통령과 기탄없는 의견 교환을 한 결과, 대통령이 내 생각을 충분히 이해하는 것 같은 느낌이 들었다.

그 후 민정당 사람으로부터 전해들은 애기로는 그날 나와 회담을 마친 전 대통령은, 그날 밤 민정당 간부들과 함께 식사를 하는 자리에서 회담 얘기를 꺼냈다고 한다.

"내가 오늘 이만섭 총재와의 회담에서 느낀 게 많소."

말을 마친 전 대통령은 바로 다음날 아침 청와대에서 긴급 당·정 회의를 열 것을 지시했으며, 황선필黃善必 대변인에게는 '학원안정법 보류 성명'을 밤사이 기초할 것을 지시했다는 것이다. 다음날 학원안정법 보류 성명이 나왔음은 물론이다. 지금도 나는 그때 학원안정법이 보류된 것은 내 설득이 주효했기 때문이라고 믿고 있으며, 정치 생활에서 큰 보람으로 여기고 있다.

그때까지만 해도 전두환 대통령은 상대편 이야기에 일리가 있다고 생각되는 경우에는 이를 즉각 수용하는 판단력이 있었다.

제 4 장

정국 혼란 속 영수회담에서 얻어낸
'88 올림픽 후 개헌'

양김의 무리수가 야기한 정국의 혼란

그러던 중 해가 바뀌어 1986년에 접어들었다. 1986년은 바야흐로
본격적인 개헌정국에 들어선 때이다. 나와 신민당의 이민우 총재는
직선제 개헌을 위하여 민정당의 노태우 대표와 3자회담을 자주 가
지면서 몇 달 전에 전두환 대통령과 합의한 헌법개정특별위원회의
구성을 집요하게 요구했다.

그러자 진통 끝에 나온 결론은 헌특위를 구성하되 그냥 헌법개정
특별위원회라고 하면 헌법에 문제가 있는 것 같은 뉘앙스를 풍기니
'개정'을 빼고 대신 '연구'라는 단어를 넣어 '헌법연구특별위원회'라
고 하자는 민정당의 제의에 합의했다.

나는 헌법관련 위원회가 구성된다는 것 자체가 개헌을 전제로 한
것인 만큼 명칭에 구애될 이유가 없다고 판단했다. 자칫 명칭을 고
집하다가 기구 구성 자체가 무산될 수도 있었기 때문이었다.

그러나 고질적인 문제가 다시 발생했다. 양 김씨가 실질적으로 이끌던 신민당에서 헌특위에 '연구'자를 붙이는 데 반대, 협상이 결렬된 것이다.

답답한 노릇이었다. 그래도 당 대표인 이민우 총재에게 모든 것을 맡겼다면 그 정도의 정치력은 인정해 주어야 하는 것은 당연하다. 뿐만 아니라, 대여 협상을 담당했던 신민당 간부들조차 사전에 양해한 사항인데, 당론이라는 구실을 붙여 뒤집다니 정치 도의상으로도 있을 수 없는 일이었다. 이러한 무리수는 양 김씨의 선명성 경쟁에서 나온 결과였다.

사실 당시 신민당의 행태는 경솔한 점이 있었다. 그때 합의된 대로 진행됐다면 연구라는 글자가 들어가 있을지언정 헌특위도 구성됐을 것이다. 그러나 결국 제1 야당의 강경 일변도의 노선 때문에 사태를 진정시키기는커녕 더욱 악화시키는 결과를 가져왔으며, 후일 여당에게 '호헌'護憲의 구실까지 주었던 것이다.

2월이 되자, 정국은 더욱 꼬이기 시작했다. 헌법연구특별위원회 설치를 거부한 신민당이 결국 총선 한 돌을 맞는 12일부터 '대통령 직선제 개헌 추진 1천만 명 서명운동'을 벌이기로 결정하고는 가두로 진출한 것이다.

전 대통령의 '88 올림픽 후 개헌 논의' 약속

이렇듯 정국이 극도로 경색되자 2월 24일, 청와대에서는 대통령과 3당 대표 간에 영수회담이 열렸다.

1986년 여름, 기자회견에서
문민정치와 대통령 직선제
개헌을 주장하는 저자.

이 자리에서 전 대통령은 법을 위반하면서 개헌 서명운동을 하는 등 장외 투쟁을 할 것이 아니라 정국을 대화로 풀기를 당부했다.

그러나 나는 이 자리에서 다시 헌특위 문제를 꺼냈다.

"개헌 등 정치 문제는 국회에서 여야가 흉금을 터놓고 대화를 해야 합니다. 따라서 이를 위해서는 국회를 조건 없이 빨리 여는 게 중요한 일입니다. 개헌 문제에 관해서는 솔직히 말씀드려서 국민의 절대다수가 직선제 개헌을 원하고 있는 게 사실입니다."

내가 개헌 문제를 꺼내자 전 대통령이 말을 받았다.

"헌법도 사람이 만든 것인 만큼 완벽할 수는 없겠지요. 때로는 개정할 점도 있을 것입니다. 내가 지금 정권을 연장하려는 것도 아니니, 88올림픽 등 민족의 대사大事를 성공적으로 수행한 후에 필요하다면 개헌을 논의하는 게 마땅한 도리가 아닐까요? 민족적 대사를 앞둔 마당에 법 절차를 무시하고 힘을 바탕으로 서명을 강행한다면 정국이 불안해지는데, 그 책임은 누가 지겠습니까?

나는 정신이 바짝 들었다. 대통령의 입에서 '88올림픽 후 개헌 논의'라는 표현이 나왔기 때문이다. 이전까지 정부는 개헌 불가에서 한 걸음도 물러서지 않았다. 그것이 한 발짝 후퇴해 '88올림픽 후 개헌'으로 바뀐 것이다. 나는 못을 박기 위해 다시 한 번 물었다.

"올림픽 후 89년 개헌 논의라는 것은 그때 단순히 논의뿐만 아니라 개헌까지도 할 수 있다고 해석해도 되겠습니까?"

"그렇습니다."

전 대통령은 분명한 어조로 대답했다. 그리고 그는 구체적인 방안까지 덧붙였다.

"나보고 '89년 개헌을 보장하라'는 말 같은데, 나는 88년에 그만두는 사람입니다. 때문에 내가 보장한다는 것은 월권행위입니다. 개헌이라는 것은 궁극적으로 국민이 보장하는 것 아니겠습니까? 그러나 이런 방법은 있을 것입니다. 내가 속한 민정당이 공당公黨으로서 개헌을 국민 앞에 약속하고, 차기 대통령 후보가 개헌을 공약하는 방법입니다. 아무튼 국회 내에 헌법특별위원회를 설치하는 데는 동감합니다. 명칭이 문제라면 여야가 상의해서 결정할 수 있을 겁니다."

헌법연구특위를 '헌법특위'로 합의

전두환 대통령이 이날 제시한 내용은 기대 이상이었고 회담은 성공적이었다. 전 대통령은 회담 중간에 이민우 총재에게 섭섭한 마음도 내비쳤다.

"신민당 이 총재께 부탁드리고 싶은 것은, 민정당과 견해를 같이 할 때는 당론을 바꾸지 말고 여야 간 약속을 지켜 달라는 것입니다."

이 말은 지난 연말 국회에서 3당간 합의된 사실을 실세인 양 김 씨의 압력에 의해 철회한 것을 두고 하는 말이었다. 나는 회담이 끝나갈 무렵, 문제의 해결 방안을 제시했다.

"이렇게 하는 게 좋겠습니다. 헌법연구특별위원회라는 명칭은 여야 간에 말이 많으니, 연구라는 단어를 빼는 것이 좋겠습니다."

그러자 전 대통령도 "헌특위 문제는 명칭이 문제라면 그냥 헌법특별위원회라고 해도 좋겠습니다"라고 나의 타협안을 받아들였다.

아무튼 이날의 회담은 대성공이었다. 기존의 '개헌 절대불가' 입장을 '88 올림픽 후 개헌'으로 이끌어낸 데다, 헌법연구특위도 '연구'라는 단어를 빼고 헌법특위로 해 일시적으로나마 경색된 시국을 타개할 수 있는 길을 터놓았던 것이다.

내가 이렇게 계속 타협안을 제시한 것은 판을 깨 다시 군이 동원되는 불행한 사태를 막고 상대를 설득하면서 대통령 직선제 개헌을 성공으로 이끌기 위해서였다.

제 5 장
직선제와 내각제의 갈림길에서

유럽순방에서 돌아온 전 대통령,
내각제에 관심 가져

정국이 어수선한 가운데 전두환 대통령은 4월 5일부터 21일까지 영국·서독·프랑스·벨기에 등 유럽 4개국을 순방하고 돌아왔다. 그리고 순방 보고를 겸해 30일, 3당 대표를 청와대로 초청하여 또다시 시국 전반에 관한 회담을 가졌다. 전 대통령은 귀국 후에도 계속되는 개헌 서명운동에 불만을 터뜨렸다.

하지만 나는 이 자리에서 물러서지 않고 내 의견을 밝혔다.

"지금은 건국 이래 가장 중요한 고비라고 생각합니다. … 이 고비를 슬기롭게 넘기려면 여야의 모든 지도자가 나만이 대통령이 되겠다든지, 또는 정권을 꼭 지키겠다든지 하는 생각을 버리고 위국위민爲國爲民의 심정으로 대타협에 나서야 합니다. … 따라서 전 대통령은 반드시 임기 내에 개헌을 하셔야 합니다. 그 전제 아래에서 원내에 개헌특위를 설치해 각 당이 허심탄회하게 토론해야 합니다 … ."

그러자 전 대통령도 내 의견에 동의하면서도 개헌 내용에 대해서는 내각책임제를 선호했다.

"… 그런데 어떤 헌법이 바람직한지 깊이 연구해야 합니다. 직선제여야만이 민주이고, 간선제는 비민주라고 하는 것은 어불성설입니다. 우리 역사상 직선제를 여섯 번이나 했어도 집권자가 평화적으로 정권을 내놓은 적이 있습니까?"라고 말하면서 유럽순방을 하며 느낀 점을 털어놓았다. 전 대통령은 유럽에서 채택하고 있는 내각책임제의 장점을 나라별로 비교하며 구체적인 설명까지 덧붙였다.

전 대통령의 한 걸음 양보
"여야 합의하면 재임 중 개헌 반대 안 해"

유럽의 내각제에 대해 설명을 마친 전 대통령은 결국 한 걸음 양보하기에 이르렀다.

"재임 중에 개헌을 해달라고 하는데, 국회에서 여야가 합의해 건의하면 재임기간 중에도 개헌하는 것을 반대하지 않겠습니다."

그토록 국민이, 그리고 국민당을 비롯한 야당이 원하던 '임기 내 개헌 가능'을 처음 언급한 것이다. 올림픽 후 개헌에서 이 임기 내 개헌으로 바뀐 것은 주목할 만한 진전이었다.

'1986년 정기국회 내 개헌'을 이끌어낸 청와대 회담을 가지면서 전두환 대통령에 대한 나의 인식은 다소 달라지게 되었다. 그동안은 그가 군인 출신으로 강경하기만 하다는 인상을 갖고 있었다. 그러나 직접 만나 보니 상대방이 정당한 이유를 들어 잘못을 지적하고 사심 없이 설득하면 때에 따라 그 자리에서 자신의 결정을 바로 고치는 유연함도 지닌 인물이라는 것을 알게 되었다.

그러나 문제는 당시 전 대통령은 자신의 임기 내에 개헌을 하되, 대통령 직선제가 아닌 내각책임제 개헌에 강한 집념을 가졌다는 사실이었다. 국민이 원하는 대통령 직선제를 어떻게 관철시켜야 할지 걱정이 들기도 했으나 그 일은 헌특위 구성 뒤에 할 일이었고, 우선 급한 것은 헌특위 구성 그 자체였다.

개헌 합의 후 야당은 대통령 직선제, 여당은 내각제 주장해

헌법의 권력 구조에 대해 여야가 속셈은 달랐지만 어쨌든 개헌을 한다는 데 대한 합의는 이루어져, 마침내 6월 24일 국회 본회의에서 헌법개정특별위원회 구성 결의안이 여야 만장일치로 통과됐다. 그리고 7월 30일에 헌법특별위원회가 정식으로 가동되었다.

그리하여 우리 당과 신민당은 8월 8일, 그동안 준비해온 개헌안을 최종 확정해 헌특위에 제안했다. 두 야당은 역시 대통령 직선제를 제안했으며, 여당인 민정당은 10일 뒤인 18일 예상했던 대로 내각책임제 개헌안을 제안했다.

8월 25일에는 제4차 헌특위가 열려 각 당의 헌법개정안에 대한 제안 설명이 있었다. 워낙 중요한 사안이었기에 신민당에서는 이민우 총재가, 국민당에서는 내가 제안 설명을 하게 됐다. 그러나 여당인 민정당에서는 격을 맞추지 않고 헌특위 간사인 이치호李致浩 의원이 나섰다.

1985년 3월 22일 내가 총재에 취임한 이래 최초로 헌특위 구성을 제안했고, 그 어려운 정국을 헤쳐나와 결국 이렇게 헌특위가 구성되고 마침내 제안 설명을 하게 됐으니 감개무량했다.

드디어 단상에 올라 입을 열었다.

진정한 평화적 정권 교체와 이를 토대로 한 참다운 자유민주주의를 구현하기 위한 새로운 민주 헌법의 마련은 누구도 거부할 수 없는 이 시대의 지상 명령입니다. 때문에 개헌에 임하는 우리 정치인 모두는 정권 연장이나 집권욕과 같은 당리당략에서 과감하게 벗어나 순교자적인 자기희생을 각오하면서 오직 민족과 역사의 뜻에 순응하여 이 나라 헌정사에 새로운 출발을 고하는 대장전大章典으로서의 명실상부한 민주 헌법을 만들어야 할 것입니다.

이어서 대통령 직선제의 당위성을 구체적으로 차근차근 설명했다.

첫째, 온 국민이 직선제를 바라고 있기 때문이며, 그렇기에 당연히 개헌은 국민이 바라는 방향으로 이뤄져야 합니다.

둘째, 자유민주주의 구현과 함께 국민 경제를 도약시키기 위해서는 국민이 원하는 강력한 정부가 필요하며, 이러한 정부는 대통령 직선제에서만 가능합니다.

셋째, 직선제 개헌만이 오늘의 분열된 국론을 통합하고 수습할 수 있습니다.

그리고 마지막으로는 여야 간에 합의 개헌이 돼야 함을 강력히 촉구하였다.

합의 개헌으로 오늘의 난국을 슬기롭게 극복할 때 비로소 조국의 밝은 장래가 약속됩니다. 그렇지 않을 때 이 나라는 구제할 수 없는 파탄에 빠질 수밖에 없다는 사실을 우리 다 함께 가슴에 손을 얹고 깊이 생각해야 할 것입니다. 우리 모두 역사의 죄인이 되지 맙시다.

한편 민정당의 이치호 의원은 당의 방침에 따라 내각책임제 개헌안을 설명했다.

그런데 이때 민정당은 내각제 관철을 위해 야당 의원 포섭 공작에 나섰다. 그 공작의 여파로 신민당의 일부 의원들은 신민당을 탈당, 신보수회新保守會를 만들어 내각제를 공공연히 지지하고 있었다.

그리고 일부 야당 의원들은 어차피 당장 집권할 수 없다면 국회의원 선거법을 중선거구제로 개정하고 내각책임제 개헌을 통해 장래를 도모하는 게 좋다는 생각을 내게 얘기하는 사람도 있었다.

직선제 못 박으려
YS와 '외교구락부'에서 비밀회동

12월 17일에 나는 야당에서 더 이상 내각제 이야기가 나오지 않게 하고 직선제에 못을 박기 위해 남산의 외교구락부에서 신민당 고문인 김영삼 씨와 비밀리에 만났다.

이 만남은 전부터 서로가 잘 알고 지내던, 과거 조병옥 박사의 비서였던 조승만 씨의 주선으로 이루어졌다. 사실 김 고문으로부터는 전부터 한번 만나자는 요청이 있었고 나 역시 그를 만나고 싶었기에 회담은 쉽게 성사됐다. 당시 김영삼 고문이 만난 정당 대표로는 내가 처음이었는데, 그것은 우리가 언론계 시절부터 인간적으로 잘 알고 지낸 사이이기 때문이다.

이날 회담에서 우리 둘은 나라의 파국을 막기 위해 개헌 문제를 원내에서 다룰 것과 대통령 직선제 개헌을 위해 공동 노력할 것을 합의했다. 아울러 나는 김 고문에게 부탁도 했다.

"전부터 청와대 회담 때마다 느낀 것이었지만, 제1야당인 신민당에 총재가 따로 있고 실세가 따로 있어 어려움이 많소. 그래서인데 뒤에서 영향력을 행사하기보단 떳떳하게 당 표면으로 나서서 난국을 풀어나가는 게 좋을 것 같소."

물론 내 말에 김 고문도 수긍했다. 이날 회동은 사실 철저하게 비밀에 부쳐졌으나, 〈조선일보〉의 김현호金玄浩 기자가 그 자리에 나타났기에 우리는 4가지 사항을 공동 발표했다.

첫째, 정치에 대한 국민의 신뢰 회복과 국가의 장래를 위해 정치는 사심私心과 당리당략을 떠나 국민을 의식하는 바탕 위에서 이뤄져야 한다.

둘째, 개헌 문제는 국회 내에서 논의한다는 원칙에 인식을 같이한다.

셋째, 대통령 직선제 개헌과 민주화를 위해 최선의 공동 노력을 기울인다.

넷째, 민주 발전과 난국 타결을 위해 필요할 때는 두 사람이 언제든지 만나 의견을 나눈다.

이날 우리의 전격 회동은 정가에서는 놀라운 사건이었다. 때문에 민정당과 당국은 크게 놀라 특종보도를 한 조선일보사에 압력을 넣기도 했다. 그래서 처음에는 '대통령 직선제 개헌을 위해 공동 노력하기로 합의'라고 〈조선일보〉 지방판에 크게 보도되었으나 나중에 서울판에서는 '대통령 직선제'라는 단어가 사라지고 '합의 개헌을 위해 공동 노력'으로 바뀌고 말았다.

이날 밤 민정당의 노태우 대표는 나에게 전화를 걸어 "이 총재, 이럴 수 있습니까?"라고 강하게 항의했으나 나는 "무슨 소리요. 우리가 나라를 구할 길은 직선제밖에 없소" 하고 전화를 끊었다. 이로써 나와 국민당의 직선제 개헌에 대한 확고한 신념을 국민들도 확실히 알게 됐다.

이런 가운데 느닷없이 연말 정국을 강타한 사건이 터졌다. 바로 24일의 '이민우 선언'이었다. 그 내용은 정부 당국이 언론의 자유, 구속자 석방, 자방자치 등 제반의 민주화 조치를 단행한다면 내각제 개헌도 생각할 수 있다는 것이었다.

나는 깜짝 놀랐다. 보름 전 이 총재와 한식당 '장원'에서 만났을 때 그가 내게 내각제에 대한 의견을 묻기에 나는 "지금 세상이 어떻게 돌아가고 있는 줄 아느냐"며 "내각제의 '내' 자도 꺼내지 말라"고 말한 적이 있는데, 이렇게 빗나갈 줄은 몰랐다. 한편으로는 그 선언이 과연 양 김씨와 합의된 제안인지 의심이 가지 않을 수 없었다. 일주일 전 김영삼 고문은 나와 만나 대통령 직선제 개헌을 위해 서로 노력하기로 합의까지 하지 않았는가.

역시 예상대로 이민우 선언은 내각제를 지지하는 일부 야당 의원의 영향을 받아 만든 이 총재의 단독 작품이었다. 신민당은 이민우 총재에 대한 비판으로 들끓었다. 국민 반응도 호의적이지 않았다. 당 안팎의 압력에 시달린 이민우 총재는 며칠 후 온양에 내려가 있던 김영삼 고문을 찾아갔다.

그러나 김 고문은 이 총재가 내려온다는 소식을 듣고는 산행을 떠나 버렸다. 이민우 구상에 대한 노골적인 불만의 표시였다. 이를 두고 정가에서는 '한 사람은 산으로, 한 사람은 온천으로'라는 말이 잠시 유행하기도 했다.

제 6 장
박종철 사건과 흔들리는 정국

책상을 탁 치니 억 하고 쓰러졌다니 …

아무튼 연말 정국은 이렇게 어수선한 가운데 흘러가고 1987년 새해
가 밝았다. 여전히 민정당은 합의 개헌에 성의를 다하지 않았고,
신민당도 개헌 문제는 제쳐둔 채 이민우 선언을 둘러싼 내분으로
골머리를 앓고 있었다.

그러는 사이에 1월 15일, 대형 사건이 터졌다. 전국이 추위로 꽁
꽁 얼어붙어 있는 가운데 '서울대생 박종철朴鍾哲 군 고문치사 사건'
이 터진 것이었다. 그날 당사에서 석간신문을 뒤적이던 나는 '경찰
에서 조사받던 대학생 쇼크사'라는 제목의 기사에 충격을 받았다.
구체적인 얘기가 써져 있진 않았지만, 내 예감에는 십중팔구 예사
롭지 않은 죽음으로 판단됐다.

다음날 경찰은 "취조 중 책상을 주먹으로 탁 치며 혐의사실을 추
궁하자 박 군이 갑자기 억 하며 책상 위로 쓰러졌다"고 공식발표를
했다. 어처구니없는 발표로 국민의 의구심만 더욱 증폭됐다.

그러자 결국 19일에 검찰의 수정 발표가 있었다.

서울대 언어학과 3학년인 박종철 군을 1월 14일 오전 8시 10분쯤 하숙집에서 연행했다. 2명의 수사관은 서울대 민추위 사건의 주요 수배자인 박종운朴鍾雲 군의 소재를 캐물었다. 그러나 박종철 군이 진술을 거부해 수사관들이 위협 수단으로 조사실에서 박 군의 머리를 욕조 물에 한 차례 집어넣는 과정에서 급소인 목 부위가 욕조 턱에 눌려 질식, 사망했다.

박종철의 죽음에
끓어오르는 분노와 죄책감 느껴

그 발표를 듣는 순간 끓어오르는 분노를 느끼지 않을 수 없었다.
'도대체 있을 수 있는 일인가? 인간의 탈을 쓰고 어떻게 그럴 수가 있단 말인가. 이제 더 이상 이 정권은 존립할 가치가 없어졌다. 이유도 명분도 없다…. 이런 일이 민주 법치국가인 우리나라에서 벌어지다니 말이나 되는 소린가?'
나는 곧바로 의원총회를 소집했다. 그리고 정부·여당을 신랄하게 비판하는 성명을 발표토록 했다.

도덕성과 성실성을 상실한 민정당 정권에 대항하여 어떠한 희생과 대가를 치르더라도, 반민주 독재정치를 추방하고 박탈된 정부 선택권을 국민에게 되돌려주어 참다운 민주정치를 실현하는 데 최선의 노력을 경주해야 할 것입니다.

그날 나는 잠을 이루지 못했다. 분노도 분노지만, 정치인으로서 스물한 살의 어린 생명을 책임지지 못한 데 대해 더욱 죄스러움을 느꼈기 때문이다.

혼란한 시점에 이루어진 신민당의 분열

시국이 이렇게 어수선한데도 신민당은 이민우 선언 후 내분에 휩싸여 있었다. 그해 4월 5일 계파 싸움을 벌이던 신민당은 중앙당사에서 양 김씨 세력과 반 김씨 세력 간에 충돌을 벌여 유혈사태까지 벌어진 것이다. 당시 신민당은 '이민우 구상' 후 이를 지지하는 새로운 파벌이 생겨 반 양김 세력을 형성하고 있었다.

야당에 큰 기대를 걸었던 국민들의 눈에 신민당의 사태는 충격이 아닐 수 없었다. "민정당이나 신민당이나 뭐가 다른가" 하는 게 여론이었다. 게다가 4월 9일 두 김씨는 자신의 지지자들을 각각 이끌고 나와 신당을 만들기로 전격 발표해 버렸다. 신민당이 두 조각으로 갈라지게 된 것이다.

결국 신민당의 분열은 정부와 여당이 다른 생각을 하게 하는 빌미를 주게 된다.

제 7 장
전 대통령의 방향 선회,
4·13 호헌 선언

4월 13일 전두환 대통령은 중대 발표를 했다.

… 본인은 지금까지의 소모적인 개헌 논의를 그만두고, 현행 헌법
으로 1988년 2월의 정권 교체와 올림픽이라는 양대 행사를 치른 뒤
다시 개헌 논의에 나서는 게 바람직하다는 결론에 도달했습니다. …
아울러 민정당은 조속한 시일 내에 국민의 지지를 받는 인물 중 전
당대회를 통해 대통령 후보를 선출할 것입니다.

마침내 우려했던 사태가 벌어졌다.

어렵게 진전시켜 왔던 개헌 논의의 흐름을 역행하는 말이 전 대
통령의 입을 통해 나온 것이다. 현행 헌법을 유지하겠다는 이른바
호헌. 누구의 책임이냐고 묻는다면, 국민을 실망시키고 갈라진 신
민당과 이를 이용해 합의를 지연시키면서까지 결국 호헌으로 돌아
선 정부와 여당, 모두의 책임이라고 말할 수 있을 것이다.

그러나 나는 호헌만은 반드시 철회돼야 한다고 생각했다. 질질

끌긴 했지만, 개헌은 반드시 해야만 하는 국민의 합의였다. 때문에 어떤 이유로든 개헌 자체를 정략에 이용해서는 안 된다는 신념을 갖고 있었다. 정치 일정이 촉박하다는 정부·여당의 말은 전혀 설득력이 없었다. 전두환 대통령의 임기가 1년밖에 남지 않아서 시간이 촉박하다고 하나 역으로 생각하면 합의 개헌을 하기 위해 노력할 시간이 아직도 1년이나 남아 있다고 볼 수 있지 않은가.

어쨌든 4·13 호헌조치는 민주주의를 수호하고 직선제 개헌을 열망하는 국민을 분노케 했으며 이에 저항하는 민주화운동이라는 불에 기름을 퍼붓는 격이 되었다.

제 8 장
6월 민주항쟁의 횃불이 된
연세대 이한열 군

6월 9일, 6·10 대회를 앞두고 연세대 정문에서 또다시 불행한 사태가 벌어졌다. 연세대 교내 시위 중 이한열李韓烈 군이 경찰이 쏜 최루탄을 맞고 세브란스 병원으로 실려간 것이다. 6월 10일, 나는 연세대 선배로서 걱정이 되어 이한열 군이 입원해 있는 신촌 세브란스 병원으로 향했다.

걱정과 분노의 마음을 억누르면서 도착한 연세대 정문 앞은 전쟁터를 방불케 했다. '6·10 대회 출정식'을 갖고 교외 진출을 시도하는 학생들에게 전경들이 무차별로 최루탄을 쏘아댄 것이었다. 병원 입구에 가까워지자 '한열이를 살려내라'는 구호가 새겨진 리본을 달고 병원 주위를 빙 둘러싼 수백 명의 학생들의 모습이 보였다. 그들은 식물인간 상태인 이한열 군이 혹시 사망한다면 그 시체를 경찰이 납치해갈지도 모르기 때문에 지키는 것이라고 했다.

나는 마음이 아팠다. 꽃다운 나이에 저런 고통을 당하게 된 현실이 안타깝기 그지없었다. 잠시 후 당시 세브란스 병원의 기획관리

230

실장이며 나의 주치의이기도 했던 강진경康珍敬 박사(그 후 세브란스 의무 부총장)가 나를 중환자실로 안내해 주었다. 이한열 군은 산소 호흡기를 단 채 누워 있었다. 그를 보는 순간 나도 모르게 눈물이 쏟아져 나왔다. 나는 눈물을 닦을 생각도 않고 눈을 감은 채 고개 숙여 기도를 올렸다.

'하나님, 이 귀중한 생명을 살려 주소서!'

말없이 침대에 누워 있는 이한열 군은 나라의 민주화를 위하여 일해 달라고 호소하는 것 같았다.

'만일 이 군이 끝내 숨을 거둔다면, 그건 나를 포함한 모든 정치 지도자에게 책임이 있는 것이다. 정말 안타까운 일이다.'

우울한 마음으로 중환자실을 나서는데 갑자기 시끄러운 소리가 들려 고개를 들었다. 그러자 중환자실 밖에서 기다리던 수십 명의 학생들이 내게 몰려왔다.

"한열이는 아직 살아 있습니까?"

"아직 살아 있어요."

나는 힘없이 고개를 끄덕이며 말했다. 세브란스 병원을 떠나는 내 마음은 한없이 슬펐다. 내게도 저만한 자식이 있기에 더욱 그러했다. 내 능력의 부족함을 한탄했지만, 한편으로는 똑같이 자식을 키우는 부모로서 모든 정치인들은 각성해야 한다고 생각했다. 그리고 3·15 부정선거에 항거하다가 경찰이 쏜 최루탄이 눈에 박힌 채 바닷가에 누워 있던 김주열 군을 생각하면서 나는 마음속으로 오열했다. 비극적 역사는 되풀이되는 것인가.

그리고 6월 10일 국민대회는 예정대로 치러졌다. 이날 시위는

3,831명이 경찰에 연행될 정도로 규모가 컸다. 시위 현장을 지나가던 차량도 경적을 울려 학생들의 시위에 동조했고, 시민들은 박수로 시위 학생들을 격려했다. 마침내 재야 운동권이나 학생들뿐 아니라 평범한 시민들까지 반독재투쟁의 대열에 동참하게 된 것이다.

6월 민주항쟁은 그렇게 시작됐다.

그런데도 민정당은 국민의 민주화 열망을 아랑곳하지 않은 채 제 길을 걸어갔다.

제 9 장
'정치인 합동 용퇴론'으로
민정당의 일방통행을 제지하다

민심을 거스르는 민정당의 독선

민정당은 장충체육관에서 국민들의 뜻을 무시한 채 '전당대회 및 차기 대통령 후보 선출식'을 가졌다. 그리고 예상대로 그 자리에서 노태우 당대표가 대통령 후보가 되어 후계자로 정해졌다.

지금 생각해도 참으로 아니러니이다. 거리에서는 국민들이 자발적으로 일어나 현 정권의 부도덕성을 규탄하고 호헌 철폐를 외치면서 경찰에 잡혀가는데, 다른 한쪽에서는 누가 뭐라든 자기들 마음대로 정치일정을 강행하다니. 그것도 최루탄을 맞은 한 젊은 생명이 죽느냐 사느냐 하는 갈림길에 있는데 ⋯. 민심과 멀어진 '그들만의 리그'가 다시 펼쳐지고 있었다.

일방통행하는 정부와 여당에 대한 분노가 폭발한 6월 10일 민주화 열기는 쉽게 수그러들지 않았다. 오히려 국민의 전폭적 지지 속에 더욱 뜨거워졌다. 시위 학생들은 이날 밤 명동성당에 들어가 농성을 시작했다. 이튿날인 11일 명동과 남대문 일대에서는 수천 명의 학생과 시민이 다시 모여 명동성당 농성을 지지하는 시위에 나섰다.

합동 용퇴론과 시국수습 방안을 통해
대화 정치 제안

나는 강한 승부수로 맞섰다. 만일 나를 포함한 모든 정치 지도자들이 이 난국을 이성과 슬기와 자제로 극복하지 못한다면 국민에게 깊이 사죄하고 정치일선에서 물러나야 한다고 주장한 것이다. 이른바 합동 용퇴론合同 勇退論. 그리고 기자회견을 통해 6가지 시국수습 방안을 내놓았다.

첫째, 파국의 양상이 극대화로 치닫고 있는 시국을 수습하기 위해 여야 간에 즉각 개헌 논의를 재개할 것

둘째, 개헌 문제를 비롯한 모든 시국 현안을 논의키 위해 즉각 4당 대표회담을 개최할 것

셋째, 정부·여당은 더 이상 지체하지 말고 구속자 석방 등 일련의 민주화 조치를 조속히 단행하고 6·10 대회 때 연행된 시위 시민과 학생들을 즉각 석방할 것

넷째, 여야는 사실상 운영이 마비돼 있는 국회를 즉각 정상화시켜 의회의 권능을 조속히 회복시킬 것

다섯째, 시위 군중에 대한 경찰의 과잉 저지와 무차별 최루탄 발사를 즉각 중지할 것

여섯째, 연 나흘째 계속되는 명동사태는 매우 심각한 지경인데 현 정부가 이를 비상 정국으로 몰고 가는 구실로 악용하지 말 것

이어서 나는 결론을 내렸다.

국민이 갈망하는 대화 정국을 위해 여당은 이른바 통치권의 경직성에서 벗어나 대화 정치를 모색해야 하며, 또한 제1야당은 선명성과 극한적인 행동을 혼동해선 안 된다. 난국을 타개하는 지름길은 여야가 상대의 실체를 인정하고 무조건 대화에 나서 양보와 타협의 대승적 정신을 보이는 길밖에 없다. 이제 시시각각 눈앞에 다가서고 있는 사리사욕을 버리고, 역사와 국민 앞에 좀더 솔직하고 겸허한 자세를 지녀야 할 것이다.

나의 해결 방안에 신문들도 지지

당시 혼란한 상황에서 나의 '난국 수습을 위한 기자회견'은 커다란 반향을 불러일으켰다. 〈동아일보〉는 6월 15일자 사설에서 나의 회견 내용을 인용했다.

작금의 상황은 … 산소호흡기로 연명하는 연세대생 이한열 군의 생명을 지켜보는 것만큼이나 안타깝고 조마조마하다. 명동성당에서 엿새째 벌어지고 있는 농성의 사태 진전은 또 얼마나 가슴 죄는 일인가…. 이런 답답함 속에서 당의 크기도 작고 책임도 작은 국민당의 이만섭 총재가 공동책임론을 펴서 눈길을 끈다. 그는 '나라가 있고 난 뒤에 정권이나 당이 존재하므로, 정치인들은 정치를 바라보는 국민의 불안한 눈초리와 경멸·불신의 시선을 외면해서는 안 된다'면서, 자신을 포함한 모든 정치 지도자들은 이 난국을 극복하지 못한다면 국민에게 깊이 사죄하고 정치일선에서 물러나야 한다는 합동 용퇴론을 폈다고 한다…. 또한 '올림픽조차 치를 수 없는 위기가 조성되고 있다'고 지적, 개헌 논의의 즉각 재개와 명동시위 사태의 평화적 해결 등 6개항의 시국수습 방안을 제시했다. 그의 지적대로 정치 위기 때문에 올림픽마저 치러내지 못한다면 돌이킬 수 없는 민족적 망신이 또 어디 있겠는가….

16일에는 〈조선일보〉도 사설에서 '이런 해결 방안도 있다…국민당 이 총재의 견해'라는 제목으로 보도했다.

일촉즉발의 위기가 일단 지나가고, 정계에선 다시 정치로 풀자는 소리가 들리기 시작했다. … 국민당의 이만섭 총재는 이와 관련해 하나의 해결 방식을 제의해 눈길을 끌었다. 이 총재에 의하면 지금 의 미증유 난국은 '4·13 호헌조치로 개헌을 위한 정치적 노력을 포기한 정부·여당에 전적으로 그 책임이 있다'는 것이다. …

이 총재는 이 난국을 극복하기 위해서는 여야 간에 개헌 논의가 즉각 재개돼야 하며, 헌특위 재개 또는 새로운 기구의 설립 등을 제창했다. 요약하건대 이 총재의 주장인즉, 집권 측은 개헌 논의의 재개에 양보하고 민주당은 필리핀 방식에의 경사傾斜보다는 협상 방식으로 임하라는 요구라 할 수 있겠다.

이 총재의 제안이 과연 현실적으로나 정황적으로나 적실성適實性 을 갖는 것이냐 하는 것은 차치하고라도, 이 총재가 내린 난국의 진단 자체는 여야가 한번 허심탄회하게 되씹어 볼 여지가 없는지 생각해 보기 바란다. … 그럴진대 민주당은 이 헌법의 논쟁 극복을 장외 투쟁에서 결말지으려는 제1야당의 노선을 비판한 이 총재의 말을 여당이나 마찬가지로 깊이 참고할 만도 한 것이다. …

236

우리는 이것을 해야 하며, 해내지 못하면 공동의 대파멸만 있을 뿐이다. 꼭 국민당 이만섭 총재의 말이 아니더라도 여야는 구국 차원에서 피차 국면 전환을 위한 획기적인 대안을 내놓기 바란다.

그러나 당시의 나의 기자회견이나 각 신문의 사설이 이처럼 정국 안정을 위한 대안 제시 등을 촉구하지만 6·10 이후 극심해진 혼란상은 전국을 뒤덮고 말았다. 이젠 경찰의 공권력만으로는 한계에 이른 것이 아닌가 하는 생각도 들었다. 급기야 일부 도시는 파출소가 습격당하고 경찰차가 불타는 등 시간이 흐를수록 무정부 상태로 치닫고 있었다.

6월 18일에는 남해고속도로가 시위대에 의해 점거돼 3시간 동안이나 교통이 마비되기도 했으며, 19일 밤 11시경 대전의 야간시위에서는 시내버스를 탈취한 시위대가 그대로 진압 경찰 쪽으로 돌진해 그 자리에서 박동진朴東鎭 일경이 사망하고 2명의 전경들이 중상을 입는 불행한 사태까지 발생했다.

민심도 흉흉해져 갔다. 워낙 전국이 혼란에 휩싸인 상황이었으므로 곧 위수령이나 계엄령 같은 비상조치가 단행될 것이라느니, 서울 인근 지역의 공수부대가 이미 이동하는 것이 목격됐다느니 하는 소문까지 나돌았다. 일부 국민들은 제2의 광주사태가 발생하지 않을까 우려하는 분위기였다.

5공 정권도 위기의식, 4당 대표회담 제의

5공 정권도 위기감을 느껴 여권 내부에서도 의견이 갈라졌다.

마침내 노태우 대표는 내가 제안한 4당 대표회담의 필요성을 절감하고, 각 당 대표들에게 개별회담을 제의했다. 나와 신민당의 이민우 총재는 20일로 날짜가 잡혔다.

나와 노태우 대표의 회담은 6월 20일 오전 9시 반 국회의사당 귀빈식당에서 열렸으며, 나와의 회담에 이어 노태우 대표는 이민우 신민당 총재와 같은 장소에서 회담을 가졌다.

제 10 장
전全·노盧에게 직선제 설득,
6·29 선언을 이끌어내다

이순신의 '필사즉생'의 교훈으로
직선제의 당위성 설득

노태우 대표와 회담키로 한 6월 20일 나는 평소보다 조금 일찍 국회에 등원하여 회담장인 2층 귀빈식당에 올라가서 잠시 기다리고 있자 노태우 대표가 올라왔다. 악수를 나눈 뒤 사진 기자들이 포즈를 취해 달라는 부탁을 하자 노태우 대표는 농담으로 받았다.

"나로서는 오늘 이만섭 총재로부터 여러 가지 좋은 이야기를 많이 들어야 하는 입장이니 이 총재 사진을 많이 찍어 주시지요."

그러나 나는 왠지 국민에게 부끄러웠다.

"지금은 사진이 신문에 나가는 것도 부끄러운 일입니다. 사진이 문제가 아니라 하루빨리 시국을 수습해야지요."

그러자 노 대표가 쑥스러운지 말을 받았다.

"정치인의 입장에서 당연히 부끄러운 일입니다만, 이렇게 우리가 만나는 것도 중요한 일이지요."

사진을 찍고 취재진을 내보낸 뒤 본격적인 회담에 들어갔다. 회담장의 테이블은 상당히 컸다.

"원탁 테이블이 너무 크군요. 작으면 훨씬 더 부드러울 것 같은데 … ."

노 대표는 직원을 불러 테이블을 작은 것으로 바꾸도록 지시했다. 잠시 후 작은 테이블에 마주 앉으니 얼굴이 훨씬 가깝게 보이는 것이 역시 좋았다. 내가 먼저 말을 꺼냈다.

"시위 학생이 다치고 전경이 죽는 등 우리의 젊은이들이 거리에서 맞붙어 싸우는 불행한 사태는 모두 우리 정치인들의 책임입니다."

"그렇습니다."

노 대표는 고개를 끄덕이며 공감을 표시했다.

"이순신 장군의 말씀 중 '필사즉생必死卽生이요 필생즉사必生卽死'라고 했으니 옳은 것을 위해 목숨을 바치면 영원히 삶을 얻는 것이며, 소아小我에 매달려 살면 영원히 죽는 것이지요."

여기에서 옳은 것이란 당연히 대통령 직선제이고, 소아란 호헌조치를 부른 권력욕을 지칭하는 것이었다. 또한 '필사즉생이요 필생즉사'는 내 좌우명이기도 했다.

"물론 나도 자리에 연연치 않겠습니다. 내가 발 벗고 수습에 나설 것입니다."

노 대표는 심각한 표정으로 말을 받았다. 나는 왠지 회담이 잘 될 것 같은 예감이 들었다.

'6·29 선언'의 토대가 된
시국수습 7개항 제시

우리는 워낙 시국이 중대 국면에 처해 있음을 알고 있었기에 서로
간에 격의 없는 의견 교환을 했다. 어느 정도 분위기가 무르익은
뒤 내가 먼저 시국수습을 위한 7개항을 내놓았다.

첫째, 4·13 호헌조치의 즉각 철회
둘째, 헌특위 또는 여야 중진 회담기구를 통한 개헌논의 즉각 재개
셋째, 6·10 사태와 관련된 구속자의 즉각 석방
넷째, 시위 학생에 대한 과잉 단속과 최루탄 남발 즉각 중지
다섯째, 김대중 씨의 가택연금 해제
여섯째, 인권 보장과 언론 자유 등 민주화 조치 단행
일곱째, 국회의 조속한 정상화

이 7가지 사항은 불과 9일 뒤에 나온 6·29 선언과 맥을 같이하
는 내용들이었다. 내가 7가지 사항을 제안하자 노 대표의 반응은
의외로 긍정적이었다.

"잘 알았습니다. 모든 것을 긍정적으로 수용하는 방안을 세우지
요. 또 한 가지 말씀드리고 싶은 것은 흔히 본인이 정권을 탐내고
정권욕에 사로잡혀 있다고 얘기하는 걸로 알고 있는데, 본인은 본
인을 대통령 후보로 선출해 준 민정당 160만 당원의 뜻은 본인의
몸을 헌신짝처럼 내던져 이 난국을 풀어가라는 소명으로 받아들이
고 있습니다. 현재 각계각층의 여론과 민심을 낱낱이 수렴하고 있

으니, 내일 의총을 통해 종합하여 내주 초쯤 민정당의 시국수습 방안을 밝힐 것입니다."

이날 1시간 10분에 걸쳐 진행된 면담에서 우리는 3가지 원칙에 합의했다.

첫째, 오늘의 불행한 사태는 정치력에 의한 평화적인 방법으로 극복해야 한다.

둘째, 여하한 일이 있더라도 폭력적인 방법이나 공권력에 의해 비상조치가 초래되는 일이 있어서는 안 된다.

셋째, 이를 위해 여야 정치세력은 끝까지 인내와 자제로써 대화와 타협을 통해 난국을 수습한다.

그리고 대외적으로 발표하지는 않았지만, 마지막에 나는 정치 선배로서 노 대표에게 인간적인 충고를 하기도 했다.

"처음에 인용한 이순신 장군의 말씀처럼, 사람이 비굴하게 살면 영원히 죽게 됩니다. 그렇기 때문에 노 대표께서 만일 장충체육관에서 선거인단의 박수로 어거지로 대통령이 되면 영원히 죽을 것이며, 자손만대에 오점을 남기게 됩니다. 그러나 죽는 한이 있더라도 떳떳이 국민의 심판을 직접 받는다면 영원히 살게 될 것입니다."

나의 진심어린 충고에 노 대표는 진지한 표정으로 고개를 끄덕이며 받아들이는 자세를 보였다. 아무튼 그날 이후로 여권 내부에 변화가 일어나고 있음을 감지할 수 있었다. 불과 이틀 뒤인 22일, 노 대표로부터 다시 플라자호텔에서 점심을 함께 하자는 제의를 받았다.

그날 오전에는 전국의 30여 개 대학의 교수 70여 명이 '민주화를 위한 전국 교수협의회'를 발족했다. 저녁부터는 새문안 교회에서 '나라를 위한 기도회'를 마친 성직자와 신도 약 1,500명이 철야기도회에 참여하기도 했다. 여전히 사회는 어지러웠다.

점심을 하는 자리에서 노 대표는 최종 결심을 하기 전에 나의 의견을 재차 물어왔다. 나는 솔직히 다시 강조했다.

DJ 풀어주고 정정당당하게
승부 겨룰 것 충고

"여하한 일이 있더라도 장충체육관에서 엉터리로 대통령이 되어서는 안 됩니다. 이 난국을 수습하기 위해서는 묶여 있는 김대중 씨를 풀어주고 민주화 조치도 취해서 정정당당하게 직선제로 승부를 거는 것이 당신도 살고 나라도 사는 길이오."

내가 설득하는 말을 심각하게 듣고 있던 노 대표는 무겁게 입을 열었다.

"내가 아무리 직선제를 하자고 해도 전 대통령이 결심하지 않으면 안 될 텐데요."

그래서 나는 "전 대통령은 내가 만나서 어떻게든 설득할 테니까 노 대표부터 먼저 결심하시지요"라고 재차 강조했다.

직선제, 난국을 타개할
가장 정당하고 합리적인 길

그날 이후로 정국은 막바지로 치닫고 있었다. 노 대표는 각계의 여론을 듣느라 분주했다. 전두환 대통령도 나름대로 최규하 전 대통령과 김수환金壽煥 추기경, 한경직韓景職·강원용姜元龍 목사, 오녹원吳綠園·서의현徐義玄·최월산崔月山 스님 등 종교계 원로들을 청와대로 초청해 정국 타개에 관한 의견을 들었다.

급기야 24일에는 야당 당수들과의 만남도 이루어졌다. 이날 전 대통령은 오전 10시에는 민주당 김영삼 총재와, 그리고 12시에는 신민당의 이민우 총재, 그리고 2시 40분에는 나와 만나기로 돼 있었다. 초등학교 1년 후배이기도 한 김윤환 정무수석이 그날 아침에는 우리 집으로 직접 찾아와 회담 시간이 2시 40분으로 정해졌음을 공식 통보해왔다.

약속시간이 되어 나는 청와대로 들어갔다. 마주 앉은 전 대통령은 다소 피곤해 보였다. 아마 아침부터 야당 당수 2명을 만났으니 당연한 일이었을 것이다. 더구나 그날 회담은 예전과는 달리 노태우 대표가 배석하지 않은 채 대통령과 야당 당수 간의 단독 회담이었기에 더욱 그랬을 것이다. 내가 먼저 말을 꺼냈다.

"저는 딴 사람처럼 대통령 할 욕심을 가진 사람이 아니니, 제 이야기는 진심으로 받아들여 주십시오."

"이 총재께서도 기탄없이 이야기해 주십시오."

전 대통령이 그날따라 유난히 진지한 표정이었다.

"백척간두에 서 있는 오늘의 이 난국을 맞아 취할 수 있는 길은 오로지 한 길밖에 없는 줄 압니다. 그것은 떳떳하게 대통령 직선제 개헌을 하는 것입니다. 강경파의 주장대로 계엄령과 같은 비상조치는 절대로 선포해서도 안 되고 선포할 수도 없는 일 아닙니까? 그것부터 먼저 분명히 밝혀 주십시오."

"비상조치는 절대로 선포하지 않습니다."

"비상조치를 취하지 않는다면, 남아 있는 길은 대통령 직선제밖에 없질 않습니까?"

내 말에 대통령은 고민하는 듯한 표정을 지었다. 나는 오전의 김영삼 총재, 그리고 이민우 총재와의 회담에서는 어떤 말이 나왔는지 궁금했다. 그래서 내가 물었다.

"오전에 김영삼 총재는 뭐라고 했습니까?"

"예. 김 총재는 우선 선택적 국민투표를 해야 한다는 말을 합디다. 이민우 총재 역시 마찬가지구요."

그래서 나는 다시 그를 설득해야 할 필요성을 느꼈다.

"선택적 국민투표를 하는 것도 좋지만, 그 경우 어떠한 무리한 방법을 동원하더라도 직선제를 찬성하는 표가 90%를 넘을 게 분명합니다. 그렇게 되면 민정당에서는 대통령 선거에 후보조차 낼 수 없을 것입니다. 그러므로 선택적 국민투표로 국력을 낭비할 필요 없이 바로 깨끗하게 대통령 직선제를 받아들이는 게 좋겠습니다. 그리고 직선제를 시행했을 때 김영삼 씨와 김대중 씨가 합심하여 한 사람만 나온다면 이것도 어떠한 방법을 동원하더라도 야당 후보에게 90% 이상의 표가 나올 겁니다. 그런데 내가 볼 때 두 사람의 성격상 아무도 양보하지 않을 겁니다. 그래서 두 사람이 나누어져 모두 다 나온다면 이쪽에서 이길 것 아닙니까? 두 사람이 합치느냐 나누어지느냐 하는 것은 하늘에 맡기고 죽기 아니면 살기로 한번 붙어 보시지요."

내가 이렇게 솔직히 터놓고 이야기하자 전 대통령도 전적으로 공감했다.

직선제 실시에 공감한 전 대통령에게 노 대표 설득할 것 약속

나는 이밖에도 6·10사태 및 시국 관련 구속자의 전원 석방, 인권 보장 및 언론 자유 등 민주화 조치, 김대중 씨와 정치 규제자들에 대한 사면 복권 단행, 정국 수습을 위한 비상 수습 내각 등도 거론하였다.

회담 말미에는 인간적인 설득도 병행했다.

"저는 대구 촌사람으로 한 당의 총재까지 하고 있으니 개인적으로 더 바랄 게 없지요. 또 대통령께서도 옛날에는 대통령이 되리라곤 꿈에도 생각지 못했을 것이니 여한이 없으리라고 봅니다. 주저하실 게 뭐 있겠습니까?"

전 대통령은 내 말을 심각하게 듣고 있었다. 한동안 말이 없던 대통령은 담배에 불을 붙이면서 조심스럽게 물었다.

"이 얘기를 노 대표에게 한 적이 있습니까?"

"물론 노 대표에게도 충분히 얘기했습니다. 대통령께서 결심만

하시면 제가 노 대표를 다시 만나 마음을 굳히도록 하겠습니다."

나는 이때 전 대통령이 직선제 개헌을 받아들일 의향이 있음을 강하게 느낄 수 있었다. 다만 의리를 앞세우는 그가 자신은 선거인단에 의한 간접선거로 쉽게 대통령이 된 반면, 후계자인 노 대표에게는 어렵고 위험한 직선제의 길을 가라고 하기가 인간적으로 미안해서 망설이는 듯한 느낌을 진하게 받았다. 그날 내 말을 진지하게 듣던 전 대통령은 바로 그날 저녁 즉각 노 대표를 청와대로 불렀다고 한다.

1999년 6월 〈월간조선〉과의 인터뷰에서 노 전 대통령이 증언한 바에 따르면 그날 저녁 전 대통령은 청와대로 달려온 노 대표에게 "직선제를 해도 이기지 않겠소?"라며 강하게 직선제를 권유했고, 이에 노 대표는 "직선제로 과연 이길 수 있겠습니까?"라고 반문했다는 것이다.

노 대표는 당시 전 대통령의 이야기를 '앞으로 절대 변하지 않는 결심'으로 굳혀야겠다는 마음에서 '그게 되겠느냐'는 식으로 반어법을 썼다고 그 인터뷰에서 술회했다. 또한 노 전 대통령은 이 인터뷰에서 '당시 이만섭 총재를 두 번이나 만났으며, 이 총재가 대통령 직선제를 강력히 권유했다'는 사실도 밝혔다.

청와대 회담에서 직선제 실시 공식화

그날 6·24 청와대 회담은 전두환 대통령과 김영삼 총재의 첫 만남이었기에 각 신문은 김영삼 총재와의 영수회담에만 초점을 맞춰서

1면에 크게 보도했고, 나와의 회담 내용은 청와대 공식 발표문만을 2면에 실었다. 그러나 내가 직선제를 강력하게 권유한 내용은 그 발표문에도 분명히 실려 있었다.

이날 청와대에서 발표한 공식 발표문은 다음과 같다.

이만섭 총재 여러 가지 수고가 많으십니다. 저는 나라가 있고 나서 대통령도 있고 정당 총재도 있는 것이라고 생각해왔습니다. 과거 역대 대통령 중에 임기를 다 채우고 무사히 청와대에서 물러간 대통령은 없었습니다. 대통령께서 물러난 후 역사에 영원히 빛나기 위해서는 국민이 원하는 방향으로 개헌을 하는 것이 좋다고 생각합니다.

국민들은 헌법의 내용보다도 내 손으로 대통령을 직접 뽑겠다는 것입니다. 끝내 개헌 합의가 안 될 경우 선택적 국민투표를 하는 방법도 있기는 합니다만…. 나는 지금의 데모가 특정 정치인을 지지해서 하는 것은 절대로 아니라고 생각합니다. 국민의 여망에 따라 정국을 안정시키고 올림픽도 잘 치르고 민주주의 전통도 살려나가기 위해서는 깨끗이 직선제 개헌을 하여 국민의 심판을 받는 것이 좋다고 봅니다.

전두환 대통령 지금 헌법에서 내가 항상 유념하는 것은 이 헌법이 집권자를 견제하고 있다는 점입니다. 헌법은 변칙적으로 고칠 수 없습니다. 민정당이든 야당이든 양보를 해서 국회에서 진짜 논의를 해 보시기 바랍니다. 정당 간의 대화로 정치력을 발휘해서 국민의 참뜻이 어디에 있는지를 알아서 생각해야 합니다. 민정당이라고 해서 국민의 참뜻을 모르겠습니까? 야당도 각기 다 민의를 수렴하고 있을 테니 정치인이 발 벗고 나서면 될 수 있을 것으로 봅니다. 떠나는 사람이 무슨 미련이 있겠습니까? 나라가 잘되어야 대통령도 있는 것입니다.

나는 헌정 수호와 국가 보위, 국민의 자유 복지 증진, 평화통일 등 대통령으로서의 의무를 다해나갈 것입니다. 나는 이제 퇴임 8개월을 남겨 놓은 통치권자로서 정국을 이끌어가는 책임과 권한을 모두 노 대표에게 주었습니다. 민정당 노 대표에게 "정국을 이끌고 야당과 대화하는 것 모두 책임지고 하라. 그 결과를 알려주면 나는 받아들이겠다"고 했습니다. 그러니 이 총재께서도 노 대표를 만나서 기탄없이 얘기하시기를 바랍니다.

이만섭 총재 일부에서 주장하는 선택적 국민투표는 국력의 낭비와 소모를 가져올 뿐입니다. 차라리 떳떳하게 올해 안에 직선제 개헌을 하는 것이 좋다고 생각합니다.

전두환 대통령 모든 것은 국회에서 하는 것이 좋습니다. 헌법에 의한 헌법의 개정이 되어야지 변칙은 안 됩니다.

이만섭 총재 평화적 정권 교체와 올림픽의 성공을 위해서 불가피할 경우에는 비상 수습 내각을 구성하는 방안도 검토할 수 있을 것입니다. 김대중 씨 사면 복권, 시국 관련 사범 석방, 인권 보장, 언론 자유화 조치도 취해야 합니다. 우리나라의 문제에 대해서 외국에서 이런저런 소리를 하니 민족적 자존심이 상합니다. 어떻게 해서든지 우리의 힘으로 해결해서 자라나는 후배들에게도 귀감이 되어야 하겠습니다. 올림픽도 우리 민족이 결속해서 치러야 하겠습니다.

전두환 대통령 우리나라의 정치는 변화와 정변이 많아서 민주주의가 뿌리내리기 어려웠습니다. 올림픽을 성공적으로 치르면 국가가

국민당 총재로서 전두환 대통령에게 대통령 직선제를 설득하고 있다(1987년 6·29 직전).

부흥합니다. 약소민족의 운명은 비참한 것입니다. 부강한 나라가
되어야 합니다. 내가 그동안 나라를 책임져오면서 느끼는 것은 어
떻게 하든지 나라가 잘되어야 한다는 것뿐입니다.

그날 회담 이후 나는 곧 정부·여당이 직선제를 받아들일 것이라
고 확신하게 됐다. 아니나 다를까, 불과 5일 뒤인 29일에 역사적인
'6·29 선언'이 나온 것이다. '대통령 직선제를 통한 1988년 2월 평
화적 정권 이양 실현, 공정한 경쟁을 위한 대통령 선거법 개정, 김
대중 씨 등의 사면 복권과 시국 관계 사범의 석방, 인권 존중을 위
한 국민 기본권 강화, 언론 자유의 보장, 지방 자치의 실현 등 사
회 각 부문의 자치 자율권 보장, 정당 활동 보장, 과감한 사회 정
화 조치의 강구' 등 모두 8개항으로 된 6·29 선언은 16년간 쌓여
있던 국민들의 민주화에 대한 열망을 일시에 수용하는 것이었다.

제 11 장
직선제 개헌안에 쏟아지는
국민들의 전폭적인 지지

"6·29 구상에 가장 도움 준 사람, 이만섭 총재"

1987년 6월 24일 청와대 영수회담이 끝나갈 무렵 전 대통령은 나에게 노 대표를 만나 한 번 더 설득해 줄 것을 부탁한 일이 있다.

"노 대표를 한 번 더 만나주시지요."

때문에 나는 다시 플라자호텔 룸에서 노 대표를 만나 인간적인 의리로 고민하는 전 대통령의 심경을 얘기하고 설득했던 것이다.

"어떤 일이 있더라도 직선제를 하는 것이 나라와 노 대표 모두를 위한 길이오."

내가 그렇게 간곡하게 말하자 노 대표 자신도 "나도 직선제를 건의해서 받아들여지지 않으면 정계를 은퇴할 생각입니다"라고 비장하게 말했다. 그리고 며칠 뒤 바로 6·29 선언이 나온 것이다. 아무튼 후일 들려오는 말에 의하면, 노 대표나 전 대통령에게 내 설득이 상당히 주효했음은 분명한 것 같다.

당시 나와 전 대통령의 회담에 배석했던 청와대 김성익金聲翊 부대변인이 1992년 발간한 저서 《전두환 육성증언》에도 그날의 분위기가 다음과 같이 상세히 기술되어 있다.

전 대통령과 이만섭 총재의 회담에서는 두 사람 사이의 인간적인 신뢰 관계를 바탕으로 깊은 얘기가 오갔다. 전 대통령에게 직선제를 수용하는 결단을 내리도록 권하고 있는 이 총재의 자세는 요구가 아니라 설득이었다. 이 총재는 반대자의 입장이라기보다 전 대통령을 위하고 전 대통령과 같은 입장에서 정곡을 찌르는 논리와 어법을 구사하면서 조목조목 이해득실을 따져서 얘기하고 있음을 알 수 있었다.
전 대통령은 이 총재가 얘기하는 동안 대단히 진지하고 진중한 표정으로 경청하는 모습이었다. 전 대통령의 반응은 그의 대답에서도 나타나지만 직선제를 받아들이는 문제에 있어서 이 총재의 얘기에 완전히 공감하는 방향이었다.

후일 나의 중학교 동창이자 노 대표의 동서인 금진호琴震鎬 의원에게 들은 바에 의하면 6·29선언 후 노 대표가 가족들에게 이렇게 얘기했다고 한다.

내가 6·29구상을 할 때 가장 도움을 준 사람은 국민당의 이만섭 총재이다.

또한 전 대통령의 경우도 후일 백담사로 찾아간 조계종 서의현 총무원장에게 비슷한 얘기를 했다고 들었다. 뿐만 아니라 6월 24일 여야 영수회담이 끝난 뒤 이종률李鍾律 청와대 대변인은 전화로 우

252

리 당의 최용안崔容安 대변인에게 "전 대통령이 이만섭 총재에게 가장 감명을 받았다고 하더라"는 말을 전한 바도 있다.

승리감으로 출렁이는 정국 속에서
이한열 군을 잊지 않다

아무튼 6·29 선언으로 나라는 큰 경사를 맞은 것처럼 기쁨에 넘치기 시작했다. 나 역시 즉각 환영 성명을 발표했다.

노 대표의 결단은 훌륭한 것으로 민심의 소재를 정확히 파악한 것입니다.

그러나 7월 5일에 슬픈 일도 있었다. 6월 9일 연세대 정문 앞 시위에서 사고를 당해 식물인간으로 사경死境을 헤매던 이한열 군이 한 달 만에 끝내 눈을 감고 말았던 것이다. 나는 직선제 개헌의 기쁨보다 그의 죽음에 대한 슬픔이 앞섰다.

나는 조용히 혼자 연세대에 마련된 이한열 군의 빈소를 찾아갔다. 아들과 같은 어린 청년을 하늘로 보내는 마음은 이루 말할 수 없이 아팠지만 정치인으로서 다시는 그러한 희생이 없도록 분발해야겠다고 다짐했다.

이 땅의 민주화를 위해 한 알의 밀알이 된 이한열. 그는 아직도 내 마음에 남아 있다.

제 12 장
야권 분열로 역사의 시곗바늘은
다시 80년대 초로

DJ 불출마 선언 번복, YS도 출마 선언

7월 10일 전 대통령이 민정당 총재직 사퇴를 선언하고, 그날 김대
중 씨와 문익환文益煥 목사 등 총 2,335명이 사면 복권 또는 석방되
면서 나라의 분위기는 대선 정국으로 흐르기 시작했다.

나는 국회 소집을 즉각 주장했다.

"이제 여야는 국회를 소집하고 각 당 중진회담도 열어, 신속하게
민주화 작업을 마무리 지어야 할 것입니다."

바야흐로 해빙기였다.

7월 22일에는 각 당의 당사로 노태우 대표가 방문하고 인사를 나
눈 적도 있었다. 여당 대표가 야당 당사를 찾은 건 헌정 사상 보기
드문 일이었다. 그 자리에서 노 대표는 내게 사의謝意를 표했다.

"나의 제안이 발표되자 국민들은 말할 것도 없고 우방들까지 좋
아하는 것을 보니 나 자신도 얼마나 기쁜지 모릅니다. 6·29 선언

이 나오기까지 이 총재께서 여러 가지 좋은 말씀을 들려주고 지지 논평까지 해 주신 데 대해 감사하게 생각하고 있습니다."

나도 말을 받았다.

"이제는 후속 조치가 중요하니 하루빨리 국회를 정상화하고 4당 대표회담과 중진회담을 열어 앞으로의 정치 일정을 조속히 매듭지어야 할 것입니다."

그러나 갈 길은 먼데 개헌 협상은 쉽사리 시작되지 않았다.

제1야당인 민주당이 본격적인 내분으로 들어섰기 때문이다. 당시 해금된 김대중 민추협 공동의장은 7월 17일 불출마 선언을 번복, 대선 경쟁에 뛰어들었다. 양 김씨의 경쟁은 1980년대 상황을 재현하는 것 같았다. 그러나 나는 국민들이 직선제 개헌을 빨리 매듭짓기를 바라고 있었기에 18일 기자간담회를 통해 개헌 협상을 강력히 촉구했던 것이다.

오늘의 민주화 물결은 민정당 단독의 결단에 의한 것도 아니고 민주당만의 노력에 의한 것도 아닙니다. 오직 국민의 희생으로 얻어진 것입니다. 그런데 오늘의 이런 상황을 마치 전리품으로 여기는 양 김씨의 생각은 민주화를 저해하는 독단과 아집이라고 아니할 수 없습니다. 마치 개헌 협상도 시작되기 전에 청와대에 다 들어간 것 같은 양상입니다. 지금 중요한 것은 어떻게 하면 대통령 선거 자체를 가능케 할 것이냐에 전력해야 하는 것인데, 청와대에 들어갈 꿈만 꾸고 있으니 답답한 노릇이 아닐 수 없습니다.

그리고 8월 2일 여야 간 중진회담이 처음으로 열리면서 개헌 작업은 시작됐다. 그리고 8일에는 김대중 민추협 의장이 민주당에 입당, 상임고문으로 취임했다.

대통령 직선제 개헌안 통과,
민주주의 새 역사 쓸 준비는 마쳤으나…

여러 가지 우여곡절은 있었지만 9월 18일 마침내 역사적인 대통령 중심 직선제를 골자로 한 개헌안이 여야 만장일치로 국회에서 통과되었다.

의외로 개헌안이 쉽게 통과된 이면에는 당시 민정당이나 야당의 김영삼, 김대중 씨 모두가 대통령 선거에서 이길 수 있다는 자신감에 부풀어 있었기 때문이다. 게다가 개헌이라는 것이 대통령 선거 방식만 바꾸는 게 아닌데도, 양쪽에서는 오로지 권력 구조 및 대통령 선출 방식에만 집착하다 보니 나머지 문제에 관심을 덜 가진 것도 사실이었다.

그 문제라는 것은 이런 것이다. 사실 대통령 중심제는 독재로 흐를 가능성이 크기 때문에 처음 협상 과정에서는 대통령의 권한을 대폭 줄이려고 했다. 그러나 대통령 후보가 되려는 사람들 모두가 스스로 대통령이 될 수 있다는 자신감 때문에 겨우 대통령의 '국회 해산권' 정도만 삭제했을 뿐 나머지 대부분은 군사정권 때의 막강했던 대통령 권한을 그대로 내버려 두었다. 지금에 와서 대통령 권한이 제왕적이라고 하여 그 권한을 분산해야 된다는 여론이 일어나는 것도 당시 이러한 문제를 간과했기 때문이다.

이후 우려했던 양 김씨의 대립은 표면화됐다. 국민들로서는 '제발 80년대 초를 재현하지 말았으면 …' 하고 바랐지만 헛수고였다.

야권 후보 단일화 무산, 3김의 재등장

마침내 10월 10일 김영삼 씨가 제일 먼저 대통령 선거 출마를 공식선언했다. 23일에는 선거 대책을 맡은 6인 소위를 구성, 독자 출마를 위한 본격적인 준비에 들어갔다. 김대중 씨도 10월 28일 내·외신 기자회견에서 신당 창당을 공식 선언했다.

이로써 두 김씨는 돌아올 수 없는 다리를 건넜다. 역사의 시곗바늘은 다시 1980년대로 되돌아가고 있었다.

10월 27일 국민투표에 붙여진 개헌안은 93.3%라는 높은 지지율로 최종 확정됐다. 개정된 헌법의 주요 내용을 보면 총강에서 군의 정치적 중립이 명시됐고 국회의 국정감사권이 부활되었으며 대통령 5년 단임제에 대통령의 비상조치권과 국회해산권은 폐지되었다.

그리고 민주당을 탈당한 김대중 씨는 11월 12일 평화민주당을 창당했다. 다음해 4·26 총선에서 황색바람을 일으켜 제1야당으로 부상했던 '평민당'의 출발이었다. 아울러 3김씨 중 1명인 김종필 씨도 미국에서 돌아온 뒤 조심스레 정세를 관망하다가, 1987년 10월 30일에 '신민주공화당'을 창당했다.

이로써 3김씨는 1980년대 초반에 이어 다시 대통령 선거에 나서게 됐다. 물론 이는 정부·여당이 바라는 바였다. 표가 분산될수록 노태우 후보에게 유리할 것은 뻔한 이치였다. 1987년 겨울 정국은 바야흐로 대선 정국으로 치달았다. 그러나 후보 단일화라는 국민의 여망을 저버린 야당은 처음부터 어려운 선거를 치르게 되었다. 양 김씨의 과열된 경쟁은 국민을 크게 실망시켰다. 결국 '내가 아니면 안 된다'는 한국 정치의 뿌리 깊은 병폐가 두 김씨를 통해 다시 드러난 것이다.

마침내 대통령 선거일이 12월 16일로 정식 공고된 후 본격적인 선거전이 시작됐다. 개정된 선거법은 거의 무제한으로 선거운동을 보장하고 있었다. 때문에 선거는 그야말로 죽기 아니면 살기 식의 극단적인 한판 승부로 흐르고 있었다. 나올 만한 선거 공약을 모두 나왔고, 무제한의 선거 자금이 전국에 뿌려졌다.

그러나 우려했던 대로 국민들이 그렇게 갈망하던 야권 단일화는 끝내 이루지지 못했다. 김영삼, 김대중 씨는 서로 승리를 장담하며 단일화를 거부했던 것이다.

제 13 장
봄은 왔으나 꽃은 피지 않았다

민주적 직선제에서도
이루어지지 않은 정권교체의 꿈

드디어 1987년 12월 16일 투표가 끝난 뒤, 개표 결과를 기다리던
많은 국민들은 자정이 지나기도 전에 분노와 허탈감에 빠질 수밖
에 없었다. 1980년의 봄이 채 개화되지 못한 채 산산조각이 난 이
후 7년을 기다려왔건만, 또한 16년 만에 직선제를 쟁취하여 정권
교체의 여건이 마련되었건만 양 김씨의 분열로 그 꿈은 다시 무산
되고 말았다.

　결과는 예상대로 3김씨의 철저한 패배. 노태우 후보는 828만
2,737표를 얻어 36.3%라는 지지율로 20%대의 지지율에 그친 양
김씨를 누르고 당선됐다. 당시 3김씨는 김영삼 후보가 633만 7천여
표로 28%, 김대중 후보가 611만 3천여 표로 27%, 그리고 김종필
후보가 182만 3천여 표로 8.1%의 지지를 얻는 데 그쳤다. 특히 지
방색이 두드러진 것이 특징이었다. 노태우 후보는 대구·경북에서

69.8%와 64.8%를, 그리고 김영삼 후보는 부산과 경남에서 55%와 50.1%를, 김대중 후보는 광주와 전남에서 93.8%와 87.9%를, 김종필 후보는 충남에서 43.8%의 지지를 받았다.

1988년 2월 25일, 7,234명의 시국 사범이 석방·사면되면서 제6공화국이 출범했다. 대통령 5년 단임에 국회의 국정감사권이 부활됐고, 당장 1988년 올림픽을 성공적으로 치러야 한다는 국가 대사를 앞두고 있었다.

1988년이 되자 바로 13대 국회의원 선거가 있었다. 그러나 13대 총선은 소선거구제로 법이 바뀌었기에 나로서는 벅찬 일이 아닐 수 없었다. 16년 만의 소선거구제 채택은 사실 민정당으로서는 큰 실수였다. 3월 8일 민정당은 소선거구제 법안을 야당의 반대에도 불구하고 날치기로 처리해 버렸다.

이유는 한마디로 정세 판단을 잘못한 민정당의 자만 때문이었다. 당시 민정당 채문식蔡汶植 대표와 심명보沈明輔 사무총장이 노태우 대통령에게 보고한 내용은 민심과는 이반된 어처구니없는 것이었다.

"국회의원 선거에서 너무 많은 의석을 낼까 걱정됩니다."

결국 판단 착오로 소선거구제를 택했던 것이다.

대선출마 거부,
시류에 휩쓸리지 않고 내일을 준비

아무튼 나는 대구 달서구에 다시 출마했다. 대통령 선거를 앞두고 많은 국민당 의원들은 나에게 대선에 나서기를 권했다. 대통령 후보 없는 정당은 존립하기 힘드니 당락을 떠나 출마하여야 한다는 것이었다.

그러나 나는 분명히 거부했다. 양 김씨가 각각 출마하여 국민들이 크게 실망하고 있는데 나까지 야당 후보로 출마한다면 국민에 대한 배신행위가 아닐 수 없었다.

내가 출마하지 않자 국민당 의원들 중 일부는 김종필 당에, 김종필 후보를 싫어하는 의원들은 민정당으로 갔으며 나와의 의리를 지키기 위해 끝까지 당에 남고자 한 의원들은 내가 권해서 국회의원 선거에 유리한 당으로 가게 했다. 나는 꿋꿋이 혼자 당을 지키다가 13대 선거에서 당선되어 다시 당을 재건하겠다고 결심했다.

그래서 나는 비록 국민당의 유일한 국회의원이었지만, 내가 떨어지면 국민당도 끝장이었기에 더욱 열심히 뛰었다. 당시 선거법은 국회의원을 1명도 내지 못한 정당은 자동적으로 해체하기로 돼있었다.

4월 26일의 제13대 국회의원 선거는 철저한 금권·행정과 지역감정 선거였다. 호남에서의 완패를 예상한 여당은 대구·경북 지역에서라도 전원 당선시키기 위해 시장이 노골적으로 진두지휘하여 통·반장이 선거운동에 앞장서는 등 철저하게 행정력을 총동원했다. 심지어 내 선거운동원을 사복경찰이 미행해 꼼짝도 못하게까지 했다. 따라서 지역 출신인 노태우 씨가 대통령에 당선된 대구에서는 민정당이 아니면 명함을 내밀기도 어려울 정도였다.

나는 전력을 다했지만 철저한 행정 선거로 민정당 후보에게 패했고, 이로써 국민당은 해체되고 말았다. 선거 직후 나는 대구시민회관 앞 광장에서 부정선거로 인해 억울하게 낙선한 목요상睦堯相 의원(현재 헌정회 회장), 김현규金鉉圭 의원, 그리고 윤영탁尹榮卓 의원 등 야당 후보들과 함께 부정선거 규탄대회를 갖고 울분을 삭이기도 했다.

선거에 패배한 나는 서울로 올라와 정동에 조그마한 사무실을 얻었다. 그리고 그곳에서 지난 26년간의 정치 생활을 되돌아보며 독서와 집필로 세월을 보냈다.

제 6 편

문민정부 개막을 위한
고군분투

여소야대와 중간평가의 파고 속에서 출발한 6공화국
노태우 대통령의 제의로 이루어진 정계복귀
후계 인선으로 고민하는 노 대통령에게 내민 YS 카드
YS에게 노심 전달, 여권후보로서의 입지를 다지다
노 대통령 탈당 후 YS 지원 유세
YS의 승리와 30년 만의 문민정부의 수립

제 1 장
여소야대와 중간평가의
파고 속에서 출발한 6공화국

중간평가, 노태우 정권의 위기인가 기회인가

대선에서는 승리하였으나 13대 총선 결과 여소야대를 자초한 정부·여당은 계속 수세에 몰릴 수밖에 없었다.

　그리고 1989년 초반에 떠오른 또 하나의 정치적 이슈는 과연 노대통령이 선거 때 공약으로 내세운 '중간평가'를 하느냐 않느냐 하는 것이었다. 당시 노 대통령은 당 대표를 지낸 원로들을 청와대에 초청하여 만찬을 함께 한 적이 있다. 그 자리에서 노 대통령은 중간평가에 대해 우리에게 의견을 물었다. 그때 나는 노 대통령에게 헌법이 허용한다면 국민이 나를 선택하든지, 아니면 3김씨를 선택하라는 식으로 "역사의 심판을 받는 것이 좋겠다"고 권유했다.

　사실은 노 대통령도 처음에는 중간평가를 받으려고 마음먹었다. 그래서 당시는 행정 선거가 통하던 시대라 지방 군수들에게까지 지시를 내렸고, 심지어 자금까지 마련해 놓았다고 알려져 있었다. 그러나 중간평가 문제는 여당에서 박철언朴哲彦 대통령 정책담당보좌관이 앞서 반대했고, 야당의 3김씨도 적극적으로 반대하고 나섰다. 특히 제1 야당인 평민당의 김대중 총재는 노 대통령과 독대하는 자리에서 반대했다고 한다.

"헌법에도 없는 중간평가를 구태여 왜 하려 합니까? 헌법에도 없는 중간평가는 하지 마십시오"라고 강력하게 건의했던 것으로 알려졌다.

결국 중간평가는 물거품이 되고 말았으나 당시 분위기로 보아 중간평가를 했더라면 여당에 유리한 결과가 나왔을 것이다.

지금 생각하면 아쉬운 점도 있다. 만일 중간평가가 헌법에 위배되지 않아 그때 실제로 국민투표를 했으면 이 나라 정계는 크게 달라졌을 것이다. '3김 시대'의 변화도 빨리 오고 어떤 의미에서는 지역주의를 타파하여 새로운 정치 발전을 이루는 계기가 될 수도 있었을 것이다.

노 대통령이 선택한 난국의 타개책, 3당합당

아무튼 1989년 3월 20일 노 대통령은 담화를 통해 중간평가를 하지 않겠다고 발표했다. 그리하여 중간평가는 하지 않는 대신 여소야대를 극복하기 위해 3당합당을 하게 되었던 것이다.

1990년 1월 22일, 민주정의당·통일민주당·신민주공화당이 합당한다는 내용의 기사를 신문들이 일제히 보도했다. 노태우 대통령, 김영삼 씨, 김종필 씨가 서로 손을 꽉 잡은 채 웃고 있는 사진

266

도 함께 실려 있었다.

국민들은 모두 놀랐다. 그간 당끼리 서로 다투는 것처럼 보였기에 국민들로서는 갑자기 여야가 손을 잡고 합당한 이유가 잘 이해가 되지 않았을 것이 당연하다. 그러나 나는 '3당합당은 최선은 아니나 나라를 위해서는 정국 안정이 필요하다는 생각에서 차선의 수단일 수는 있다'는 생각이 들었다.

지역감정을 조장하는 밀실 야합이라는 평민당과 민주당 잔류 세력들의 반대를 무릅쓰고 탄생된 거대 여당 민주자유당은, 각 계파 간의 갈등을 고스란히 안고 출발했다. 특히 김영삼 씨를 필두로 하는 민주계는 차기 대권후보 경쟁에서 유리한 고지를 선점하려는 야심이 노출되었으나 당시 노심盧心은 민주계의 생각과는 달리 명확히 드러나지 않았다.

노태우 대통령의 제의로
이루어진 정계복귀

3당합당 후 노 대통령으로부터
받은 전국구 제의

그러던 어느 날, 손주환孫柱煥 청와대 정무수석(전 〈서울신문〉 사장)
이 찾아뵙고 싶다고 연락이 와서 삼청동 '골목집' 식당에서 만나게
되었다.

"노 대통령께서 3당합당을 계기로 14대 국회에 이 총재님을 민자
당 전국구로 모시고자 하기에 말씀을 전합니다."

그때 나는 잠시 생각한 뒤 "감사하다는 말을 전해 달라"고 즉석
에서 수락했다.

사실 13대 총선에서 떨어지고 난 뒤 나는 금권 선거와 지역감정
선거에 진저리가 나 있던 상태였다. 이런 왜곡된 선거 풍토가 사라
지지 않는 한 지역구 출마를 하지 않겠다는 생각을 굳히고 있었다.
3당합당의 불가피성도 어느 정도 이해하고 있던 터라 노 대통령의
제의를 쉽게 받아들일 수 있었다.

정주영 회장의 입당 제의 거절
"기업가가 정치하면 둘 다 망합니다"

그런데 이 무렵 정주영鄭周永 현대그룹 회장으로부터 나에게 새로운 정당을 함께하자는 제의가 있었다. 1991년 12월과 1992년 1월 두 차례에 걸쳐 정 회장이 요청하여 나는 그와 자리를 함께한 일이 있다. 처음 만날 때는 강원도 출신 신민선辛敏善 전 의원을, 그리고 두 번째 만날 때는 전 노동부 차관이며 통일국민당 사무총장을 맡고 있던 이용준李龍俊 씨를 대동했다. 두 번 모두 만난 장소는 롯데호텔 일식당 '벤케이'였다.

정 회장은 새로운 당을 만들어 새로운 정치를 펼쳐보겠다며 자기와 함께 손잡고 당을 이끌어가자고 나에게 제의했다. 이때 그는 통일국민당을 만들어 스스로 대통령 선거에 나설 뜻을 비쳤다.

그러나 나는 이를 거절하였으며 그에게 분명히 이야기했다.

"기업하는 분이 정치를 하게 되면 두 가지 다 망하는 법입니다. 정치적 야심을 버리고 기업에만 전념하시지요. 그것이 정 회장을 위하는 길입니다."

그 후 그는 더 이상 나에게 연락을 하지 않았다.

곧이어 1992년 3월 24일 14대 총선이 있었다. 그러나 민자당은 과반수 확보에 실패했다.

총선에서 패배하자 민자당은 그 책임론과 함께 대통령 후보 선출 문제로 혼란에 빠졌다. 총선 3일 뒤인 3월 27일 노태우 대통령과 김영삼 대표는 회동을 갖고 5월 전당대회를 통해 대통령 후보를 선출하기로 합의했다. 이젠 민자당의 대통령 후보는 한 치 앞도 내다볼 수 없는 안개 속에 빠져 버렸다. 이종찬 씨와 박태준朴泰俊 씨도 대통령 후보에 대한 미련을 갖고 있었고, 노 대통령은 확실한 결정을 내리지 못한 채 우왕좌왕하던 상태였다.

이러한 때인 4월 8일, 노 대통령은 극비리에 나를 청와대로 불렀다.

제 3 장
후계 인선으로 고민하는
노 대통령에게 내민 YS 카드

총선 패배 후 고조된 반YS 정서

노태우 대통령이 나를 급히 부른 것은 대통령 후보 문제로 고민하던 끝에 나의 의견을 듣기 위해서였다. 당시 3·24 총선에서 패배한 민자당 내부는 실타래처럼 얽혀 있었다. 민정계는 총선에서 과반수 의석 확보에 실패한 책임을 김영삼 대표가 져야 한다는 입장이었다. 때문에 이번 기회에 김 대표를 제거하려는 움직임까지 일고 있었다.

아무튼 이런 상황을 눈치챈 김 대표는 며칠 뒤인 28일 오전 대통령 후보 당내 경선에 출마할 것을 전격 선언, 국면 전환을 모색했다. 그러나 노 대통령은 이에 대로했다.

"당신 마음대로 출마를 선언했으니 마음대로 해보시오. 나는 절대 경선에 개입하지 않겠소."

바로 그날 오찬을 겸해 가진 노 대통령과 김 대표 간의 회동에서 노 대통령이 이렇게 불쾌해했다는 것이다. 노 대통령의 심기를 간파한 박태준 씨와 이종찬 의원도 김 대표와 경선을 벌이기로 마음먹고 있었다. 더구나 박태준 최고위원은 개인 사무실을 열어 반YS계를 결집시키는 작전에 돌입했다. 뿐만 아니었다. 여권의 핵심부 일각에서도 김 대표를 제거하기 위한 움직임이 있었다.

이러한 상황에서 노 대통령은 박준규, 유학성兪學聖, 노재봉盧在鳳 씨 등 여권 중진들과 각각 협의했으나 자신의 의중은 전혀 밝히지 않아 이른바 '노심'이 제3의 인물을 원한다는 얘기도 나돌았다. 김영삼 대표는 극히 불리한 입장이었다.

이러한 가운데 1992년 4월 8일 노 대통령이 나를 급히 찾아 청와대 집무실에서 만났던 것이다.

노 대통령,
"새로운 사람 내세워야 DJ 이길 것 같소"

그날 노 대통령은 의자에 앉자마자 김영삼 대표에 대한 불편한 심기부터 드러냈다.

"혹시 오늘 〈중앙일보〉에 난 유승삼劉承三 논설위원의 글을 읽어 보았습니까?"

"아직 보지 못했습니다만 … ."

그러자 노 대통령은 일부러 일어나 책상 위의 신문을 내게 집어주며 말을 이었다.

"한번 읽어 보시지요."

그 칼럼의 제목은 '김영삼 대표의 숙제'였다. 주요 내용은 김 대표가 야당 투사식의 정치가 아니라 국가관리 능력을 보여주어야 한다는 것이었다. 또한 '경제'를 '겡제'로 제대로 발음하지 못하는 걸 더 이상 애교로 봐줄 수도 없지 않느냐는 내용도 있었다.

"여기 있듯이 김 대표로는 도저히 안 될 것 같소. 새로운 사람을 내세워야 김대중 씨를 이길 수 있을 것이오"라고 노 대통령이 말했다.

그러나 나는 당시 김영삼 대표가 후보가 되는 것이 순리라고 생각했다. 그리고 당시 김대중 씨를 상대하기 위해선 김영삼 대표 이외에 대안은 없다고 생각했다. 영남 표를 한데 묶을 수 있는 데다 비영남권에서도 김영삼 대표의 인기가 다른 민자당 예비후보에 비해 높다고 판단했기 때문이다. 그래서 나는 입을 열었다.

"그래도 김영삼 대표를 택할 수밖에 없지 않습니까? '경제'를 '겡제'로 발음하는 것은 거제도 사투리인 것 같습니다."

그러자 노 대통령은 "내가 듣기로는 김대중 씨도 새로운 사람이 나오는 걸 가장 두려워하고 있다고 합니다"라고 말했다.

이때 노 대통령의 마음은 이미 김영삼 대표로부터 많이 멀어져 있었다. 그래서 나는 계속 내 생각을 이야기했다.

"그렇지 않을 것입니다. 만일 새로운 사람이 나온다고 해도 부산 출신 국회의원이나 부산 사람들이 그 사람을 훌륭한 후보라며 흔쾌히 지지할 것 같습니까? 그렇지 않습니다. 당장 부산·경남 표가 달아나고, 대구·경북 표도 절반은 도망가게 됩니다. 그렇게 되면 500만 표가 달아나고 결코 이기기 힘들 것입니다."

노 대통령은 또한 김영삼 대표가 자기에게 일언반구 상의도 없이 대권 출마를 선언한 것을 몹시 불쾌해했다.

"김 대표 그 사람, 나한테 한마디 말도 없이 출마 선언을 했어요. 그래서 내가 화가 나 당신 마음대로 하라고 소리를 질렀지요."

노 대통령은 의외로 흥분한 상태였다. 나는 침착하게 그를 계속 설득했다.

"그건 꼭 그렇게만 볼 문제는 아닙니다. 대통령도 기자회견을 해보셨지만, 기자들이 '이종찬 의원이 출마한다는데 김 대표는 어떻게 할 것이냐?'고 묻는데 '잠깐 기다리시오, 대통령하고 전화한 뒤 조금 있다가 대답해 주겠소'라고 말할 수는 없는 것 아닙니까? 아마 내가 그런 질문을 받았더라도 같은 대답을 했을 겁니다."

그래도 노 대통령은 그동안 무척 섭섭했던지 계속해서 불만을 털어놓았다.

"또 김 대표는 기자들에게 경선 결과에 승복하지 않겠다는 말을 했다는데, 그런 사람에게 어떻게 나라를 맡길 수 있겠소?"

"그건 김 대표의 성격이 솔직해서 그렇습니다. 김 대표는 실제로 경선에서 지면 탈당할 것으로 마음먹고 있기에, 차마 그대로 얘기할 수 없어 '진다는 것은 생각도 해본 적이 없다'고 말했을 겁니다. 오히려 솔직하다는 의미로 받아들이는 게 좋겠습니다."

노 대통령,
"박태준 씨, 후보로 생각한 일 없습니다"

그래도 노 대통령은 얼굴을 풀지 않고 계속 불만을 표시했다.

"또 총선에 패배한 책임은 모두 행정부에 있다며 나한테 뒤집어 씌우는 문제도 결코 그냥 넘어갈 수는 없습니다."

"그것도 그렇습니다. 총선 결과가 나쁘게 나오니까 민정계가 모두 덤벼들어 자신에게 책임을 씌우려고 하기 때문에 다급해서 그런 것이지, 결코 대통령에게 책임을 전가하려고 그런 건 아닐 것입니다."

내가 계속 두둔하자, 그제서야 노 대통령은 화가 풀리는 듯 다소 부드러운 목소리가 나왔다.

"아무튼 섭섭한 일이 한두 가지가 아닙니다."

"그러나 김 대표는 비록 고집은 세도 약속은 지키는 사람입니다."

"아무리 말로만 그렇게 하면 무슨 소용이 있습니까? 약속을 지킨다는 공약을 해야지. 이만섭 총재께서 김 대표를 만나면 잘 충고해 주시지요."

나는 혹시 노 대통령이 박태준 최고위원을 마음에 두고 있지는 않은지 궁금했다.

"혹시 대통령께서 화가 나서 김 대표에게 소리 지를 때 옆에 박태준 최고위원도 있었습니까? 또 대통령께서는 박 최고위원을 어떻게 생각하십니까?"

"그 자리에는 없었고, 나중에 얘기를 해 주었지요. 박 최고위원은 내가 민정계를 잘 관리하라고 맡긴 사람이지 후보로 생각한 일은 없습니다. 정주영 후보도 경제인인데 우리 당도 같은 경제인 출신인 박태준 씨를 내보내기는 곤란하지 않겠습니까?"

노 대통령의 불만에
"YS 이외에 다른 대안은 없습니다"

그래서 난 마지막으로 말했다.

"3당합당을 한 이상 아무리 생각해도 김 대표 이외에 다른 대안은 없습니다."

무려 2시간가량의 이야기를 마친 나는 노 대통령의 마음이 분명히 바뀌어가고 있음을 느낄 수 있었다. 회담을 마치고 문 앞까지 나오던 나는 다시 되돌아가 막 책상에 앉으려는 노 대통령에게 다가가 다시 한 번 확인했다.

"김영삼 대표로 결정한 걸로 알고 돌아가겠습니다."

노 대통령은 말없이 고개만 끄덕였다. 문을 나온 나는 문 앞에서 궁금해하며 기다리던 이병기李丙琪 의전수석에게 말했다.

"오늘 정말 내가 잘 온 것 같아. 이제 대통령께서 YS 쪽으로 결정을 내리실 거요."

이처럼 나와의 만남 이후 '노심'은 김영삼 대표위원 쪽으로 기울어졌으며 이 사실은 바로 그날 저녁 노 대통령과 김종필 최고위원의 만찬회동에서도 드러났던 모양이다. 그래서 그날 노 대통령과 만찬이 끝난 후 바로 하얏트호텔에서 김영삼 대표를 비밀리에 만난 김종필 최고위원은 김영삼 대표에게 "내가 적극적으로 도와주겠소"

라고 말했으며, 나는 그다음 날 이 사실을 김영삼 대표를 통해 전해 들었다.

이병기 수석은 평소 손주환 정무수석과 함께 김영삼 대표를 지지하고 있었다. 불과 하루 전만 해도 김영삼 대표의 자질에 대해 의심을 품고 있었던 노 대통령은 결국 나를 만난 뒤 마음을 되돌린 셈이 되었다.

제 4 장
YS에게 노심 전달,
여권후보로서의 입지를 다지다

"노 대통령에게 퇴임 후 문제 보장하시오" 귀띔

아무튼 나는 그날 밤 노 대통령과의 대화 내용을 알려주려고 카폰으로 김영삼 대표에게 연락을 취했다.

"중요한 얘기가 있으니 지금 만났으면 좋겠습니다."

그러나 김영삼 대표는 그날 몹시 바빴다.

"사실은 지금 급한 약속이 있어 오늘은 어려우니 내일 만나는 게 어떻겠습니까?"

이날 김 대표의 급한 약속이란 바로 김종필 최고위원과 하얏트 호텔에서의 만남이었다.

그래서 나는 "좋습니다. 정 그러면 내일 아침에 만나지요. 그러나 노 대통령과 주례 회동을 하기 전에 나와 꼭 만나야 합니다"라고 말했다.

"알았습니다."

다음날인 9일 오전 11시 결국 우리는 63빌딩에서 만났다. 김영삼 대표와 노 대통령의 회동은 그날 저녁으로 잡혀 있었다. 나는 바로 전날의 회동 결과부터 얘기했다.

"노 대통령의 마음이 이제 거의 70~80%는 김 대표에게 기울어졌소. 아마 오늘 노 대통령을 만나서 잘하면 최종 결론이 나올 것 같습니다."

내 말에 김영삼 대표의 얼굴에는 희색이 돌았다. 이날 나와 김 대표의 만남은 〈연합뉴스〉의 조복래趙福來 기자가 취재하고 있었다. 나는 김 대표가 그날 오후 노 대통령을 만났을 때 일을 그르치지 말라는 의미에서 상세하게 여러 가지 조언을 해 주었다.

"오늘 완전한 결론을 내리려면 노 대통령이 여러 가지로 섭섭해하고 있는 것을 풀어주고, 또 노 대통령을 안심시키는 게 무엇보다 중요합니다. 그러니 되도록 노 대통령의 퇴임 후 문제에 대해 분명한 약속을 해 주시지요. 아무튼 안심시켜 주면 좋은 결과가 나올 것 같습니다."

노심은 다시 YS로 기울어

결국 내 얘기를 먼저 듣고 그날 오후 4시 청와대로 들어간 김 대표는 노 대통령과 단독 회동을 갖고 최종 결론을 내렸으나, 발표는 얼버무리기로 했다. 청와대 측에서는 주례 회동 결과를 다음과 같이 간략하게 발표했다.

"김 대표가 경선 결과에 승복하기로 했다."

바로 이 얘기는 김영삼 대표가 확실한 믿음을 갖고 경선에 임한다는 의미였다. 나는 청와대의 발표를 듣고는 결과가 만족스러웠음을 곧바로 알아차렸다.

그날 밤 청와대에서 나온 뒤 김영삼 대표는 롯데호텔에서 박태준 최고위원을 만나 청와대 분위기를 전한 다음 박 최고위원의 협조를 요청했다.

"노 대통령은 박 최고위원의 경선 출마를 원치 않으니 나를 지지해 주시오."

"그럴 리가 없소. 나는 경선에 나설 것이요."

노심이 돌아선 것을 모르고 있던 박 최고위원은 김 대표가 거짓말을 한다고 판단했을 것이다. 어쨌든 그 심야 회담은 결렬됐고, 그 후 김 대표가 다시 광양제철소로 박 최고위원을 직접 찾아가기도 했으나 별 성과 없이 발길을 돌리기도 했다.

어쨌든 이런 우여곡절 끝에 김영삼 정부가 출범하자 결국 박태준 씨는 외유에 나서지 않을 수 없었다. 10일 이후의 일은 일사천리로 진행됐고, 완전한 김영삼 체제가 확립돼갔다.

바로 '김영삼 추대위'가 구성되는 한편, 여권 핵심부도 김영삼 대표 지지로 정리되어 갔다. 노 대통령은 당시 이상연李相淵 안기부장을 박태준 최고위원에게 보내 경선 출마 포기를 설득했고, 박 최고위원도 마침내 출마를 포기했다. 이후 김영삼 대표와 이종찬 의원 간의 제한 경선 시비도 있었으나, 이러한 과정을 거쳐 결국 김 대표가 여권 후보로 최종 확정되었던 것이다.

제 5 장
노 대통령 탈당 후
YS 지원 유세

노 대통령 탈당에도
꺾이지 않은 YS의 필승의지

이처럼 노심이 김영삼 대표 쪽으로 기울어진 뒤 우여곡절 끝에 1992년 5월 19일 전당대회가 열려 66%의 득표율로 김 대표가 대통령 후보로 확정되었다. 그리곤 그날부터 정국은 바야흐로 대선 정국으로 돌입했다. 역시 김대중 씨가 민주당의 대통령 후보로 나섰고, 현대그룹 회장인 정주영 씨도 통일국민당을 만들어 대권에 도전했다.

9월 18일 노태우 대통령이 선거의 공정성을 위해 민자당을 탈당함으로써 대권 경쟁은 더욱 뜨거워졌다. 김영삼 후보가 노 대통령이 그의 사돈 회사인 선경(현 SK)에 이동통신 사업을 맡긴 것을 반대하고, 또한 김 후보 스스로 중립내각의 구성을 주장하면서 남북협상차 이북에 가 있는 정원식鄭元植 총리의 경질을 주장한 데 대해 노 대통령이 격노하여 탈당을 결심한 것이다. 사실 그 당시 노 대통령의 속마음은 자신이 속한 민자당의 김영삼 후보보다 상대 당인 김대중 후보에게 마음이 오히려 기울어져 있었던 듯했다.

노 대통령이 김영삼 대표를 불러 탈당을 통고한 그날은 여의도 63빌딩에서 민자당 소속 국회의원 및 중앙위원 천주교 신도들의 모임이 있었다. 대통령 선거를 앞두고 필승 결의를 다지는 만찬 모임이었다.

이날 오후 김 대표는 청와대에서 노 대통령으로부터 탈당 통고를 받고 곧장 그 모임에 달려왔다. 회의장에 들어선 김 대표는 바로 내 옆에 앉았다. 그의 얼굴은 몹시 상기되어 있었다. 뭔가 큰일이 있는 것 같았다. 그는 앉자마자 내게 급하게 말을 건넸다.

"노 대통령이 조금 전에 민자당을 탈당하기로 했어요."

나는 노 대통령의 갑작스러운 탈당 소식을 접하고 선거에 미칠 영향을 염려하였다.

"그래요, 그거 참 걱정이네요."

그러나 이러한 나의 걱정에 김 대표는 오히려 특유의 결연한 표정으로 말했다.

"걱정할 것 없어요. 차라리 잘되었어요."

그의 어투에는 비장한 각오가 배어 있었다. 노 대통령의 탈당이 김 후보 특유의 오기를 더 강하게 만든 듯했다. 그때 나는 김 후보가 어떤 어려움이 닥치더라도 기어이 해내겠구나 하는 느낌을 강하게 받았다.

그리고 김 대표는 이날 만찬 모임에서 노 대통령의 탈당 사실을 밝히고 "노 대통령에게 평당원으로 당에 남아 줄 것을 간곡히 권유

282

했지만 그것마저 뿌리쳤다"면서 "우리는 어떠한 일이 있어도 이번 대선에 기어이 승리해야 한다"고 소리를 질렀다.

이리하여 노 대통령의 민자당 탈당 이후 곧바로 현승종玄勝鍾 중립내각이 출범했다.

정주영 바람 잠재우려 YS 유세에 합류

나는 대선 과정에서 당인黨人으로서의 역할을 다했다. 처음에 나는 지원 유세에 나서지는 않았다. 그러나 정주영 바람이 세차게 전국을 강타하던 어느 날, 민자당의 김영구金榮龜 선거대책본부장과 최병렬崔秉烈 선거기획위원장이 나를 찾아 당사에서 만났다.

"의외로 정주영 바람이 셉니다. 이 고문께서 김영삼 후보와 함께 대도시 유세에 나서 주셨으면 합니다."

"좋은 이야기입니다. 그러나 김 후보 자신이 나를 원하는지 어떤지부터 알아야 할 게 아니오."

다음날 바로 연락이 왔다. 김영삼 후보가 "그렇게 해 준다면 고맙기 이를 데가 없다"고 했다는 것이었다. 그때부터 나는 대통령 후보 유세반에 합류, 원주를 시작으로 춘천·인천·대전·울산·부산·대구까지 대도시 지원 유세에 나섰다.

사실 유세 초반엔 정주영 바람이 대단했다. 경제를 가장 많이 안다는 '경제 대통령'을 내세운 데다, '아파트를 반값에 공급한다'는 공약이 당시 집이 없던 서민층에 깊숙이 파고들었던 것이다. 나는 유세가 없을 때는 틈틈이 대구에 내려가 흐름을 지켜보았는데, 그

쪽에서도 정주영 바람이 만만치 않게 불고 있음을 느낄 수 있었다.

그러나 우리가 인천 유세를 할 때쯤부터 서서히 정주영 바람은 수그러들기 시작했다. 마침 현대 계열사 여자 경리직원이 현대그룹의 회사 돈이 선거자금으로 유출된 것을 교회 목사에게 양심선언하면서부터 판세가 기울어지기 시작했던 것이다.

제 6 장
YS의 승리와
30년 만의 문민정부 수립

갈팡질팡하는 대구·경북에서
YS 지지 호소

인천 다음은 대전이었다. 나는 대전 유세에서 그 사실을 피부로 느낄 수 있었다. 대전역 광장에서 열린 그날 유세는 겨울비가 많이 내렸음에도 열기가 식지 않았다. 나는 속으로 '정주영 바람이 이제는 수그러들고 있구나'라고 생각했다.

12월 10일의 부산 유세 때는 더욱 확연히 느꼈다. 부산은 역시 김영삼 후보의 아성이었다. 그곳에서 느낀 김 후보 지지 열기는 대단했고, 정주영 바람은 의외로 약했다.

문제는 박정희·전두환·노태우 등 3명의 대통령을 배출했던 대구·경북이었다. 대구·경북은 당시 처음으로 대통령 후보를 내놓지 않았다. 때문에 의외로 정주영 씨에게 관심이 많았던 것 같다.

12월 12일 우리 당의 대구 유세는 그러한 점을 감안, 반드시 성공시켜야 할 대결전장이었다. 대구 수성천변에는 무려 100만 명의 군중이 운집해 있었다. 그리고 그들 중에는 아직도 마음속으로 찍어야 할 후보를 정하지 못한 이도 많았다. 그러나 내가 막상 연단에 올라가 열변을 토하니 분위기는 바뀌기 시작했다.

"어차피 여러분이 정주영 씨를 찍는다면 그 표는 사표死票가 되고 맙니다. 그러니 표를 버리지 마시고 김영삼 씨를 밀어 주십시오."

내 연설이 끝나자 우렁찬 박수와 함께 '김영삼! 김영삼!' 하는 연호가 길게 이어졌다. 나는 우왕좌왕하던 부동층이 김영삼 후보 쪽으로 기울어지고 있음을 느낄 수 있었다. 청중들의 뜨거운 열기를 본 나는 그날 밤 어머니가 계시는 대구 집으로 돌아와 승리를 확신했다.

'분명히 이긴다. 이번 선거에서는 김영삼 후보가 적어도 100만 표 이상으로 이긴다. 왜냐하면 대구·경북 표가 한 곳으로 몰리기 때문이다.'

'초원복집 사건'은 오히려 영남 표 결집시켜

그러나 막판에 터진 부산 '초원복집 사건'으로 잠시 어려움을 겪기도 했다. 이를 엄청난 악재로 생각하고 크게 놀란 김영삼 후보는 선거 바로 전날 예정에도 없던 경기도 의왕시 유세에 나서기도 했다.

그날 유세는 마지막일 뿐 아니라 워낙 중요한 일전이라 나는 목이 터져라 외쳤고, 내 뒤를 이어 김영삼 후보가 열변을 토했다. 김 후보는 부산 '초원복집 사건'은 모 기관의 정치공작이라고 몰아붙였다. 연설이 끝난 뒤 김 후보는 의왕시에서 헬리콥터를 타고 서울까지 와 눈이 펑펑 쏟아지는 명동거리에서 지나가는 사람들에게 전단을 나눠 주기도 했다.

그러나 그날 유세를 마친 뒤 돌아와 부산 '초원복집'의 대화 내용을 신문을 통해 자세히 읽어 본 나는 달리 해석했다.

'대화 내용을 보니 오히려 영남에서는 표가 올라간다. 기타 지역에서 표가 깎인다고 해도 영남 표가 똘똘 뭉치게 되니, 최악의 경우를 계산해 봐도 약간 손해는 볼지언정 큰 손해는 결코 없다. 대세에 영향을 줄 정도는 아니며, 따라서 승리하는 데는 별 문제될 것이 없다'는 결론을 내렸던 것이다.

결국 12월 18일 선거 결과는 내 예상대로 김영삼 씨의 압승이었다. 영남권에서 80%에 이르는 지지를 받은 김영삼 후보가 997만여 표를 얻어 당선되었으며, 김대중 후보는 호남에서 몰표를 받았지만 804만여 표를 얻는 데 그쳤다.

개표 때 나는 당사에서 당원들과 함께 TV로 개표 진행 상황을 보다가 처음 시작하는 것만 보곤 혼자 일찍 집으로 돌아왔다. 개표 상황을 보니 내가 예상한 대로였던 것이다.

'최소 100만 표 이상 이긴다.'

나는 확신을 하곤 자리를 일어섰던 것이다. 그러자 선거본부 직원들이 말했다.

"좀 계시다가 당선이 확정되면 김영삼 당선자가 오실 텐데 만나 보고 가시지요."

그러나 나는 "선거에 승리하면 됐지 일부러 기다려 만날 것까지는 없어요" 하면서 그대로 집으로 돌아갔던 것이다. 나는 김대중 씨가 진 이유는 호남의 선거인 수가 영남에 비해 적은 탓도 있지만, 선거 전략에 문제가 있었다고 생각한다.

그는 처음에 자신의 이미지를 개선하기 위해 '부드러운 남자' '중도우파'를 부르짖었지만, 나중에 진보 쪽의 표가 달아난다는 얘기가 나오자 마지막엔 '전대협과 정책 제휴'를 하겠다고 돌아서는 등 중도와 진보 사이를 왔다갔다 하다 결국 양쪽 표를 다 놓친 것이 결정적 패인이었다는 지적이 많았다.

당시 나는 선거 후반으로 접어들면서 결국 기호 순서대로 결정이 날 것으로 확신했다. 당시 기호 1번은 김영삼, 2번은 김대중, 3번은 정주영이었다. 일본의 어느 정치인은 정권을 잡기 위한 요건으로 '둔鈍·전錢·근根'을 갖춰야 한다는 얘기를 한 적이 있다. 즉, 머리가 둔해야 하며, 돈을 만들 줄 알아야 하고, 밀어붙이는 근성과 집념이 있어야 한다는 얘기다. 나는 그 당시 두 김씨를 볼 때마다 이 이야기를 생각하곤 했다.

아무튼 김영삼 후보는 내가 예상한 대로 결국 대통령에 당선됐다. 1993년 2월 25일은 역사적인 날이었다. 우리나라에서 내가 창안한 '문민정부'라는 단어를 처음 쓰는 정부가 탄생한 것이다. 그날 김영삼 대통령은 국회에서 취임 선서를 함으로써 30년 만에 문민정부를 출범시킨 것이다.

'문민'이라는 이름이 걸맞게 김영삼 정부의 출범은 단순한 정권 교체를 뛰어넘는 한 시대의 전환이었다.

제 7 편

14대 국회의장으로
정정당당한 국회 확립

제 1 장
14대 국회의장 취임 약속
"날치기 없애겠다"

공직자 재산공개 파동 후
국회의장에 지명돼

김영삼 대통령은 취임과 함께 '신한국 창조'의 기치를 내걸었다. 그러나 그 신한국을 창조하는 길목에는 많은 진통이 뒤따랐다.

3월 5일 '내 임기 중 정치자금을 일절 받지 않겠으며 재산을 공개하겠다'는 대통령의 개혁 의지가 밝혀지면서 정치권에서 대지진이 일어난 것이다. 3월 30일 민자당 당직자의 재산이 공개되자 박준규 당시 국회의장, 김재순 전 국회의장, 유학성·김문기金文起·임춘원林春元 의원 등이 의원직을 사퇴하게 됐다.

이렇게 나라가 뒤숭숭할 때 나는 4월 1일 박준규 의장 후임으로 새 국회의장에 내정됐다. 이때까지만 해도 국회의장은 여당 총재인 대통령이 미리 내정하는 것이 관례였다. 이날 의장 내정 소식은 청와대 주례 회동을 마친 김종필 당 대표가 청와대를 나오면서 카폰으로 전해 줘서 처음 알게 됐다.

"대통령께서 의장으로 수고해 달라고 하셨소. 나는 지금 당에 가서 발표할 예정입니다."

그러나 나는 기쁨보다 고민이 앞섰다. 재산공개와 사정으로 동료 의원들이 무더기로 정계를 떠나고 있는데, 나만이 반사이득을 보는 것 같아 못내 착잡했던 것이다. 그러나 어찌됐든 곧 기자들이 몰려올 걸 생각하면 한시라도 빨리 마음을 정리하는 게 좋을 것 같았다.

정치생활 30년의 6선 의원으로서 '새로운 시대정신에 부응하는 새로운 국회상 정립을 위해 내 모든 것을 바쳐야겠다'고 결심했다. 그리고 이를 위해 그간 보아온 헌정사의 부끄러운 모습은 절대로 다시 국민들에게 보이지 않기로 했다.

'단 하루를 하더라도 부끄럽지 않은 의장으로 새로운 국회의 모습을 국민에게 보여주자.'

이렇게 다짐하고 있을 때 기자들이 들이닥쳤다. 나는 조심스럽게 기자들의 질문을 받았다.

"국회의장에 취임하시는 소감은 어떠신지요?"

한 기자가 운을 뗐다. 나는 솔직한 내 심정을 말했다.

"동료 의원들이 정치적으로 고통을 당하는 시점이라 마치 바늘방석에 앉은 것 같습니다. 책임이 무겁습니다."

이어 또 다른 기자가 물었다.

"국회 운영의 복안은 무엇인지요?"

"실추된 국회의 권위를 다시 살리고 국민의 기대에 부응하는 새로운 국회상을 정립하는 데 밑거름이 될 생각입니다. 앞으로 국회가 여야가 대화와 협상을 통해 참다운 민의를 펼칠 수 있는 전당이 되도록 하겠습니다."

나는 신한국, 즉 새로운 시대를 맞아 결심했던 내용을 밝혔다.

이때 한 기자가 날카로운 질문을 했다.

"오랜 정치 생활을 하시면서 우리 국회가 꼭 고쳐야 할 점이 있다면 무엇이라고 생각하시는지요?"

"여당도 해보고 야당도 해보았으니 양쪽 입장을 다 잘 압니다. 솔직히 말해 꼭 없애야겠다고 생각해온 것은 바로 국회의 날치기입니다."

바로 내 입에서 '날치기를 없애겠다'는 말이 나온 것이다. 이는 나로서는 뼈에 사무쳤기에 나온 말이었다. 31세에 제6대 국회에 들어와 그때까지 국회의원 생활을 하면서 '날치기'는 바로 우리 국회와 정치의 어두운 표상이었다. 아니, 더 앞서 기자 시절부터 나는 도덕성 없는 정부가 국민을 무시하며 날치기를 하는 것을 숱하게 보아왔다. 그러니 '날치기'는 나로서는 40여 년간 봐온 반드시 고쳐야 할 고질병이었던 것이다. '날치기 없는 국회, 대화를 통한 정치'는 비단 나뿐만 아니라 우리 정치의 비원이기도 했다.

그리고 4월 27에 속개된 국회 본회의에서 나는 재석 의원 217표를 얻어 무난히 의장에 당선됐다. 언론인 출신으로는 최초로 입법부의 수장이 된 것이다.

그러나 '날치기를 없애겠다'는 내 결의 때문인지, 향후 14개월간의 국회의장 생활은 가시밭길이었다.

취임 기자회견서
'날치기 없애겠다'고 국민에게 약속

나는 취임사를 통해 내 생각을 솔직히 밝혔다.

문민시대가 창출해야 하는 개혁의 당위성은 시대적 소명으로 다가
와 있으나, 그 변화와 개혁을 주도해야 할 우리 국회의 위상이 그
어느 때보다 작은 모습으로 비쳐지고 있음은 심히 가슴 아픈 일이
아닐 수 없습니다. 우리 모두는 심기일전해 진정 우리 국회가 국민
여망과 시대적 요구에 부응할 수 있는 '민의의 전당'이 되고, 나아
가 국민으로부터 사랑받는 '개혁의 산실'로 만듭시다. … 이를 위해
서는 힘의 논리나 소수의 무조건 반대 논리를 지양해야 하며 항상
대화와 타협을 통해 변칙 없는 국회를 운영함으로써 새로운 '민주
국회 상'을 확립해야 합니다.

여기서 지적한 '변칙 없는 국회'란 바로 날치기가 없는 국회를 의
미한다. 또한 '대화와 타협'은 바로 내 정치 신조이기도 했다.
나는 취임하자마자 이 다짐을 실천했다. 우선 권위주의적인 국회
상을 탈피하고 국민과 가까워지는 국회가 될 수 있도록 국회 내에
'입법민원실'을 설치했다. 여기서 국민들의 각종 법률 제정·개정
및 폐지에 관한 의견을 수렴토록 했다. 뿐만 아니라 국회 내에 공
부하는 분위기를 만들고자 의원들의 국회도서관 이용 시간도 연장
했음은 물론, 일반인에게도 확대 개방했다.
나 개인적으로도 다소 호화스럽게 지어진 한남동 새 공관으로 입
주하는 것을 사양했다. 나부터 솔선수범하기로 작정한 것이다. 솔직

294

히 당시 구 공관은 낡은 데다 도로가 가까워 소음이 심했으나 개혁한다면서 국회의 수장이 큰 저택에서 산다는 건 나로선 도저히 용납할 수 없는 일이었다.

그러나 내 후임 국회의장부터는 신축 공관에 입주했으며, 그 후 구 공관은 의정연수원으로 개조돼 없어졌기 때문에 나도 16대 국회의장 시절에는 한남동 공관을 사용할 수밖에 없었다.

집만이 아니었다. 내게 배당된 두 대의 차 중 외제 벤츠를 사양, 반납하고 국산차인 포텐샤를 타고 다니기로 했다. 경호도 외국의 국가원수가 왔다거나 하는 국가적 행사 이외에는 경호차의 수행도 금지시켰다. 내 의장 시절 이후부터 국회의장실의 외제차는 영원히 사라졌다.

솔선수범. 그것이 '국민에게 다가가는 새로운 국회'를 만드는 첫 걸음이라고 생각했다.

국회의장으로서
무너진 국회 위상 재정립

국회는 청와대나 여당 눈치 보지 말아야

나는 국회의장에 취임하면서 "날치기를 없애겠다"는 말과 함께 처음부터 "청와대의 눈치를 보는 일도 하지 않겠다"고 대내외적으로 천명했다. 그것은 국가권력으로부터 자유로워지고 진정한 입법부로 자리 잡기 위해선 필수불가결한 일이었다.

과거의 국회는 청와대에서 명령만 내리면 일사불란하게 악법도 만들고, 사람도 가두고, 야당 총재까지도 날치기로 제명시킨 바 있다. 그리고 그때 국회의장이란 '국민의 국회의장'이 아닌 '여당의 국회의장'으로서, 정부의 충실한 '통법부通法府의 수장首長'일 뿐이었다.

이렇듯 굴절된 국회의장상을 극복하고 공정하고 중립적인 모습으로 국민 앞에 서기 위해 나는 많은 노력을 했다. 과거처럼 여당만 감싸지 않고 여야 모두에게 균형 있는 태도로 대했다. 이것이 당시 관습을 깨는 것이었으므로 주변에서는 당혹스러워하는 반응이 많았다. 격려보다는 곳곳에서 항의를 하고 압박을 가해왔다.

힘들고 답답했지만 나는 소신을 굽히지 않았다. 공정한 국회운영을 통해 새로운 국회상을 정립하려는 의지는 변하지 않았기 때문이다. 나는 어떠한 어려움이나 도전이 있더라도 나의 의지를 실현할 것이라고 다짐하며 이러한 입장을 기자들에게도 확실히 밝혔다.

국회의장이 여당의 눈치를 살피는 것 그 자체가 개혁 대상이며, 이제 여당도 자기 마음대로 국회를 운영할 수 있다는 생각을 버려야 한다. 아무튼 나는 어떠한 일에도 개의치 않고 아무리 외롭고 고달프더라도 정파에 관계없이 올바른 국회상을 정립하겠다.

의사봉 칠 때 국민에게 떳떳한가 늘 확인

그리하여 나는 국회 본회의 사회를 보면서 의사봉을 칠 때도 항상 되새겼다. 의장은 의사봉을 세 번 치게 되어 있는데 나는 의사봉을 칠 때마다 첫 번째는 여당을 보고, 두 번째는 야당을 보고 쳤으며, 마지막은 국민을 보고 '국민에게 부끄러움이 없는가' 나 스스로 확인한 후 의사봉을 쳤던 것이다.

또한 본회의장에 들어갈 때도 항상 눈을 감고 스스로 마음을 가다듬는 기도를 드린 후 의장석에 자리를 잡았다. 일종의 '국민에 대한 다짐'인 셈이다. 그러나 얼마 뒤 결국 나는 '날치기 파동'을 맞게된다.

제 3 장
YS의 날치기 요청에 맞서다

YS, 예산안 법정기일 내 통과 요청

원칙과 중립으로 국회의장직을 수행하려던 나에게 커다란 벽이 다가
온 것은 11월 25일, 1994년도 예산안의 법정 통과시한인 12월 2일을
겨우 일주일 남겨놓은 시점이었다. 청와대에서 갑자기 연락이 왔다.

"대통령께서 의장님과 점심을 함께 하자고 하시니 외부에는 알리
지 말고 29일 12시까지 들어오시랍니다."

청와대로 들어간 나는 김영삼 대통령과 이런저런 얘기를 하며 식
사를 시작했다. 물론 김 대통령이 무엇을 원하는지 예상하고 있었
다. 즉, 법정 기한 내에 무슨 일이 있더라도 예산안을 통과시키라
는 얘기일 것이다. 또한 그 '무슨 일'에는 '날치기'도 포함돼 있으리
라는 것을 나는 잘 알고 있었다.

식사를 하는 도중에 김 대통령이 역시 본론을 꺼냈다.

"이번 예산안은 법정기일 내에 반드시 통과시켜야 합니다."

그래서 나는 "가능하면 기일을 지키는 것이 좋겠습니다만 지금

298

여야가 대치하고 있으니 무리할 필요는 없다고 생각합니다"라고 대답했다.

그러나 김 대통령은 계속 법정기일 준수를 주장했다.

"그렇지만 헌법에 법정기일이 명시돼 있는 이상 반드시 이를 지켜야 합니다."

"물론 예산 통과의 법정기일이 법에 명시돼 있는 것은 사실이지만, 만일 기일 내에 통과되지 않을 경우 이에 대비하는 구제 조항도 헌법에 함께 명시되어 있습니다. 때문에 실질적으로는 연내에만 통과시키면 아무런 문제가 없으니 법정기일에서 며칠 늦는 것은 상관이 없다고 봅니다. 13대 국회에서는 네 번의 회기 중 시한을 지킨 것은 한 차례밖에 없었습니다. 나머지 세 번은 12월 안에 처리되었습니다. 그러니 그 문제는 그만 저한테 맡겨 주십시오."

나는 13대 국회 일을 손가락까지 꼽아가며 구체적으로 설명했으나 김 대통령은 계속 요지부동이었다. 안 되겠다 싶어서 아픈 곳을 찔렀다.

"대통령께서는 과거 야당 총재 시절 그렇게도 날치기를 반대하셨는데 지금은 왜 강행 통과시키려 하십니까?"

"과거는 군사정부였지만 지금은 문민정부인 만큼 법은 꼭 지켜야지요."

김 대통령은 굳은 표정으로 대답했다. 나도 물러서지 않았다.

"물론입니다. 법정기일 내 통과가 가장 바람직합니다. 그렇지만 무리하게 강행 통과를 하려다 국회가 파행이 되어선 곤란합니다. 차라리 며칠 늦더라도 야당을 설득하여 협상을 통해 원만하게 통과시키는 것이 좋겠습니다."

평행선이었다. 나는 기일을 넘기더라도 되도록 '원만한 통과'를 원하고 있었고, 대통령은 '법정기일 준수'를 강조할 뿐이었다.

예산안 강행 처리 놓고 YS와 의견 엇갈려

그날 대통령은 점심식사 내내 예산안 통과를 두고 나와 의견이 이렇게 엇갈렸다. 식사를 마치고 일어서는 자리에서 대통령은 다시 한 번 강조했다.

"아무래도 법정기일 내에 통과시키는 게 좋겠습니다."

그러나 나는 끝까지 내 소신을 굽히지 않은 채 "지금 계속 여야 협상이 진행되고 있으니, 그때 가서 수시로 국회 상황을 보고드리겠습니다"라는 말만 남기고 청와대를 나왔다.

청와대를 나오는 내 마음은 오히려 홀가분했다. 왜냐하면 그래도 대통령에게 무리하게 통과시키지 않는 게 좋겠다는 나의 소신을 분명히 말해 두었기 때문이다.

제 4 장
대화와 타협으로
힘의 논리를 제압하다

JP, 예산안 강행 처리 결정
여야 대치 국면 돌입

그러나 대통령은 내가 소신을 굽히지 않아 예산안의 법정 통과가 어려울 듯한 느낌이 들었는지, 다음날 국무회의에서도 법정기일 내 통과를 강조했다. 신문 보도에 따르면 국회 통과와 직접적으로 관련이 없는 장관들에게도 이 말을 했다는 것이다.

"예산안은 반드시 법정기일을 지켜야 합니다."

나는 대통령이 이와 같이 지나치게 법정기일 내 통과에 집착하는 것을 보고 몹시 걱정이 되었다. 아무튼 사태는 심각해졌다. 그 후 11월 30일 대통령과 주례 회동을 마치고 나온 김종필 대표는 즉각 국회 상임위원장들을 소집했다. 그리고 그 자리에서 당의 최종 방침을 밝혔다.

"어떤 일이 있어도 예산안은 법정기일 내에 통과시켜야 합니다."

필경 김 대표는 청와대에서 대통령에게 어떠한 일이 있더라도 법정기일 내에 통과시키겠다고 말했을 것이다. 내 생각과는 정면으로 상충되는 것이었다. 김 대표가 당의 방침을 밝히자, 나는 그날 오후 즉시 정시채丁時采 농수산위원장과 김중위金重緯 예결위원장을 각각 의장실로 불러 내 방침을 설명하며 간곡히 부탁했다.

"어떠한 일이 있더라도 날치기만은 하지 마시오. 당도 욕먹게 되지만, 당신들 개인의 정치 생명에도 좋지 않은 영향을 줄 것이오."

그러나 내 말은 소용없었다. 다음날인 12월 1일 소집된 민자당 의원총회에서 김 대표는 '예산안 법정기일 내 강행 처리' 방침을 결정해 상황은 급전직하로 진행돼 버렸다. '이래서는 안 되는데…' 하는 마음으로 사태의 추이를 바라보는 내 마음은 착잡하기만 했다.

결국 다음날인 12월 2일 사건은 터지고 말았다. 이날 오전 농수산위원회에서는 여야 의원들이 몸싸움을 하는 가운데 정부의 추곡수매안이 날치기로 처리됐고, 재무위에서는 노인환盧仁煥 위원장이 세법 개정안을 기습적으로 통과시킨 후 따라오는 야당 의원들을 피해 도망 다니는 사태까지 일어났다. 이로써 국회는 완전히 여야 대치 국면으로 돌입했다.

'대화 없는 법정기일 준수'는 저녁까지 이어졌다. 예결위원회에서는 합리적인 생각을 가진 김중위 예결위원장은 날치기 사회를 하지 않았고 그 대신 김운환金沄桓 간사가 날치기로 예산안을 통과시켜버렸던 것이다.

여야 총무 불러 공개적으로 사회권 이양

이제 모든 것은 본회의 처리만 남겨놓게 됐다. 흥분한 야당 의원들은 본회의 날치기를 막기 위해 의원 및 보좌관 총동원령을 내리고 전면 전 상태에 돌입했다. 그러나 사실 민자당에선 내게 기대하지 않았다. 농수산위원회의 날치기가 끝난 후 김영구 총무가 날 찾아왔다.

"의장님! 당의 확고한 방침입니다. 강행해야 합니다. 그러나 의장님은 원래 날치기를 않겠다고 국민들과 약속하셨으니, 정 사회를 맡지 않으시려면 사회권을 황낙주黃珞周 부의장에게 넘겨주시는 게 좋겠습니다."

그래서 나는 국회의 공백을 막기 위해 사회권을 넘기기로 했다. 그러나 '야당에도 이 사실을 정정당당하게 알리고, 모든 책임은 내가 지자' 이렇게 결심한 나는 바로 여당의 김영구, 야당의 김태식金台植 총무를 불러 사회권을 황낙주 부의장에게 이양한다고 정식으로 통보 했다.

그리고 나는 날치기 통과가 되는 경우에 그 책임을 통감하고 의장직을 물러서기로 결심했다.

날짜가 언제가 될지 몰라 날짜만 공란으로 남긴 채 '국회의장 이만섭'을 쓰고 그 이름 위에 인감도장을 찍었으며 그리고 그 사임서를 보좌관에게 맡겨 두었다.

그리하여 황 부의장이 날치기를 시도했으나 야당의 격렬한 저항으로 날치기 통과는 미수에 그치고 말았다. '날치기 미수'는 헌정 사상 처음 있는 일이었다.

다음날 국민들과 언론은 크게 분노했다. 언론은 간밤 국회에서 벌어진 한심한 모습을 일제히 보도하면서 여야를 꾸짖었고, 국민들은 이를 보면서 비판의 목소리를 높였다.

상황이 이렇게 되자 여당은 할 수 없이 더 이상 날치기 시도는 하지 못한 채 야당과 계속 협상을 벌여나가기로 방침을 정했다. 정말 다행스러운 일이었다. 그러나 협상 방침을 정하기 전에 내 귀에는 여당으로부터 한심한 소리도 들려왔다.

"국회의장이 부의장과 함께 짜고 사회권을 넘기지 않은 것처럼 양동작전을 폈어야 했는데, 의장이 사회권을 이양한다는 사실을 야당에 공개적으로 알려주는 바람이 작전이 실패했다."

기가 찰 노릇이었다. 국사가 무슨 운동 경기나 군 작전도 아닌데 양동작전이니…. 아직도 여당이 그런 구태에서 벗어나지 못하고 있는 것이 한없이 안타까웠다.

국민의 여론에 밀려 그렇게 되기는 했지만 여야가 협상을 하기로 방침을 정했기에 나는 그날부터 양당의 중재에 최선을 다했다. 우선 김종필·이기택李基澤 양당 대표를 각각 방문해 여야의 원만한 타협을 설득했다. 또한 협상이 진행되고 있는 정치특위 회의실에도 찾아가 여야 협상 대표들을 격려하고 유종의 미를 당부했다.

예산안 표결 처리에
YS도 "결과적으로 잘됐다"

그리하여 5일 뒤인 12월 7일 밤늦게 말 많던 예산안을 격돌 없이 표결로 통과시키고, 구시대의 상징이던 안기부법·통신비밀보호법·정당법은 여야 만장일치로 통과시켰다.

나로서는 마치 어둡고 긴 터널을 빠져나온 느낌이었다. 그러나 대타협은 여야가 조금씩 양보하고 존중하면 불가능도 가능으로 만들 수 있다는 교훈을 남겼으며, 이를 계기로 국회는 국민에게 '여야 공동의 승리'를 보였던 것이다. 국회가 이와 같이 원만히 풀리자, 연말 청와대에서 열린 대통령 기자간담회에서 대통령은 이런 말을 하기도 했다.

"결과적으로는 국회가 잘됐어."

내 방법이 옳았다는 얘기 같아서 그 얘기를 전해들은 나는 그제서야 마음이 풀렸다. 타협으로 개혁 입법을 완성한 국회는 화합하는 분위기의 연속으로 다음해인 3월 4일 제166회 임시국회에서는 1년을 넘게 여야 간에 절충해온 통합선거법·정치자금법·지방자치제법 등 국민의 여망이었던 이른바 정치개혁법도 여야 만장일치로 통과시킬 수 있었다.

국회가 거듭나는 순간이었다. 또한 내가 정치인으로 그간 누누이 강조해온 '대화와 타협의 정치'가 결국 민주정치의 근본이라는 걸 증명하는 계기가 되기도 했다.

이후 여당의 강경파들은 내가 청와대와 여당의 말을 듣지 않는다고 모함했지만, 결국 내가 끝까지 인내하면서 야당을 설득하고 대화와 타협을 통해 문민정부가 큰 업적으로 내세우고 있는 '안기부법' 등 정치개혁 입법을 만장일치로 처리할 수 있었던 점을 그들은 간과했던 것이다.

만일 그때 내가 주장했던 대화와 타협의 논리가 아니라 그들 강경파가 주장하는 힘의 논리로 밀어붙였다면 안기부법·통합선거법·지방자치제법 등 역사에 남는 정치개혁 입법들은 결코 원만하게 통과되지 못했을 것이다.

문민정부, 새로운 시대의 새 국회의 모습을 실현한 순간이었다.

제 5 장
예기치 않은 퇴임과
미완의 꿈

갑작스러운 국회의장 교체 통보

그러나 나의 이런 중립을 지향하는 '공정한 의장'은 결국 결실을 맺지 못하고 말았다. 박준규 전 의장의 잔여임기인 1년 2개월을 마치고 나의 전반기 국회의장 임기가 끝나게 된 것이다.

나는 비록 자리에 연연치는 않았지만 인간적인 욕심으로는 청와대의 눈치를 보지 않는 국회의장상을 완벽하게 만들어놓고 싶었던 게 사실이다. 그리하여 가능하면 후반기 의장직을 계속 맡기를 원했고 김 대통령도 나에게 후반기 의장직을 맡아 달라고 약속까지 했던 것이다.

그러던 중 6월 25일 아침, 갑자기 박관용朴寬用 청와대 비서실장으로부터 전화가 왔다.

"지금 공관으로 찾아뵙겠습니다."

마침 신문에 내가 유임이냐 아니냐로 설왕설래할 때였지만, 그래도 나는 유임될 걸로 믿고 있었기에 박 실장이 일부러 유임 인사차 공관까지 찾아오는 것을 미안하게 생각했다. 그리고 마침 그날 대통령도 참석하는 신라호텔의 '6 · 25 참전용사를 위한 리셉션'에 나도 나갈 예정이어서 박 실장에게 신라호텔에서 만나자고 했다.

그래서 결국 그날 밤 '6 · 25 참전용사를 위한 리셉션'이 끝난 후 나와 박관용 실장은 호텔 내 2층 바에서 만났다.

"의장님, 죄송합니다. 이번에 국회의장이 바뀌게 되었습니다."

마주앉자마자 박 실장이 입을 열었다.

"뭐요? 의장이 바뀌다니 … ."

"……"

"대통령께서 날 보고 그대로 하라고 약속까지 하셨는데 갑자기 무슨 소리를 하는 거요?"

나는 의아한 표정으로 박 실장에게 되물었다. 박 실장이 거북한 표정으로 말을 이었다.

"그렇잖아도 각하께서 의장님과 하신 말씀도 있고 해서 직접 전화도 못하시겠다면서 이렇게 저보고 대신 말씀드려달라고 하신 것입니다."

YS, 국회의장 유임 언약을
하루 만에 번복

박 실장이 그렇게 말한 데는 연유가 있었다. 그것은 바로 하루 전인 6월 24일 방한 중이던 추안 리크파이 태국 수상을 위한 청와대 만찬에서의 일을 의미하는 것이었다. 그날 만찬에서 나는 대통령의 바로 옆자리에 앉아 있었는데 그날따라 대통령은 여러 번 나에게 잔을 부딪치기까지 하며 아주 흥겨워했었다. 그리고 만찬이 끝나고 나가면서 내 손을 잡는 대통령에게 터놓고 물어봤다.

"후반기 국회도 제가 계속해서 맡아 하는 걸로 알고 있겠습니다."

그러자 대통령은 선뜻 그 자리에서 "아, 그렇게 하시지요"라고 분명히 말해 주었다.

그날 밤 김 대통령의 분명한 답을 듣고 집으로 돌아온 나는 집사람에게 "의장을 그대로 맡기로 했다"는 말을 하기까지 했으니 내가 박 실장의 말을 듣고 의아하게 생각했던 것은 당연한 일이었다. 아무튼 박관용 실장이 "각하께서 의장님과 하신 말씀도 있고 해서 직접 전화도 못하겠다"라고 한 말은 바로 그 이야기를 가리키는 것이었다.

나는 서운한 감정을 숨기지 못한 채 솔직히 말을 이었다.

"내가 민주계가 아니라서 바꾼단 말이오?"

"아니, 그게 아닐 겁니다."

박 실장은 어쩔 줄을 몰라 했다.

"그래도 저는 의장님을 밀었다는 사실만 알아주십시오."

나는 더 이상 그의 말을 들을 필요가 없었다.

"박 실장의 입장은 이해해요. 잘 알겠소."

그 자리에 더 이상 앉아 있을 이유가 없어 나는 일어서서 나왔다. 김 대통령을 너무 믿었던 때문인지, 아니면 내가 순진해서인지 의외의 일을 당하자 솔직히 속았다는 생각이 들었다. 언론이나 주위에서 "이 의장이 날치기 사회도 거부했고 여당이 사사건건 컨트롤하기가 힘들어 경질될 것이다"라는 말이 나올 때도 나는 이를 개의치 않았었다.

국회의장이 그렇게 청와대와 여당의 '간섭'을 받아야 하는 자리도 아니고, 또 나는 어떠한 음해와 어려움도 무릅쓰고 국회를 이만큼의 위치로 끌어올려 놓지 않았던가. 나는 개혁을 한다는 여당을 위해서나 야당을 위해서나, 그리고 국회와 나라를 위해서 어려운 현안들을 원만하게 풀어온 점을 여당이나 청와대도 속으로는 잘 이해하고 있을 줄로만 생각했다.

박 실장과 헤어진 후 차를 타고 공관으로 돌아오는 길에 나는 차창에 비치는 장충단공원의 우거진 여름 숲을 바라보며 착잡한 심경에 잠기지 않을 수 없었다.

'국회의장이 이렇게 불과 하루 이틀 전에 자신의 거취를 통고받아야 하다니 …'

화려해 보이는 국회의장이라는 자리였지만 실제로는 하루도 밤잠 설치지 않고 자본 적이 드물었던 지난 1년 2개월간의 고뇌의 시간들이 주마등처럼 스쳐 지나갔다.

'평생 정치를 하며 가슴에 한으로 남아 있는, 그리고 이 나라 정치 폐습의 상징인 날치기를 거부했다고 … 이럴 수가!'

생각이 여기까지 미치자 불끈 화가 치솟기도 했다.

'국회의장은 국회의원들이 직접 투표를 해서 선출하는 것이다. 따라서 삼권분립의 정신으로 보아서도 입법부의 수장을 대통령이 지명한다느니 하는 것부터가 잘못된 것이다.'

그래서 비록 여권의 지명은 받지 못했으나 정식으로 기자회견을 통해 출마 의사를 밝힐까 하는 생각도 했었다. 그러나 나는 이내 그 생각을 거두었다. 왜냐하면 만일 지명을 받지 못한 내가 의장에 당선되었을 경우 정국에 일대 파란이 일어날 것이고, 그렇게 되면 당시 7월 25일부터 27일까지로 계획되어 있던 김 대통령과 김일성 주석 간의 정상회담에도 좋지 않은 영향을 미칠까 염려해서였다.

정파 초월한 국민의 의장으로서 보낸
1년 2개월 후회 안 해

아무튼 그 정도로 착잡했던 나는 일요일 내내 공관에서 생각을 정리하고 또 지난 1년 2개월 영욕의 시간들을 반추하다가 몇몇 친한 의원들에게 전화를 걸어 "그동안 여러 가지로 도와주어서 고맙다"는 작별 인사를 하는 것으로 마음을 달랬다. 그러나 이것마저 나중에 "이 의장이 뒤에서 득표 공작을 하는 전화를 했다"는 음해를 받는 결과를 낳게 되었으니 지금 생각해도 그때 우리 정치가 그 정도 수준밖에 되지 않았다는 데 실망을 금할 수 없다.

그때 내가 정작 섭섭했던 것은 여당인 민자당이 새로운 의회상을 정립하겠다는 나의 노력을 이해하지 못했다는 사실이었다.

"집권 후반기에 의장이 대통령의 말을 안 들으면 곤란합니다. 그러니 바꾸시는 게 좋습니다."

민주계 강경파가 대통령에게 이런 식으로 나를 견제했다는 소리를 들었다. 국민에게 한 점 부끄럼 없이 공명정대하게 국회를 운영해왔다고 자부하는 나로선 섭섭하지 않을 수 없는 일이었다. 그러나 그 후 김 대통령도 국회가 여야 극한 대립으로 파국에 직면할 때마다 국회의장을 바꾼 데 대해 후회했다는 말을 측근들로부터 듣기도 했다.

아무튼 나는 1994년 6월 28일 1년 2개월의 짧은 임기를 마치고 국회의장직을 물러났다. 당시 언론과 여론은 원만한 대야 관계, 대국민 이미지, 그리고 대구 수성을 보선을 앞둔 TK 배려 문제 등을 고려해 유임을 점치기도 했으나 결국 계파 우선 원칙에 의해 물러나야만 했다.

많은 사람들은 나의 경질을 아쉬워했지만, 나는 그래도 보람을 느낄 수 있었다. 6월 28일에 있었던 차기 의장 선거에서 나는 여당의 지명을 받지 못했으나 무려 95표라는 많은 지지표를 얻었으며 이는 의정 사상 처음 있는 일이었다. 이 95표는 야당과 무소속은 물론 여당에서도 당론과 관계없이 지지해 준 결과였다. 1년 2개월, 혼자만의 고독한 투쟁을 하고 있다고 생각했는데 보이지 않게 응원해 주는 사람들이 많았던 것이다. 그들이 보여준 신뢰와 인정에 나는 지금도 감사하고 자랑스럽게 생각한다.

의장에서 물러난 다음날 아침 〈조선일보〉(1994. 6. 29)는 나의 1년 2개월을 다음과 같이 평가했다.

14대 후반기 의장 선거에서 여야 정파 초월하여 95표 득표
"여기 우리가 앉아 있는 국회는 어느 정파의 국회가 아니고 대한민국의 국회입니다. 이 나라 의회 민주주의 발전에 벽돌 하나라도 깔

312

았다고 후일 평가해 준다면 더없는 영광으로 알겠습니다. "

이만섭 의장은 1년 2개월간의 의장 역을 마감하는 28일, 국회 본회의에서 자신의 여의도 시대가 민주주의를 향해 벽돌 한 장을 쌓아올린 기간으로 기억되기를 희망했다. 작년 4월 몰아친 재산공개 파동의 회오리 속에서 정치권을 떠난 박준규 당시 국회의장의 뒤를 이은 그는 길지 않았던 재임기간에 비해 상대적으로 많은 화제와 논란의 씨를 뿌렸다.

그리고 그를 향한 호불호好不好의 편갈림이 야호野好, 여불호與不好로 나뉘었다는 게 그의 성향과 국회 운영의 스타일이 어떠했었는지를 시사하고 있다. 야호의 흐름은 그가 의장 자리를 떠나던 날의 후임 국회의장 선출 투표에서도 그대로 이어졌다. 물론 무기명의 투표였지만 모두가 그의 이름을 적어 넣은 95표를 야당 쪽의 것으로 넘겨짚었고, 그것을 증명하기라도 하려는 듯 야당은 지지 발언을 하고 나오기도 했다.

이만섭 스타일은 지난해 그가 14대 국회의장으로 선출되는 날부터 나타나기 시작했다. 취임 첫마디가 절대 날치기를 하지 않겠다는 선언이었다. 국회의장의 한국적 한계를 알고 있는 사람들에겐 조금 지나친 포부로 받아들여질 선언이자 다짐이었다.

그가 국회의장을 떠나면서 손에 쥔 정치적 성적표에서 수를 받은 과목은 바로 이 약속을 지켜냈다는 부분일 것이다. 지난해 12월 2일 예산안 처리 마지막 시한 때가 고비였다. 그는 의장직 사퇴서를 써 놓고 예산안 날치기를 거부했고, 야권과 일부 국민들로부터 소신 있는 의장이라는 박수를 받은 것이다. 14대 국회의장의 짧은 임기를 마치고 의장석을 떠나면서 그는 스스로 후회 없다는 한마디로 의장 생활을 자평했다.

YS와의 조찬과
풀리지 않은 의문들

YS와의 조찬,
그리고 납득할 수 없는 해명

이렇게 의장직에서 물러난 지 열흘 후인 7월 8일 청와대에서 연락이 왔다. 김영삼 대통령이 조찬을 함께 하자는 것이었다.

"이 의장, 너무 서운해하지 마십시오."

자리에 앉자 김 대통령이 먼저 말문을 열었다. 나는 김 대통령의 그 말로써 의장직에서 물러난 나를 위로하기 위해 만든 식사 자리임을 알 수 있었다. 그러나 나는 국회의장직에서 물러난 것도 섭섭했지만, 나에게 '그대로 하라'고 안심시켜 놓고 전격적으로 바꾼 절차상의 문제에 대해서도 여전히 서운한 마음을 지우지 못하고 있던 상태였다.

"제가 지난번에 날치기 사회를 거부했다고 바꾼 것입니까?"

나는 단도직입적으로 대통령에게 물어보았다. 그러자 대통령은 어색한 웃음을 띠며 "아, 그게 아닙니다"라고 했다.

"그렇다면 제가 민주계가 아니어서 바꾼 겁니까?"

"뭐, 그런 것도 아니지요."

대통령은 계속 손을 내저었다.

"아직까지도 민주계니 비민주계니 하는 것을 따져서야 되겠습니까? 지난번 대통령 선거에서 대통령을 밀었다면 모두가 YS계지 거기에 민주계, 비민주계가 어디에 있습니까. 이제는 그런 계보를 따지는 정치는 없어져야 하질 않겠습니까?"

"아, 물론 그래야지요. 이 의장, 이제 그 이야기는 그만합시다."

대통령이 어색한 표정으로 화제를 돌리려고 했으나, 나는 말이 나온 김에 할 말은 해야겠다는 생각이 들었다.

"대통령께서도 오랜 경험으로 잘 아시겠지만 국회 운영만은 무리하게 밀어붙여서 될 일이 아니질 않습니까? 그리고 저는 박준규 의장의 잔여 임기를 맡아 한 것입니다. 동창회나 종친회 회장도 앞사람의 잔여 임기를 맡아 했으면 큰 잘못이 없는 한, 정식으로 임기를 채우도록 하는 것이 일반 사회의 관례입니다."

"아, 이번에는 의장단과 상임위원장단 등 전반기 국회직 모두를 바꾸기로 해서 그렇게 된 것입니다."

대통령이 변명을 했다.

"그것도 이해가 되질 않습니다. 다 그만둔 것이 아니라 황낙주 부의장은 의장으로 올라가지 않았습니까?"

"아이구, 이제 그 얘기는 그만합시다. 이 의장은 또 일하실 기회가 있을 테니…. 어서 식사나 합시다."

대통령이 그렇게 서둘러 말문을 돌렸고 나는 밥도 먹는 둥 마는 등 그렇게 청와대를 나왔다. 내 문제도 내 문제였지만, 그런 기회에 대통령에게 할 말을 해야 한다는 생각에서 그렇게 따졌던 것이다. 집권 초기 높은 지지율만 믿고 모든 일을 무리하게 전격적으로 결정했으며, 또 대화나 협상의 산물이 되어야 할 국회 운영마저 날치기라는 '밀어붙이기'를 지시했던 대통령의 정국 운영에 한마디는 분명히 해 놓아야 한다는 평소의 생각 때문이었다.

김일성의 사망과
민자당의 선거 참패 소식

이날 청와대에서 나온 지 몇 시간 뒤인 12시 뉴스에서 북한의 김일성이 사망했다는 급보를 들었기에 나는 그날을 잊을 수가 없다. 어쨌든 이와 같은 국회의장 경질은 그 후에 치러진 8월 2일의 대구 수성갑, 경주, 영월·평창 등 3개 지역 보궐선거에도 영향을 미쳤다.

특히 대구, 경주의 보선에선 연단에 올라간 야당 후보자들마다 "YS 정권이 날치기를 거부한 이만섭 의장을 바꿈으로써 이제 하나 남은 국회의장직까지 TK에서 빼앗아갔다"라며 김 대통령을 신랄하게 공격했다. 이러한 분위기는 선거 결과 대구 수성갑에서 박철언 전 의원의 부인인 신민당의 현경자玄慶子 후보가 민자당의 정창화鄭昌和 후보에게 큰 표 차이로 압승할 수 있는 배경이 되기도 했다.

그리고 민자당은 경주에서도 민주당에게 패배, 전국 3개 지역 중 겨우 강원도 한 곳에서만 이기는 참패를 겪게 되었다.

세대와 정파를 잇는
다리가 되어

제 1 장
국회의장직 물러나고도
정부·여당에 계속 충고

그리고 민자당이 8·2 보선에서 참패하자 정국은 불안했고 특히 TK 지역은 위기감이 감돌기까지 했다. 당 소속 의원들 사이에서는 보선 패배에 대한 당 지도부 책임론이 제기되는가 하면, 대구·경북지역 의원들을 중심으로 '여당 간판 무용론'과 '신당 가능성'까지 제기되고 있었다.

특히 '민자당은 싫다'는 TK 유권자들의 민심 이반의 조짐은 보선을 계기로 점차 확산되어 10개월 앞으로 다가온 4대 지자제 선거와 1년 반밖에 남지 않은 15대 총선에 암울한 그림자를 드리우고 있었다.

이러한 TK 지역의 반 민자당 정서의 확산도 문제였지만, 총선을 앞둔 정부·여당의 정국 운영 난맥상이 점차 두드러지기 시작한 것도 그즈음이었다. 나는 비록 국회의장직에서는 물러났지만 당의 상임고문으로서, 그리고 한 사람의 국회의원으로서 나라의 앞날을 위해 그때그때 올바른 조언과 충고를 해줌으로써 정부·여당이 바른 길을 가도록 하는 데 최선을 다하기로 마음먹었다.

그래서 8·2 보선 결과에 대해서는 "달라진 민심의 흐름을 정확히 파악하고 이를 겸허히 받아들일 자세가 되어 있어야 하며, 말만 있고 행동이 뒤따르지 않는 행태가 계속된다면 민자당은 앞으로 점점 더 어려워질 것"이라고 경고까지 했다.

제 2 장
백범 김구 선생 암살 진상
국회에서 조사

한편 나는 14대 국회의장 재임 중 국회의 권위 제고와 민주적 운영을 위해 혼신의 힘을 기울였지만 왜곡된 역사를 바로잡고 민족정기를 세우는 일에도 많은 관심과 정성을 쏟았다. 그중 특히 보람 있었던 일은 국회 차원에서 백범白凡 김구 선생 암살 진상 조사가 이루어지게 한 일이다.

1992년 11월 5일, 백범 김구 선생 시해 진상조사 위원장인 이강훈李康勳 외 24명으로부터 '대한민국 임시정부 주석 김구 선생 시해 진상 규명'이라는 제목의 청원서가 국회에 제출되었다. 그러나 웬일인지 국회 차원의 진상조사는 지지부진했었다. 이런 가운데 내가 의장이 되자 이강훈 광복회 회장, 김구 선생의 자제인 김신 전 교통부 장관, 서울대 신용하愼鏞廈 교수 등이 국회의장실을 방문하여 나에게 진상조사가 조속히 이루어질 수 있도록 조치를 취해 줄 것을 부탁했다.

이에 나는 법제사법위원회에 관련 청원심사소위원회를 조속히 구성할 것을 강력하게 지시하여 1993년 5월 14일, 강신옥姜信玉 의원을 위원장으로 하는 청원심사소위가 구성되었다.

이후 청원심사소위는 약 2년 반 동안 조사를 펼쳐 국회 차원에서 왜곡된 역사를 바로잡기 위해 노력했다.

조사 결과 백범 암살 사건은 '안두희安斗熙에 의한 우발적인 단독 범행이 아니라 면밀하게 준비·모의되고 조직적으로 역할 분담된 정권적 차원의 범죄'라는 사실을 밝혀냈다.

법사위 청원심사소위는 진상 조사를 통해 안두희는 단순 암살자에 지나지 않고 그 1차적 배후로서 군부의 장은산張殷山이 암살을 명령하였고, 사건 이후 김창룡金昌龍이 적극적으로 개입해왔으며 채병덕 총참모장, 전봉덕田鳳德 헌병사령관, 원용덕元容德 재판장, 신성모申性模 국방장관 등이 사후 처리를 주도한 것을 밝혀내는 성과를 올린 것이다.

이후에도 나는 왜곡된 한국 현대사를 하루빨리 바로잡아 민족정기를 바로 세우고 후세들에게도 교육의 장으로 삼기 위해 김구 선생 기념관을 완성하는 일에도 많은 정성과 노력을 기울였다. 그리하여 기념관 건립 사업에 정부 차원의 국고 지원이 원활히 이루어질 수 있도록 국회 예산 심의 과정에서 내가 직접 챙기기도 했는데, 김구 선생의 자제이자 기념사업회 회장인 김신 전 장관은 지금도 나를 만날 때마다 이 일에 대해 고맙다고 말한다.

제 3 장
TK 민심 이탈을 막으려
15대 총선 총력 지원

YS정권의 TK계 집중 숙정으로
TK-PK 대립 양상 나타나

나는 민자당의 위기를 느끼고 기회 있을 때마다 당의 진로에 대해 조언과 충고를 아끼지 않았지만 당은 크게 달라지지 않았다.

다음해인 1996년 4월 11일 실시된 15대 국회의원 총선에서도 잘 드러났지만, 당시 내가 특히 안타깝게 생각했던 것은 그때 민자당 이 TK와 PK로 완전히 갈라졌다는 점이다. 특히 총선을 앞두고 TK 의 공기는 아주 나빴다. 김영삼 대통령은 재임 시 물론 잘한 것도 많지만, TK와 PK를 갈라서게 만든 것은 크게 잘못한 것이라고 생 각한다. 이전까지는 늘 하나로 불렸던 영남이 대구·경북과 부산· 경남으로 갈라지게 된 것은 문민정부가 들어선 이후의 일이다.

집권 초기 박준규 국회의장은 재산공개 파동으로 의장직과 의원 직에서 물러났으며 그리고 군 하나회 숙정 때도 공교롭게도 그 대 상이 대부분 대구·경북 출신들이었다. 군의 정치적 중립을 위해

'하나회'를 척결한 것은 이해가 간다고 하나 선배들의 권유로 '하나회' 회원이 되었다는 이유 하나만으로 무조건 숙정되는 등 많은 유능한 고급 장교들이 억울하게 당했던 것도 사실이었다. 그 당시 군의 전투력에 공백 상태가 왔다는 이야기까지 나돌기도 했다.

대구 출신 이종구李鍾九 국방장관이 율곡사업 비리로 구속되었고 대구사대부고 출신의 한주석韓周奭 공군, 김종호金鍾浩 해군 두 참모총장 역시 인사비리로 구속되었다. 당시 대구에서는 그들이 억울하게 당했다는 여론이 지배적이었다.

개혁과 비리 척결이라는 당위론적 명분은 있었지만 한꺼번에 대구·경북 인사들만 집중적으로 제거된 사건은 대구·경북 사람들은 결정적으로 소외감을 느끼는 계기가 되었던 것이다. 그리고 이와는 상대적으로 부산·경남 출신 인사들이 중용됨으로써 대구·경북은 정부·여당에 등을 돌렸다. 과거 박정희 대통령 때만 해도 경남·경북의 구분이 전혀 없었다.

박 대통령은 경북 출신이었으나 주요 측근은 오히려 부산·경남 인사가 더 많았던 것이다. 이후락 비서실장은 울산, 박종규朴鐘圭 경호실장은 마산 출신이었으며 김현옥金玄玉 내무부 장관, 조시형 농림부 장관, 양찬우楊燦宇 공화당 사무총장과 박영수朴英秀 통일주체국민회의 사무총장 등 많은 주요 인사들이 부산·경남 출신이었다.

그리고 박 대통령과 특히 가까웠던 대구사범 동기동창생으로 평소 대통령에게 많은 조언을 하던 서정귀徐廷貴 씨(당시 재계 실력자), 그리고 서울 MBC 사장과 부산 MBC 사장을 역임한 조증출曺增出

324

씨, 그리고 〈부산일보〉 사장을 역임한 황용주黃龍珠 씨 등도 모두 부산·경남 출신이었던 것이다. 〈부산일보〉의 황용주 사장은 그 후 필화사건으로 물러났으며 같은 대구사범 동기동창인 왕학수王學洙 씨가 그 뒤를 이었던 것이다.

신한국당으로 새출발한 여당을
TK 유세에서 지원사격

아무튼 이러한 가운데 15대 총선의 해인 1996년이 밝았다. 여당으로서는 모든 것이 걸린 총선이었다. 앞서 6·27 지방선거 때 뼈아픈 패배를 겪은 여당으로서는 특히 대구·경북이 문제였다. 어차피 호남과 충청은 지역 대결 구도로 선전을 기대하기 어려웠다. 대구·경북과 수도권의 표심이 선거 승패를 좌우하는 결정적 변수였다.

민자당은 신한국당으로 이름까지 바꾸면서 선거에 임했지만 국민들의 반응은 냉담했다. 여의도 정치권에서는 신한국당이 과반수는커녕 100석도 얻지 못할 것이라는 비관적인 전망까지 나왔다.

이러한 가운데 선거를 얼마 앞두고 김 대통령으로부터 나를 찾는 전화가 걸려왔다.

"지금 대구·경북의 공기가 좋지 않습니다. 이 의장은 전국구를 하시고 선거 때는 대구·경북을 책임지고 맡아 주시기 바랍니다."

나는 김 대통령의 전화를 받고 한편으로 고마웠지만 또 한편으로 걱정이 태산 같았다. 대구에 자주 내려가 그곳의 민심을 너무나 잘 알고 있었기 때문이다. 대구의 민심은 이미 여당인 신한국당을 떠나 있었다. 무소속이나 자민련 후보를 찍으면 찍었지 여당 후보는 어림도 없다는 게 대구의 대체적인 분위기였다.

당시 대구의 13개 지역구, 그리고 경북의 19개 가운데 4~5석만 건지면 성공이라고들 했다. 그만큼 대구·경북의 상황은 악화되어 있었던 것이다. 그러나 나는 최선을 다하기로 마음먹었다. 신한국당이 잘못한 것도 많고 김영삼 대통령에 대한 반감도 심했지만 집권 여당이 임기 마지막까지 책임을 지고 국정을 이끌어가려면 안정적인 의석을 확보하는 게 바람직하다고 생각했다.

새해가 밝자 각 당의 개편대회를 시작으로 바로 선거전이 불붙기 시작했다. 나는 내가 지역구에 출마한 이상으로 최선을 다해 각 지역을 돌며 선거를 도왔다. 지금 생각해도 그때만큼 정성을 다해 선거를 지원한 적이 없었던 거 같다.

나는 강원·충청·대전 등 전국으로부터 선거 지원을 요청받았으며 시간 나는 대로 달려가 지원 유세도 했지만 선거 중반전부터는 전적으로 대구·경북에 매달려 총력 지원을 했다. 각 지구당 개편대회를 시작으로 선거전에 돌입해서는 각 지역의 정당 연설회 등 대구 13군데는 물론 경북 19개 선거구를 평균 두세 번씩 돌아가며 지원 유세를 강행했다.

나는 가는 곳마다 대구·경북의 자존심을 강조했다.

"그동안 이 나라를 이만큼 키워온 것이 우리 TK가 아닙니까. 서로 우리 TK를 이용하려 들지만 우리 TK 정신은 불의와 타협하지 않는 정신, 정의를 위해서는 목숨이라도 바치는 정신입니다."

그리고 "4·19의 도화선이 되었던 2·28을 통해 이 나라의 민주

발전을 주도했고, 새마을운동의 봉화를 높이 들고 경제 발전을 이룩한 주체가 바로 우리 대구·경북인 만큼, 그동안 정부에 섭섭했던 것은 모두 용광로 속에서 용해시켜 버리고 나라의 발전과 대구·경북의 미래를 위해 전진합시다" 하고 역설했다.

4월 11일 총선 결과 신한국당은 예상보다 많은 139석을 획득했다. 총 299석 중 과반수에는 미치지 못했지만 우려하던 서울 47개 선거구 중 27곳에서 승리하는 등 선전을 하여 79석과 50석에 그친 새정치국민회의와 자민련에 비해 우위를 보였다. 그리고 내가 최선을 다해 지원했던 영남지역도 기대 이상의 성과를 올렸다.

대구에서는 결국 2석(서구을: 강재섭姜在涉, 달성군: 김석원金錫元) 밖에 건지지 못했지만, 경북에서는 19개 선거구 중 11개 지역에서 승리하여 경북 전역에 걸쳐 있는 힘을 다한 나로서는 큰 보람을 느낄 수 있었다.

제 4 장
7용이 난립하는 대권 경쟁에서
경선관리 대표를 맡다

평생 사랑과 배려를 실천하시고
하늘로 가신 어머니

15대 총선이 끝나자 정국은 바로 다음해로 다가온 대통령 선거로 치달았다. 신한국당에서도 7마리 용이 꿈틀거리기 시작했다.

그러나 나는 그즈음 어머님이 돌아가셔서 가슴이 찢어질 듯 큰 충격을 받았다. 3월 10일, 몇 달째 병석에 계시던 어머님께서 대구 영남대 부속병원에서 끝내 운명하시고 말았던 것이다.

나는 어머니가 병원에 계시는 동안 매일 아침 서울에서 첫 비행기로 대구 영남대병원에 가서 아침 내내 어머님과 함께 있다가 서울로 올라오곤 했다.

그때마다 어머님은 "국회에 시간이 늦으면 안 되니 빨리 올라가라"고 말씀하셨다. 병원에 있던 사람들은 매일같이 어머님을 병문안하러 오는 걸 보고 나를 효자라고 했으나 나는 한평생 어머니께 걱정만 끼쳐드린 불효자식이었다. 정치하는 아들 때문에 평생 가슴

어머니 박순금 여사와 아들, 손자와 함께 단란한 한때

졸이며 살아오신 어머니. 국회의원 선거 때마다 맨 먼저 유세장에 나가 청중들에게 깔고 앉을 헌 신문지를 나눠 주시던 어머니. 나는 어머니의 죽음 앞에서 삶의 무상을 느꼈다.

어머니께서는 돌아가시기 직전 나에게 마지막으로 "지나친 욕심을 부리지 마라", "남을 나처럼 사랑하라", 그리고 "남의 일을 도울 때는 내 일처럼 하라"는 말씀을 남기셨다.

무엇이 되려고 아등바등 사는 것보다는 항상 고고하게 살라는 평소의 가르침을 다시 상기시키고 가신 것이다. 나도 대통령이 되어 이 나라를 바로 세우고 통일의 기초를 닦아 보겠다는 꿈이 있었다. 그러나 대구에서 어머니를 묻고 서울로 올라오면서 생각은 가닥을 잡아갔고, 세상이 나를 필요로 해서 부르면 몰라도 직접 나서서 후배들과 다툼을 벌이는 일은 하지 말아야겠다는 쪽으로 마음을 정리하였다.

심각한 당내 분열양상에
YS에게 "나라도 나가겠다"

그때 7마리 용은 서로가 물고 뜯는 진흙탕 싸움을 하고 있었다. 당시 7용은 김덕룡金德龍, 박찬종朴燦鍾, 이수성李壽成, 이인제李仁濟, 이한동李漢東, 이회창李會昌, 최병렬崔秉烈 등이었다.

그리고 무엇보다 대권 후보 당사자인 이회창 씨가 경선을 눈앞에 두고 대표 자리에 있다는 것은 공정하지 못하다는 시비가 끊이지 않았다. 다른 대권 후보들은 이회창 대표 본인이 대표 취임 전에 '경선에 나설 사람이 대표가 되면 불공정 경선'이라고 말하지 않았느냐며 이 대표에게 대표직 사퇴의 결단을 내릴 것을 요구했다.

따라서 당은 이 대표가 취임한 1997년 3월 13일부터 6월까지 연일 이 대표 진영과 반反 이 대표 진영으로 나뉘어 집안싸움에 여념이 없었다.

이회창 대표는 '대표 프리미엄'을 문제 삼아 끈질기게 사퇴를 주장하는 당내 경쟁자들의 요구를 끝까지 거부했다. 당은 대선을 눈앞에 두고 적전분열敵前分裂 양상까지 보였다.

그래서 당시 나를 좋아하고 따르던 의원들 중에는 그럴수록 내가 출마해 나라를 바로 세우기 위하여 정치력을 발휘해야 한다고 권하는 사람들도 많았다. 야당의 김대중, 김종필 씨 같은 후보들과 맞설 경륜이 있고, 또 그동안 불편부당不偏不黨하고 계파 없는 정치를 해왔으므로, 나 같은 사람이 나서면 당내 모든 세력을 두루 결집시킬 수 있다는 것이 그들의 설득 논리였다.

그래서 나도 김영삼 대통령을 만나기로 결심했다. 나는 김 대통령을 만나 "아무래도 지금 상태로는 정권 재창출이 어려울 것 같아 뚜렷한 사람이 없으면 나라도 나가겠다"고 말했다. 그러나 김 대통령은 내가 자기에게 무조건 순종하지 않는 사람이라는 것을 잘 알고 있어 바로 거부반응을 보였다. "후배들이 하는데 이 의장까지 하실 필요가 있겠느냐"는 것이었다.

"다른 사람 시키시죠"
사양 끝에 경선관리 대표 맡아

이 무렵 경선일을 20일 앞둔 7월 1일 오후, 김 대통령으로부터 대표를 맡아 달라는 전화가 의원회관으로 걸려왔다.

"이 의장이 대표를 맡아 경선을 이끌어 주셨으면 좋겠습니다."

나는 대통령의 갑작스런 전화를 받고 전혀 마음이 내키지 않았다. 그리고 그때까지 대통령이 보여준 행보 역시 마음에 들지 않던 것이다. 대통령이 중심을 잡지 못하고 이회창 대표 지명 때부터 갈팡질팡하더니 결국 몇 달 동안 당내 불화만 불러왔던 게 아닌가.

"다른 사람을 시키시죠."

나는 마음이 전혀 내키지 않아 계속 사양을 하면서 다른 사람을 추천하기까지 했다.

"민주계의 원로이신 김명윤金命潤 의원을 시키시는 게 좋지 않습니까?"

내가 민주계 운운하자 김 대통령은 기분이 좋지 않아 한동안 말

한마디 없이 숨 쉬는 소리조차 전화기에서 들리지 않았다. 나도 숨을 죽이고 아무 말 없이 전화기에 귀만 대고 있었다.

한참 뒤 대통령이 다시 말을 이었다.

"모든 후보들이 이 의장이 대표를 맡아야만 공정하게 경선을 치를 수 있다고 하니 그러지 말고 내일 국회 대표 연설부터 준비해 주시죠."

그다음 날은 국회 본회의에서 각 당의 대표 연설이 있는 날이었다. 나는 대통령의 간곡한 부탁에 마지못해 이를 수락하고 말았다. 이미 당은 당대로, 후보들은 후보대로 골이 깊어진 상태에서 혼탁하고 골치 아픈 경선관리를 해야 한다고 생각하니 끝까지 거절하고 싶었던 게 내 솔직한 심정이었다.

그러나 한편으로는 또 여당 사상 최초의 대선 후보 경선을 성공시키기 위해 모두가 노심초사하는데 내가 더 이상 이를 뿌리치는 것도 당인의 자세가 아닌 것 같아 결국 대표를 맡기로 했던 것이다. 그리고 나는 이왕 맡았으면 철저히 해야겠다고 마음먹었다.

7명이 후보 경선,
이회창·이인제 결선 투표

후보 경선은 7월 21일로 확정됐고, 경선 레이스에는 김덕룡, 박찬종, 이수성, 이인제, 이한동, 이회창, 최병렬 의원 등 7명이 최종 출전했다.

합동 연설회의 마지막 일정인 서울 연설회에서 불공정 경선을 이유로 박찬종 후보는 전격 사퇴하고 말았다. 7월 21일 잠실 체조경기장에서 신한국당 대통령 후보 선출대회가 열렸다. 6명 후보들의 정견 발표 후 바로 실시된 1차 투표 결과 4,955표를 얻은 이회창 후보가 1,774표에 그친 이인제 후보를 따돌리고 1위를 차지했다. 이어 이한동 후보 1,766표, 김덕룡 후보 1,673표, 이수성 후보 1,645표, 최병렬 후보 236표 등의 순이었다.

어느 후보도 과반수를 넘지 못해 1위인 이회창 후보와 2위인 이인제 후보 간의 결선 투표가 실시됐고 마침내 이회창 후보가 60%인 6,922표를 획득, 4,622표를 얻은 이인제 후보를 제치고 여당의 대통령 후보로 선출되었다.

그리고 나는 그날 바로 이회창 후보에게 대표 자리를 넘겨주었다.

그 당시 나는 대표로서 일주일에 한 번씩 청와대로 올라가 대통령과 주례회동을 했었다. 나는 갈 때마다 후계 구도에 대한 김 대통령의 분명한 의중을 알고 싶어 여러 차례 솔직한 대화를 시도했다.

"저한테 터놓고 이야기를 하셔야지요. 저는 알고 있어야 할 것 아닙니까?"

YS 막판엔 정신력 허탈 상태 보여

그러나 그때마다 김 대통령은 과거의 당당하고 고집스러운 모습은 전혀 찾아볼 수 없고 모든 것이 귀찮은 듯 아무런 대답이 없었다.

내 느낌으로는 그때 김 대통령은 정신적으로 허탈 상태에 빠져 있는 것 같았다. 자신은 취임 초부터 한 푼의 돈도 받지 않겠다고

해왔었는데 한보사태를 계기로 측근들의 온갖 비리가 드러나 문민
정부의 자부심이 땅에 떨어진 데다, 아들마저 비리 혐의로 구속되
어 전 국민의 지탄을 받고 있던 때였다. 그래서 나는 당시 김 대통
령이 막바지 경선 과정이나 대권 구도에서도 누구를 밀고 말고 할
정신적 여력도 없이, 누가 되든지 그저 모든 게 귀찮은 심경 같았
다고 기억하고 있다.

　나는 어떻든 선거를 관리하는 대표를 맡아 최선을 다해 경선을
성공적으로 마무리 지었으며, 그 후 사람들로부터 "이만섭 의장이
었으니까 7명이나 되는 대선 주자들을 이끌고 경선을 제대로 치렀
지, 다른 사람 같았으면 경선 자체가 파국으로 흘렀을지도 모른다"
는 말을 들었을 때는 그래도 조그마한 위안을 느끼기도 했다.

제 5 장
대선 앞두고
진퇴양난에 빠진 여당

이회창 후보 선출 직후 터진
두 아들 병역 의혹

우여곡절 끝에 신한국당의 대통령 후보로 이회창 씨가 선출되었으나 그것은 갈등의 종식이 아니라 새로운 혼란의 시작이었다. 이회창 후보가 선출되자마자 기다렸다는 듯이 이 후보 두 아들의 병역 의혹 문제가 다시 터져나왔다.

야당은 신한국당의 후보 선출 바로 다음날부터 포문을 열었다. "조간신문에 난 이회창 후보의 가족사진을 보라. 저렇게 건장한 두 아들이 몸무게 45kg으로 군 면제라니 누가 믿겠는가. 신장 179cm에 몸무게 45kg은 의학적으로 도저히 있을 수 없다"라는 야당의 공격이 쏟아졌다.

이렇게 되자 이회창 후보의 지지율도 급격히 떨어졌다. 한 사람도 아니고 아들 둘 모두가 체중미달로 병역면제된 것이 국민의 공분을 샀다. 특히 그때 이회창 후보 측에서 국민에게 깨끗이 사죄하기보다 법률적으로 하자가 없다느니 하며 변명만 늘어놓은 것에 대해 국민들은 더욱 격분했다.

DJ·이인제 약진, 이회창 부진에
후보 교체론 대두돼

이렇게 이 후보의 지지율은 급전직하로 심각하게 떨어지고 있는 반면 야당 김대중 후보와 김종필 후보 간의 DJP 연합은 착착 진행되어 나갔고, 이에 따라 여론조사 지지율에서는 김대중 후보가 부동의 1위 자리를 고수했다.

또한 이회창 후보의 지지율이 떨어지는데 반해 연초부터 TV 토론에서 인기를 얻어 신한국당 경선에서 의외의 2위를 차지한 이인제 지사의 지지율은 상승하기 시작했다. 이회창 후보 아들들의 병역 의혹에 따른 국민들의 실망감 때문에 이인제 지사 쪽으로 지지자가 몰리는 것으로 분석되었고, 이인제 지사 측에서 독자 출마를 준비하고 있는 것으로 보도되기 시작했다.

이처럼 이회창 후보의 지지율이 10%대에서 움직이지 않고 날이 갈수록 여론이 악화되자 여당인 신한국당은 일종의 '패닉 현상'에 빠졌다. 다시 심각한 내분이 재연되었고 본격적으로 '후보 교체론'이 대두되었다. 이 후보가 3월 대표직을 맡아 불공정 시비에 휘말린 때부터 시작된 이회창 대 반 이회창 진영 간의 반목이 또 다시 불붙었던 것이다.

나는 그때 여당이 겪은 사상 초유의 혼돈 상태에 기가 막히지 않을 수 없었다. 박정희 대통령을 따라 대통령 선거를 치른 1963년 이래 여당의 그런 모습은 처음이었다. 나는 당의 원로로서 "모두가 모두를 품에 안고 힘을 모아 나아가야 한다"고 호소하며 어떻게든 파국의 길을 막아 보려고 애썼으나 쉬운 일은 아니었다.

이인제, "병역 의혹 안 된다"
대선 출마

대선 출마 선언한 이인제의 지지율 상승

이러한 때에 이인제 씨가 경기지사를 사퇴하고 추석을 앞둔 9월 13일 대통령 출마를 공식 선언했다.

"경선 불복에의 책임은 통감하지만 이대로 가다가는 21세기의 소명인 3김 청산이 무망하다"며 3김 청산과 세대교체, 그리고 역동적인 리더십을 주창하고 나섰던 것이다.

이인제 지사가 출마를 선언해 후보군에 가세하고 MBC 주최 TV 토론회가 끝난 9월 27일 후보들의 지지율은 김대중 후보가 31.9%로 여전히 선두를 지키는 가운데 이인제 후보가 23.3%로 2위, 그리고 이회창 후보 17.1%, 조순 후보 9.1%, 김종필 후보 4%의 순으로 나타났다.

그 무렵 신한국당은 전당대회를 통해 이회창 후보를 총재로, 김영삼 대통령을 명예총재로 추대했으며 신임 대표에 이한동 의원을 선출했다. 총재가 된 이회창 후보는 더 이상의 당내 분란은 용납하지 않겠다며 "후보 교체론자는 당을 떠나라"고 통첩하는 가운데 여당의 내분은 마침내 원치 않던 극단적인 모습으로 다가왔다.

이 총재, YS에게 탈당요구
YS 인형 화형식

10월 22일 이회창 총재가 전격적으로 김영삼 명예총재의 탈당을 요구하고 나섰던 것이다. 그것은 이 후보 측이 당시 국민들에게 인기가 없는 김 대통령을 내치는 것이 오히려 대선에 도움이 된다는 자체 판단을 했기 때문이다. 또한 여당에서 폭로한 김대중 후보의 대선 비자금 의혹 수사를 검찰이 서둘러 종결한 것 등으로 봐서 더 이상 김 대통령을 믿을 수 없다는 판단도 내린 것 같다.

이때 김 대통령은 즉각 탈당 거부를 천명했고, 민주계 의원들은 "누가 만든 당인데 누가 누구에게 나가라고 하느냐"며 일전불사를 다짐하는 등 당의 내분은 극한까지 치달았다. 그리고 급기야 11월 6일 포항에서 열린 대선 필승 경북지역 결의대회 도중 'YS'라고 적힌 인형을 당원들이 몽둥이로 패고 화형식까지 하는 일이 일어나는 가운데 김 대통령은 그다음 날 스스로 신한국당을 탈당해 버렸다.

나는 그때 벌어지는 정치 상황들이 믿어지지가 않았다.

나라의 근간을 지켜야 할 집권 여당의 이전투구가 1년 이상을 끌어오다 마침내 여당이 파국을 맞은 것이었다. 나라의 안정을 위해서는 여당이 무게중심을 잡아야 하는데 포용력이 부족한 이회창 체제로는 불가능해 보였다.

한평생 정치를 하며 온갖 풍상을 직접 몸으로 겪어왔던 나였지만, 그때처럼 허탈과 배신감을 느낀 적은 일찍이 없었다. 대통령이 대통령이 아니었고, 여당이 여당이 아니었으며, 그러한 가운데 누구 하나 풍전등화와 같은 나라의 앞날을 걱정하고 책임지는 사람은 없어 보였다. 하루하루 불안의 늪 속으로 나라가 끌려들어 가는 듯했다.

제 7 장
부끄러운 정치 현실에
의원 임기 남겨놓고 신한국당 탈당

그리고 내가 이회창 후보로부터 결정적으로 마음이 떠난 것은 상식적으로는 이해할 수 없는 그의 정치 행보 때문이었다. 이 후보는 자신을 감사원장, 국무총리, 그리고 여당의 대표로 기용해 대통령 후보 자리에까지 이르게 한 사람에게 하지 말아야 할 말을 했다. 김 대통령에 대해 아무런 격식도, 예의도 차리지 않은 채 당을 떠나라고 요구하는 것은 도의상 도저히 있을 수 없는 일로 나로서는 결코 받아들일 수 없었다.

당의 꼴이 더없이 한심하고 정치를 한다는 게 부끄러워 견딜 수가 없었다. 그 무렵 나는 정말 많은 시간 고뇌의 밤을 지새웠다. 한국 정치에 대해 그때처럼 실망해 본 적이 없었고 국민들 보기가 부끄러워 낯을 들고 다닐 수가 없었다.

쿠데타와 군정으로 지난 세월을 보낸 이 나라가 문민정부가 들어서도 정치는 늘 그 모양이었고 야당은 야당대로 대안이 될 수 없었다. 정치가 지긋지긋해지고 여당에 소속되어 있다는 게 싫어졌다.

그리고 총재와 명예총재가 화형식까지 하면서 서로 싸우는 정당에 몸을 담고 있다는 것을 나의 자존심이 허락하지 않았다. 또한 당의 명예총재인 김영삼 대통령이 후계자 문제를 깨끗이 정리하지 못하고 우왕좌왕한 것에 대해서도 지극히 실망스러웠다.

그래서 밤을 새워 번민을 거듭하던 끝에 나는 결심을 하지 않을 수 없었다. 40년 가까이 정치를 해오고 7선 의원으로 국회의장까지 지냈던 사람으로서 나 혼자서라도 스스로 이런 부끄러운 정치 현실에 대해 책임을 져야겠다는 생각이 들었다.

그래서 나는 결국 10월 28일에 임기가 3년이나 남은 국회의원직 사퇴서를 국회에 제출하고 바로 이어 의원회관 239호 내 방에서 기자회견을 통해 신한국당 탈당을 선언했다.

그리고 그날 기자들에게 나는 사퇴와 탈당의 변을 다음과 같이 밝혔다.

신한국당이 유례없는 파국에 직면하고 있는 데 대해 당의 원로로서 국민에게 죄송하고 스스로 책임을 통감합니다. 따라서 나는 오늘의 정치 혼란에 책임을 지고 국민에게 용서를 비는 마음으로 당 상임 고문직과 국회의원직을 사퇴하는 바입니다.

지금 여당 안에서 빚어지고 있는 불행한 사태는 나라의 장래를 위해 지극히 우려되는 일로서 안타까운 마음 금할 길 없습니다. 당의 명예총재와 총재가 노골적인 반목과 대립을 보이고 있는 오늘의 사태는 정당 사상 일찍이 없는 부끄러운 일이 아닐 수 없습니다. 이 틈바구니에서 국민들은 나라의 갈 길을 몰라 방황하고 있고 의원들과 지구당 위원장들은 청와대 쪽과 총재 쪽으로 비정한 줄 서기를 강요당하는 등 인간적인 고통을 겪고 있습니다.

　평생 정치를 해온 나는 이 나라의 미래에 대한 우려를 몸으로 느끼며 국민 앞에 사죄하며 용서를 구하는 바입니다. 정치가 더 이상 국민의 짐이 되어서는 안 되며 우리 정치는 이제 새로워져야 합니다. 이 나라 구성원 모두가 진심으로 이 나라의 미래를 생각해 주길 바라고 또 정치인들은 대권보다는 나라를 생각하는 자세를 가져주길 마음속 깊이 기원하는 바입니다.

　이리하여 나는 3년이나 남은 의원직을 스스로 버리고 말았다. 국회의원이 대통령 후보 선거에 나가기 위해 의원직을 버리는 등의 특별한 경우를 제외하고 자의로 3년이나 남은 의원직을 사퇴한 예는 헌정 사상 내가 처음이었다.

　주위에서는 "3년이나 남은 국회의원직을 왜 포기하려고 하느냐"며 나를 말렸다. 그러나 이런 정치 현실에서 국회의원 3년은 내게 아무런 의미가 없었다.

　35년 동안 정치를 해오면서 나는 국회의원에게 주어지는 갖가지 특혜나 유·무형의 이익에 대해서는 관심이 없었다. 나는 정치인으로서 명예를 소중히 여겼고, 국민에 대한 책임감을 무겁게 여겼다. 그래서 나는 국민들에게 사죄해야겠다는 마음으로 정들었던 의원회관을 미련 없이 떠날 수 있었던 것이다.

제 8 장
여야 협공에 급부상하던
국민신당 이인제 후보 고전苦戰

세대교체의 밑거름이 되고자
국민신당 입당

내가 신한국당을 탈당하자 이틀 후인 1997년 10월 31일에는 서석 재徐錫宰·한이헌韓利憲 의원이, 그리고 11월 2일엔 박범진朴範珍·이용삼李龍三·김학원金學元·원유철元裕哲 의원이 잇달아 탈당하였다. 내가 신한국당을 탈당하자 이인제 후보 측에서 적극적으로 나에게 다가왔다. 신당의 총재로서 당의 앞날을 지도해 달라는 간곡한 요청이었다.

내가 의원직을 그만두고 신한국당을 탈당할 때는 정말 모든 것을 그만두고 싶은 심경이었다. 그리고 처음 이인제 전 지사가 대권 출마의 의욕을 보일 때만 해도 아직은 이르다는 생각을 하고 있었다. 그런 나에게 신한국당에서 탈당한 의원들이 나를 찾아와 3김 시대를 청산하고 새로운 정치를 펼쳐나가는 데 나 같은 원로가 뒤에서 뒷받침을 해 주어야 가능하다고 연일 매달리다시피 했다.

평생 정치를 하면서 산전수전을 겪은 나로서는, 신당을 창당하고 소수의 의원들과 젊은 후보를 도와 대통령 선거를 치른다는 게 얼마나 힘든 일인지는 충분히 예견할 수 있었다. 가시밭길이 불을 보듯 뻔하고 또 그동안 내가 쌓아온 많은 것들을 한꺼번에 거는 모험임이 분명했다. 그리고 주위의 반대도 거셌다. 그래서 나는 미국으로 피해갔다. 그러나 이인제 후보는 미국까지 장문의 편지와 함께 사람을 보내기까지 했다. 신당 측에서 나를 영입하려고 백방으로 뛰고 있다는 보도가 나가자 많은 사람들이 "왜 이 의장이 조카뻘 되는 사람을 위해 그런 고생을 자청하려 하는가" 하고 만류하기도 했다. 특히 내 연고지인 대구·경북 쪽에서는 반대가 심했다. 그러나 신당 측의 간청은 집요하게 계속됐다.

나는 밤을 새워 고민에 고민을 거듭했다. 그리고 결단을 내렸다. 하늘이 도와 내가 직접 큰 뜻을 펼칠 수 있다면 내가 나서겠지만, 그러지 못할 바에야 당락을 떠나 후배들의 간청을 받아들여 이 나라의 세대교체를 위해 스스로 밑거름이 되는 것도 일리가 있다고 생각했다.

아무튼 11월 3일, 나는 국민신당에 입당했다. 그 당시 나와 뜻을 같이했던 사람은 앞서 신한국당을 탈당한 의원 외에도 장을병張乙炳(전 정신문화연구원 원장, 성균관대 초대 직선제 총장)·홍재형洪在馨(전 국회부의장)·유성환·송광호宋光浩 전 의원, 그리고 김윤덕金胤德 전 정무장관, 황소웅黃昭雄 대변인(전 국회의장 비서실장) 등이었으며 원외 위원장에도 조원진趙源震 의원 등 깨끗하고 유능한 인재가 많았으며 중앙당 사무처에도 조해진曺海珍 의원 등 양심적이고 정의감

있는 젊은이들이 많았다. 그 당시 신당 기자실에서 열린 입당 환영
식에서 나는 비장한 심경으로 입당 성명서를 읽어 내려갔다.

저는 이 땅에 새로운 정치와 세대교체를 이룩하기 위해 뜻을 같이
하는 의원들과 함께 이 자리에 섰습니다. 평생 정치를 하며 이 나
라 정치의 비원悲願을 새기고 있는 저는, 지금 이 나라의 미래와 후
손들의 내일을 생각하고 있습니다. 이제 우리 정치는 진정 새로워
져야 합니다. 저는 모든 것을 걸고 살신성인殺身成仁하는 마음으로
이 땅에 기필코 새로운 정치를 이룩하고자 한 알의 밀알이 되기로
마음먹었습니다.
    21세기를 앞둔 오늘, 이 나라 정치가 또다시 구시대의 음습한 밀
실로 회귀할 수는 없습니다. 이번 대통령 선거는 새 정치와 구 정
치, 이 나라의 새로운 미래와 어두운 과거와의 싸움입니다. 이제
우리 다 함께 새로운 날을 향하여 온 국민과 함께 힘을 모아 나아갑
시다.

악의적 언론보도에
첫걸음부터 휘청거린 국민신당

이처럼 내 모든 것을 걸고 결단을 했으나 예상했던 대로 험난한 가
시밭길은 바로 입당 다음날부터 펼쳐졌다. 국민신당 창당대회가 열
리는 11월 4일 당일 아침, 〈중앙일보〉를 펼쳐 보고 나는 경악하지
않을 수 없었다.
    '청와대, 국민신당 창당 지원'이라는 주먹만 한 제목의 머리기사
가 실려 있었다. 그 기사는 신한국당과 국민회의 양측의 신당에 대

346

한 공격을 한꺼번에 싣고 있었다. 청와대가 국민신당을 지원한다는 거짓말 기사였다.

나는 이인제 후보의 지지율이 거의 김대중 후보에 육박하고 특히 나와 신한국당 의원들이 탈당한 후 11월 2일에는 이인제 후보의 지지율이 오히려 1%포인트 정도 김대중 후보에 앞서는 것으로 나타난 데 대한 신한국당과 국민회의의 초조감에서 나온 비열한 모략이라고 판단했다.

아무리 정치판이 살벌하다 해도 창당대회 당일에 이럴 수가 있는가? 양당兩黨과 일부 언론이 어떻게 이런 장난을 칠 수 있단 말인가. 나는 분노가 치밀었지만 애써 속으로 삼키며 전당대회장으로 향했다. 잠실 올림픽펜싱경기장에서 열린 국민신당 창당대회에서 4천여 대의원들은 나를 국민신당의 총재로, 그리고 이인제 씨를 대통령 후보로 선출했다.

박정희 대통령을 따라 정치를 시작한 이래 거대 여당도 해보고 자그마한 야당도 해보았으며, 또 당을 창당해 보기도 하고 그 당이 해체되는 아픔도 겪어야 했던 나로서는 실로 만감이 교차하는 순간이었다. 나는 총재 취임사 연설 말미에 아침 청와대 지원 등 허위 사실을 보도한 일부 언론을 강하게 비판했다.

지금 다른 당에서 우리 국민신당과 이인제 후보에 대한 지지율이 상승하자 청와대가 우리 당을 지원하는 것처럼 중상모략을 하고 있습니다. 만약 청와대가 이인제 후보를 밀었다면 이 후보는 벌써 신한국당의 후보가 되어 있을 것입니다. … 새 세상은 밝아오는데 뒤로만 회귀하기를 강요하는 이 시대착오적 행렬은 이제 중단돼야 합니다.

이렇게 하여 국민신당의 닻은 올랐고 '새 정치'로의 기나긴 여정은 시작됐으나, 이인제 후보의 인기와 지지율을 떨어뜨리려는 신한국당과 국민회의의 공격은 날이 갈수록 집요했다. 창당 당일 '국민신당은 YS당'이라며 생일날 재를 뿌리더니 신당을 음해하는 톱기사가 하루에 한 건씩 연이어 터져나왔던 것이다.

11월 5일엔 〈중앙일보〉와 〈조선일보〉에 '국민신당 창당자금 의혹제기: 청와대와 관련 있을 것'이라는 머리기사가 나오더니 그다음 날인 6일엔 신한국당이 '김영삼 대통령의 1992년 대선자금 잔여분 2백억 원이 이인제 후보에게 유입됐다'는 의혹을 제기한 것도 톱기사로 보도했다.

그리고 급기야 국민회의에서는 '김영삼 대통령의 영부인인 손명순孫命順 여사가 이인제 후보의 부인 김은숙金銀淑 씨에게 2백억 원을 전달했다'는 거짓 폭로까지 했다.

이 '손 여사의 2백억 지원설'은 국민회의가 반나절 만에 취소하기는 했지만 이미 신문에는 대문짝만 하게 보도된 이후였다. 국민신당에서는 분을 삭이지 못해 허무맹랑한 거짓을 발표한 국민회의 김민석金民錫 부대변인을 '허위 사실 유포죄'로 즉각 고발하였다.

그리고 그 당시 국민신당 간부들이 〈중앙일보〉 편집국에 쳐들어가 격렬하게 항의하기도 하고 〈조선일보〉 정문 앞에서 신문배달차를 가로막기도 했으나 이들 신문은 우리에게 허위보도를 한 죄의식 때문인지 항의도 못 하고 묵묵부답이었다.

선거가 끝난 직후 김민석 부대변인이 나의 〈동아일보〉 후배이면서 국민회의 선대위 기획조정위원장이었던 장성원張誠源 의원과 함께 당사로 나를 찾아와 허위 사실을 발표한 데 대해 공식으로 사과하고 용서를 빌었다. 이에 나는 "정치를 정직하게 해야지, 거짓말을 하거나 잔꾀를 부려서는 안 된다"고 엄중하게 충고를 하고 젊은 국회의원의 장래를 생각하여 그 자리에서 바로 고소를 취하하도록 조치한 바 있다.

이처럼 창당대회 당일부터 전개된 신한국당과 국민회의 양당의 '협공'과 일부 언론의 악의적 허위보도로 갓 출범한 국민신당은 엄청난 상처를 입었다. 김영삼 대통령과 국민신당을 연결 짓는 파상 공격 때문에 신당이 창당되면 바로 신한국당을 탈당하고 신당 쪽으로 입당할 것으로 기대됐던 신한국당 내의 많은 민주계 의원들이 주춤했고, 그 이후로 신당은 더 이상 한 사람의 국회의원도 늘릴 수 없었다.

돌이켜 보면 일부 언론의 악의적인 허위보도로 신당은 출발부터 치명타를 맞았던 것이다. 과거 언론계에 몸담으면서 언론의 자유를 위해 옥고까지 치른 적이 있는 나로서는 특정 정당이 일방적으로 발표한 허무맹랑한 주장을 사실 확인도 없이 과장 보도한 당시 언론을 보고 한없이 부끄럽고 자괴감마저 들었다.

지금도 그러지만 나는 우리나라 신문들이 자기들 멋대로 대통령을 만든다는 오만한 생각을 버려야 한다고 생각한다. 특정 후보에게 불리한 허위 사실을 편파적으로 보도한다거나 실제와 다른 이미지를 가공해 대중들에게 심어주는 비양심적인 행동도 삼가야 한다. 신문은 대선에 임해서도 공정한 보도를 한다는 원칙을 지켜야 할 것이다.

한편 이처럼 신당이 생각지도 못했던 공격을 당하는 사이 내각제 개헌을 전제로 한 국민회의와 자민련의 이른바 'DJP 연합'이 이루어졌다.

거대한 양진영 사이에서 우리 국민신당과 이인제 후보는 그야말로 일엽편주로 망망대해를 헤쳐나가야만 했다.

제 9 장

IMF 체제 속에서 치러진
15대 대통령 선거

IMF, 대선 후보들에게
관리체제 이행 약속 요구

대선 정국이 뜨거워지는 가운데 우려하던 경제 대란, 'IMF'까지 터졌다. 11월 22일 임창열林昌烈 경제부총리가 "금융 외환시장에서의 어려움을 극복하기 위해 IMF에 자금을 요청하기로 했다"고 발표함으로써 우리나라는 마침내 IMF 체제 아래 들어갔고, 24일 IMF의 휴버트 나이스 실무협의단장 일행이 한국에 들어왔다.

그리고 급기야 IMF 당국에서는 한국의 대통령 후보 3명에게 대통령에 당선되면 IMF 관리체제에 대한 이행을 약속한다는 각서에 서명할 것을 요구해왔다. 그때의 일을 생각하면 지금도 부끄럽기 그지없다. 12월 3일 IMF의 캉드쉬 총재가 합의문 서명식을 미루면서까지 후보들의 이행 각서를 요구하자 다급해진 경제기획원 관리들이 대선 후보들의 도장을 받으러 이리저리 동분서주했던 일은 생각하기도 싫은, 힘없는 나라의 설움 그 자체였던 것이다.

우리 당에는 강만수姜萬洙 당시 경제기획원 차관이 헐레벌떡 뛰어왔다. 강만수 차관은 내가 국회의장 시절 국회 재경위 전문위원으로 재직했기 때문에 잘 알고 있던 사이였다.

그전에 우리 당은 이미 11월 22일, 김영삼 대통령이 제안한 '3당 총재 후보 경제 영수회담'을 거부한 바 있었다. 우리 당은 "나라를 그처럼 망쳐 놓고 한가하게 밥이나 먹고 사진이나 찍어서 무얼 하겠는가? 우리는 그 시간에 경제 살리기 캠페인에 돌입하겠다"며 청와대 회동을 거부했던 것이다.

그러나 IMF가 정부와의 합의문 서명도 미루고 후보들의 각서 서명을 요구하는 데는 어쩔 도리가 없었다. 나는 유세 중이던 이인제 후보와 통화를 한 끝에 그의 도장을 대신 찍어 주었지만, 나라가 어쩌다가 이 모양이 되었는지 기가 막히고 하늘이 무너지는 듯한 기분이었다.

그 당시 우리 당은 금모으기 운동에 누구보다 앞장섰다. 국민들도 애기 돌반지까지 가지고 나오는 등 적극적으로 금모으기에 호응했다.

나라가 어려울 때면 모든 것을 바쳐 나라를 구하겠다는 위대한 우리 국민의 힘이 있었기에 이때도 외환위기를 슬기롭게 극복한 것이다. 우리나라가 어려운 고비를 겪으면서도 산업화와 민주화를 동시에 이룩한 것도 바로 이러한 나라를 사랑하는 국민들의 위대한 힘이 있었기 때문이다. 앞으로 우리 국민들은 한 번 더 위대한 힘을 발휘하여 민족의 통일을 이룩해야 할 것이다.

이인제 후보의 선전과
현실의 벽에 부딪힌 아쉬운 패배

이처럼 나라는 'IMF 통치 체제'로 들어가고 나라의 앞길은 그야말로 풍전등화 같았지만 투표일은 하루하루 다가왔다. 청와대 지원설로 급작스럽게 하락세를 보인 지지율은 좀처럼 회복되지 않았지만 이인제 후보는 가는 곳마다 기존 정치 체제에 실망하는 많은 젊은 층과 서민층을 파고들었다.

그리고 세 차례에 걸친 후보 간 TV 합동토론회에서도 이 후보는 선전을 했다. 그러나 한 번에 3억 원이 드는 TV 연설을 김대중, 이회창 두 후보가 허용 횟수 22회를 다 소화한 데 반해, 이인제 후보는 돈이 없어 4회밖에 사용할 수가 없었다. 뿐만 아니라 선거 중반부터는 광고, 홍보물 등 외상값을 받으러 온 수십 명의 채권자들이 머리에 붉은 띠를 두르고 총재실 앞에서 농성을 하는 바람에 나는 엘리베이터도 타지 못하고 계단을 오르내리면서 유세장으로 뛰어가기도 했다. 그 당시 이인제 후보는 돈이 없어 한 지구당에 현수막 두 개 값 14만 원과 조직비 200만 원을 합쳐 단돈 214만 원으로 선거를 치렀던 것이다.

청와대 지원을 받았느니, 손명순 여사에게 2백억 원을 받았느니 하는 모략에 결정적인 피해를 당했던 국민신당과 이인제 후보가 돈이 없어 TV 연설도 못하고 빚 독촉에 시달리는 기막힌 현실이 그제야 알려졌지만 이미 때는 늦었던 것이다.

대선의 막바지인 12월 8일, 한나라당의 박찬종 고문이 입당하여 선대위원장으로 바로 부산·경남 지역에 투입되기도 했지만 그때는 이미 '이인제 찍으면 김대중이 당선된다'는 이회창 후보 진영의 논리가 먹혀들어가던 때여서 기대했던 만큼의 효과는 거두지 못했다.

이리하여 마침내 12월 18일, 제15대 대통령 선거 결과 국민회의의 김대중 후보는 평생의 염원인 대통령에 당선되었고, 한국은 사상 처음으로 선거에 의한 수평적 정권 교체를 경험하게 되었다.

최종 득표수는 김대중 후보 1,032만 6,275표(40.3%), 이회창 후보 993만 5,718표(38.7%), 그리고 이인제 후보 492만 5,591표(19.2%)의 순이었다. 이인제 후보는 결국 5백만 표를 얻는 데 그쳐 끝내 꿈을 이루어내지는 못했으나 후회 없는 장정長征이었다.

혹자는 결국 이인제 후보의 독자출마가 김대중 대통령의 당선을 낳았다고 평하기도 하지만, 나는 당시 이회창 후보가 아량을 발휘해 김영삼 대통령을 내쫓지 않고 이인제 후보도 포용했더라면 그 결과는 달라졌을 것이라고 지금도 생각하고 있다.

제 10 장
대승적 차원에서 이루어진
국민회의와의 통합

정파보다 나라를 생각한 결단,
국민신당과 국민회의의 합당

대선이 끝나고 16대 국회의원 선거가 다가오자 우리 당 의원들은
고민에 휩싸였다. 작은 정당으로 선거에 임할 수는 없어 고민 끝에
결국 새정치국민회의와 합당하기로 뜻을 모았다. 그리고 이인제 후
보까지 나에게 새정치국민회의와 합당해 줄 것을 간곡히 원했다.
그 당시 나는 끝까지 국민신당을 지키고 싶었지만 우리 당 의원들
과 당원들의 앞날을 걱정하지 않을 수 없었다. 그래서 나는 어떻게
해서든지 국민신당의 진로를 모양 좋게 매듭짓고 새정치국민회의와
합당하기로 결심했다.

나의 정치 인생이 어디 남들처럼 순탄한 길이었던가. 공화당 시
절 남들은 내가 여당이었기에 편하게 지낸 줄 알겠지만 권총 차고
협박하는 김형욱·이후락과 목숨을 걸고 싸우고 또 보복을 피해 친
척 집에서 몸을 피한 적도 한두 번이 아니었다. 정치인의 최고 영예

인 국회의장을 하면서도 어떻게 하면 날치기를 막고, 또 어떻게 하면 여야의 극한 대립을 대화와 타협으로 이끌 것인가 고민하느라 밤잠을 설친 적이 어디 하루 이틀뿐이었던가.

이러한 고심 끝에 나는 아무런 사심 없이, 그리고 순간적인 오해와 이해利害를 떠나 오직 나라의 앞날을 위해 대승적 결단을 내리지 않을 수 없었다.

그리하여 나는 이인제 후보와 대다수 당 소속 의원들의 의견을 받아들여 새정치국민회의와 통합하기로 결심한 것이다. 하늘의 뜻에 의해 정권이 교체되었으면 구시대를 개혁하려는 새로운 정권에 힘을 보태주는 게 나라와 국민을 위하는 길이라 생각했다.

그리고 통합의 구체적인 절차를 위해 우리 당에서는 서석재 최고위원과 박범진 사무총장, 그리고 국민회의에서는 김영배金令培 부총재와 정균환鄭均桓 사무총장 등 4명이 실무협상 대표가 되어 협의를 계속했다. 이 실무회의에서 모든 절차가 마무리되던 8월 28일 국민회의의 정균환 사무총장이 "오늘 연락이 올 것 같습니다"라는 통보를 해 주었다.

그날 오후 4시 30분, 나는 청와대로 들어가 김대중 대통령을 만났다. 대통령을 만난 자리에서 나는 "오늘의 이 통합이 국민 대연합을 위한 큰 틀의 정계 개편의 전환점이 되기를 바랍니다"라고 통합의 의미를 강조했다.

그러자 대통령은 "이제 이 총재께서는 앞으로 나라를 위해 큰 역할을 해 주셔야지요"라고 화답했다.

"제가 뭐 할 일이 있겠습니까? 국회의장까지 지낸 사람으로서 저

356

는 개인적으로 아무것도 바라는 게 없습니다. 다만 국민신당에 있던 사람들이 다음 국회의원 선거에 출마하는 경우에는 공천을 반드시 보장해 주시지요"라고 말하자 김대중 대통령도 흔쾌히 수락했다.

"그리고 또 한 가지 부탁은 나라가 어려울 때 대통령께 직언을 해 드리기 위해 면회 신청을 할 경우엔 꼭 만나 주시기 바랍니다. 부탁이라면 이것뿐입니다."

그러자 대통령은 "그거야 이제 한 가족이 되었는데 무슨 문제가 있겠습니까"라고 대답했다.

그리고 내가 청와대를 다녀온 바로 다음날인 29일 오전 국회의원 회관 대회의실에서 양당의 의원들과 당원들이 모인 자리에서 통합선언대회를 열었다.

나는 이 자리에서 당원들에게 국민신당 총재로서 마지막 고별사를 했다. 만감이 교차하면서도 나도 모르게 왈칵 눈물이 솟았다. 마치 10년 같았던 10개월간의 국민신당 총재 시절을 떠올리고 보니 북받치는 감정을 억누를 수 없었다.

그 후 나는 새정치국민회의 상임고문으로서 조용히 개인 시간을 가지면서 마음을 정리하고 있었다.

DJ, "국민회의 총재 권한대행 맡아 달라"

그런데 7월 12일 갑자기 연락이 와서 청와대에 들어가 김 대통령을 만났더니 나에게 총재 권한대행을 맡아 달라는 부탁이었다. 나는 극구 사양했다. 그리고 후배 몇 사람을 추천까지 했으나 모두 못마땅해했다. 나는 대통령의 간곡한 부탁을 끝내 거절할 수 없어 권한 대행을 수락했다. 그리고 맡은 이상 제대로 당을 운영해야겠다는 마음을 먹었다.

그런데 내가 총재 권한대행에 취임하자마자 국민회의 소속 임창열 경기지사 부부가 경기은행 퇴출과 관련해 거액의 돈을 받은 혐의로 검찰 수사를 받는 사건이 발생하였다.

나는 지위고하를 막론하고 비리에 관련된 사람은 단호하게 조처하여 파문을 조기에 수습하는 것이 당과 나라를 위하는 길이라고 생각하여 임창열 지사의 제명을 지시했고, 16일 소집된 당 윤리위원회는 이를 결의했다.

당시 일부 당직자는 제명을 하더라도 미리 청와대 재가를 받아야 한다고 나에게 얘기했으나 나는 당 문제는 일일이 사전에 청와대 지시를 받을 것이 아니라 내 소신대로 하는 것이 오히려 당을 위하는 길이라고 생각했다. 그리고 당에 불리한 기사가 보도됐다고 해서 〈한겨레신문〉을 고발한 사건이 있었는데 내가 권한대행이 되자 이것도 즉각 고소 취하하도록 조치했다. 이렇게 확고한 소신을 갖고 당을 운영해 나가자 오히려 당은 기강이 서고 계파를 떠나 나를 따르는 사람이 많아졌다.

한편 7월 22일 김 대통령은 전남 광양시청에서 지역 기자들과의 회견을 통해 '지금까지 정치에 참여하지 않은 우수한 인재를 영입해 남녀가 같이 참여하고 노老·장壯·청靑이 함께하는 신당'을 만들 것을 강력하게 시사했다. 그리고 직후 김 대통령은 나에게 신당 창당에 대한 방침을 대외적으로 밝힐 것을 전화로 요청해왔다.

"새로운 당을 만들어야겠는데 이 대행代行이 좀 나서 주시오."

나는 그 순간 신당 창당이 시기적으로 이르다고 판단하여 대통령에게 "시기적으로 좀 빠른 것 아닙니까?" 하고 되물었다. 그러나 김 대통령은 "내가 벌써 광주에 가서 '신당 창당을 시사하는' 얘기를 해 놓은 상황이니 그렇게 해 주시지요" 하고 강력하게 주문했다. 김 대통령의 신당 창당에 대한 결심이 이렇게 확고했기에 나는 "꼭 신당을 하시려면 깨끗하고 명망 있는 분들을 많이 영입해야 신당의 명분이 설 것입니다"라고 말하고 전화를 끊었다.

그리고 7월 23일 '8월 중 신당 창당 선언' 방침을 밝혔고, 8월 30일 국민회의는 제4차 중앙위원회를 열어 새로운 국민정당 창당을 공식 결의했다.

이날 국민회의는 '중산층과 서민을 위하고, 국민의 인권과 복지에 최우선의 가치를 두며, 21세기 지식 기반 사회에 대비하여, 노·장·청년층 세대 간의 조화를 이루며 지역주의를 뛰어넘는 전국적 국민정당'을 창당할 것을 결의했다.

신당 창당 작업 끝내자 서영훈 씨를 당대표로

그리고 1999년 11월 25일 신당창당준비위원회를 개최하여 내가 계속 창당준비위원장을 맡게 되었다.

이후 2개월여의 지구당 창당대회를 숨 가쁘게 펼친 뒤 드디어 2000년 1월 20일 올림픽 체조경기장에서 새천년민주당 창당대회를 가졌으며, 당 대표로는 서영훈徐英勳 씨가 선출되었다. 창당대회가 있기 며칠 전 청와대 한광옥韓光玉 비서실장이 나를 급히 찾아왔다. 한광옥 실장은 "대통령께서 당 대표로 서영훈 씨를 영입하려고 하니 창당준비위원장께서 양해해 줄 것을 부탁했습니다"라고 나에게 전했다. 나는 당시 서영훈 씨가 정치 경험은 없으나 큰 흠결이 없는 사람으로 생각되어 이의를 제기하지 않았다. 그러나 나는 마음속으로는 총선을 눈앞에 두고 정치를 전혀 모르는 사람을 대표로 영입하는 것이 안타깝고 몹시 걱정스러웠다.

이때 한광옥 실장은 나에게 "대통령께서 16대 국회 비례대표 앞 번호에 모시겠다고 말씀하셨습니다"라고 하였다. 이에 나는 형식적으로 사양하는 이야기를 하지 않고 오히려 "약속대로 할 것인지를 두고 보겠다"고 답한 일이 있으나 막상 후보 공천 때는 청와대에서 나를 비례대표 후보 4번으로 공천하였다.

이때 나는 몹시 자존심이 상했다. 서영훈 대표에게 맨 앞 번호를 주는 것은 그렇다 치더라도 총재 권한대행과 창당준비위원장을 거치면서 실질적으로 창당 산파역을 맡은 나를 4번 순위에 올린 것은 쉽게 납득할 수가 없었다. 그래서 순간 나는 비례대표 후보를 포기할까도 생각했었다.

그런데 김 대통령으로서는 선거 전략상 군인 표와 여성 표를 얻기 위해 2번에 12·12 당시 전 대통령과 끝까지 맞섰던 군 장성인 장태완張泰玩 씨를, 3번에는 전국 간호사 협회 회장인 최영희崔榮熙 씨를 기용하였다. 그리고 당 총재를 지낸 나도 이를 충분히 이해하지만 그렇더라도 차라리 대통령이 사전에 나와 의논하였으면 전략상 차라리 나를 19번이나 20번에 올릴 수도 있는 일인데 한마디 말도 없이 그렇게 한 데 대해서는 나는 인격적으로 모독감마저 느꼈다. 그러나 순위 때문에 후보직을 내던지는 것은 옹졸해 보일 것 같아 고민하다가 차라리 16대 국회에서 의장직을 맡아 국회를 올바로 세워야 하겠다는 생각으로 마음을 추스르고 당의 선거 운동에 참여하였다.

그리고 당은 선거유세 책임자로 서 대표와 나 그리고 이인제 선거대책위원장에게 맡겼다. 그러나 입후보자 대부분이 나의 찬조연설을 원했기에 나는 영호남은 물론 수도권과 강원도까지도 하루 여덟 번씩 찬조연설을 하는 강행군을 하였다.

그러나 2000년 4월 13일에 치러진 제16대 국회의원 선거 결과는 여소야대로 나타났다. 차라리 그때 정치 경험이 없는 서영훈 씨보다 정치 경험, 특히 선거 경험이 많은 나를 대표직에 그대로 두어 효과적으로 선거운동을 벌였더라면 단 몇 석이라도 더 건졌을 것이다. 지금도 당시에 김대중 대통령이 나를 당 대표에서 제외시킨 것을 생각하면 아쉬움으로 남는다.

제 9 편

16대 국회의장으로
국민의 국회 확립

16대 국회의장 취임 약속 "국민을 위한 양심의 의사봉 치겠다"
교섭단체 구성요건 완화 국회법 개정안 날치기 파동
"만섭 오빠 파이팅" 국회 홈페이지에 응원 글 쇄도
김대중 대통령의 햇볕정책을 넘어
헌정사상 최초로 당적을 떠나 국민의 국회의장이 되다
'국민의 국회' 약속 지키고 박수 소리 속에 의사봉 넘겨
국회 외교로 한반도 평화와 국익을 위해 힘쓰다
'한사모'를 통해 한국과 세계의 교류를 돕다

제 1 장
16대 국회의장 취임 약속
"국민을 위한 양심의 의사봉 치겠다"

'국회의장 청와대 지명' 관례 깨고
경선 관철

16대 국회의 정당별 분포는 한나라당 133석, 민주당 119석, 자민련 17석이었다. 어느 당도 과반수를 차지하지 못한 상황에서 한나라당이 제1당을 차지하고 자민련은 원내 교섭단체 구성에 실패했다.

과반수 안정 의석 확보에 실패한 민주당은 이른바 정국의 안정적 운영을 위하여 총선 때 갈라섰던 자민련과의 공조 복원을 꾀해 나갔으며, 자민련은 그 대가로 원내 교섭단체 구성요건 완화를 요구하였다.

2000년 5월 30일 새로운 천년의 첫 국회인 제16대 국회의 임기가 개시된 이틀 후인 6월 1일, 민주당과 자민련은 국회 원내 교섭단체 구성요건의 하한선을 20석에서 10석으로 낮추는 내용의 국회법 개정안을 공동으로 제출했다. 이에 한나라당은 이를 '총선 민의 파괴공작', '위당설법'爲黨設法이라며 강력히 반발하고 나섰다. 이러한 상황 속에서 6월 5일 의장단 선출이 이루어졌다.

처음 청와대나 동교동계는 내가 의장을 맡는 것을 꺼렸다. 그들은 같은 동교동계의 김영배 상임고문을 밀고 있었다. 이런 기류를 감지한 나는 가만히 앉아 있지 않았다. 나는 이런 분위기를 주도하던 사람들에게 "국회의장 자리가 야당인 한나라당에 넘어가는 것을 바라지 않는다면 여야 의원들의 지지를 두루 받는 나를 밀어야 한다"고 경고하기까지 했다. 그러나 그들은 나의 경고를 그리 심각하게 여기지 않았다. 그래서 나는 의원총회 등 공개 석상에서 내 뜻을 밝혀 민주당 의원들을 설득하겠다고 마음먹었다.

5월 30일에 열린 민주당의 16대 첫 의원총회에서 나는 "의장 후보를 과거와 같이 청와대 결정에 맡길 것이 아니라 의원들이 민주적으로 결정하도록 하자"고 주장했으며 많은 의원들이 박수로 동의했다. 의원총회 분위기가 이렇게 흘러가자 당 지도부도 어쩔 도리가 없었던지 나의 제안을 수용, 다음날인 31일 의원총회에서 의장 후보 선출 투표를 실시하기로 했다.

국민으로부터 신뢰받는 국회 약속

이튿날 의원총회에서 후보 선출에 들어가기 직전 승산이 없다고 판단한 김영배 상임고문이 신상발언을 통해 의장 후보로 나서지 않겠다고 포기 선언을 했다. 그 결과 나는 의원들의 박수 속에 만장일치로 민주당 국회의장 후보에 선출됐다.

이와 같이 나는 분명히 청와대 지명 케이스가 아닌 의원들에 의해 16대 전반기 의장으로 선출된 것이다.

의장 선거 결과는 내가 140표를 얻어 132표를 받은 한나라당의 서청원徐清源 의원을 제치고 14대에 이어 제16대 국회의장으로 선출됐으며, 야당 몫의 부의장에는 232표를 얻은 한나라당 홍사덕洪思德 의원이, 다른 한 자리의 부의장에는 자민련의 김종호金宗鎬 의원이 187표를 얻어 당선됐다.

여소야대에서도 내가 의장에 당선된 것은 이와 같이 한나라당 의원들 중 4~5명이 나를 지지하여 이런 결과가 나왔다고 생각한다.

나는 의장에 선출되는 순간 참으로 무거운 책임감을 느끼지 않을 수 없었다. 21세기 첫 국회의 수장으로서 실추된 국회의 권위를 회복하고 국민으로부터 신뢰받는 국회를 만들어야 할 책무가 바로 나의 두 어깨에 짐 지워져 있기 때문이었다.

취임인사와 개원사를 통해서 나는 16대 국회를 '진정으로 국민과 나라를 위해 봉사하는 국회', '생산적이고 민주적인 국회'로 만들기 위해 여야가 다함께 노력할 것을 강조하였으며, 내 양심과 정치생명을 걸고 공정하고 중립적인 의장이 될 것을 국민 앞에 약속했다. 특히 개원사의 말미에 국회의장으로서 나의 각오를 밝혔다.

정녕 이 나라 국회는 여당의 국회도, 야당의 국회도 아닌 바로 국민의 국회인 것입니다. 저는 앞으로 이 자리에서 의사봉을 칠 때, 한 번은 여당을 보고, 한 번은 야당을 보며, 또 마지막 한 번은 국민을 바라보고 '양심의 의사봉'을 칠 것입니다.

그리고 나는 기회 있을 때마다 마음으로부터는 이미 당적을 떠났으며 관계법이 개정되면 지체 없이 즉각 당적을 떠날 것을 강조했다. 특히 나는 우리 국회의 고질병인 '날치기'를 없애겠다고 수없이 약속했다.

제 2 장
교섭단체 구성요건 완화
국회법 개정안 날치기 파동

이런 상황 속에서 나에게 첫 번째 시련이 닥쳤다. 법정기일에 개원이 이루어지고 비교적 순항을 하던 16대 국회는 7월 24일, 국회 원내 교섭단체 요건 완화라는 뇌관이 터지면서 파행을 겪고야 말았던 것이다.

7월 24일 오후 2시 30분 여당은 나의 만류에도 불구하고 운영위원회에서 야당 의원들의 강력한 저지 속에 원내 교섭단체 구성요건을 20석에서 10석으로 낮추는 국회법 개정안을 날치기 처리하고 말았다.

오후 2시 30분 새천년민주당 간사인 천정배千正培 의원이 운영위회의실에서 한나라당 의원들과 여당 의원들이 뒤엉켜 충돌을 빚는 소란 속에서 국회법 개정안을 날치기 처리했던 것이다.

이후 한나라당 소속 의원들은 본회의상에서 철야농성에 들어갔다. 그날 밤 나는 '여당이 내 말을 듣지 않고 결국은 일을 저지르고 말았구나' 하는 침통한 마음에 잠을 이루지 못했다.

그런데 여당 측에서는 나에게 국회법 개정안의 본회의 상정을 요구하다가 거부당하자 사회권을 김종호 부의장에게 이양할 것을 요구했다.

　　그러나 나는 국회법 개정안의 변칙 강행 처리는 물론 사회권을 이양하는 것도 새로운 국회상 정립을 바라는 국민의 뜻이 아니었기에 이를 단호히 거부하고 끝끝내 여야의 대화와 타협을 종용하였다. 이러한 나의 소신은 당시 〈조선일보〉와 〈중앙일보〉 등에 정확히 기사화되어 있다.

제 3 장
"만섭 오빠 파이팅"
국회 홈페이지에 응원 글 쇄도

'상식은 살아 있다는 희망'이
'죽어가는 국회'를 살린다

내가 국회법 개정안 처리 과정에서 "날치기는 절대 안 한다"면서 직권상정도 거부하고 대화와 타협을 통한 국회 운영방침을 밝힌 이후, 국회 인터넷 홈페이지(www. assembly. go. kr)에는 '만섭 오빠 사랑해요', '만섭 오빠 파이팅' 등의 제목으로 나를 격려하는 게시글이 봇물 터지듯 올라왔다.

한 네티즌은 '훗날 역사는 이야기하리라. 그래도 상식은 살아 있고 희망은 있었노라'며, '직권상정은 없다는 말은 우리 정치사에 길이 남을 명언'으로 평가하기도 했다. 또 다른 네티즌은 '오랜만에 정치권에 실낱같은 희망을 느꼈다. 입법부의 수장답게 소신을 굽히지 말아 달라'고 주문했으며, '오빠의 지조 있는 모습은 다 죽어가는 국회를 살린 생명수와 같다'는 짜릿한 말을 남긴 네티즌도 있었다.

DJ의 개정안 통과 요청에
국민 정서 고려한 대화 강조

국회법 개정안이 여야의 격돌과 '날치기는 절대 할 수 없다'는 나의 소신에 따라 처리되지 못한 며칠 후 아침 의장 공관에 김대중 대통령으로부터 전화가 걸려왔다.

김대중 대통령 이 의장, 날치기를 안 하는 것도 좋으나 법대로 표결해서 다수결 원칙을 지켜야 되지 않습니까?

이만섭 의장 그것은 원칙적으로 당연한 말씀입니다. 국회가 정상적으로 운영될 때는 문제가 없으나 국회법 개정은 국민 정서가 반대쪽이고 야당이 결사적으로 막고 있으니 시간이 걸리더라도 타협해서 문제를 풀어야죠.

김대중 대통령 그래도 다수결 원칙에 따라 결정해야죠.

이만섭 의장 그러나 운영위에서 날치기한 것은 잘못된 것입니다.

김대중 대통령 그것은 좀 성급했지만….

이만섭 의장 날치기는 절대 안 됩니다. 국회 문제는 제가 알아서 하겠습니다.

이것이 국회 운영에 관련된 김 대통령의 처음이자 마지막 전화였다. 그 후로 김 대통령은 국회 문제에 대해서는 전혀 연락이 없었

372

다. 왜냐하면 대통령 자신도 내가 국회 운영에 관한 한 대통령 말을 순순히 듣지 않는다는 것을 너무나 잘 알고 있었기 때문일 것이다.

어쨌든 국회 운영과 관련해서는 대통령과 나 사이에 견해차가 있었던 게 사실이다. 대통령은 재적 과반수의 의석 확보로 국회의 안정적 운영을 희망한 반면, 나는 의석수에 의존하기보다는 다소 시간이 걸리더라도 대화를 통해 야당을 이해시키고 설득하면서 국회를 무리 없이 끌고 가야 한다는 생각이었다.

의원 꿔주기로 자민련 교섭단체 구성

그리고 내가 날치기 사회 거부로 원내 교섭단체 구성요건 완화를 위한 국회법 개정이 무망해지자 민주당에서는 자민련의 교섭단체 구성을 위해 배기선裵基善, 송석찬宋錫贊, 송영진宋榮珍 의원 등 민주당 소속 3명의 의원을 자민련에 입당시켰다. 그리고 나중에 또 한 사람이 모자라자 민주당의 장재식張在植 의원을 자민련에 입당하게 함으로써 간신히 교섭단체를 유지하는 '의원 꿔주기' 진풍경을 낳기도 했다.

제 4 장
김대중 대통령의 햇볕정책을 넘어

국민의 합의를 도출하지 못한
남북 관계 아쉬워

2000년 6월 15일 김대중 대통령과 김정일金正日 위원장 간의 극적인
정상회담과 6·15 공동선언은 민족사에 새로운 전환점이 된 것은
사실이었다.

물론 남북 간의 화해는 이미 박정희 대통령 때부터 시작되었다.
1972년 7월 4일 남북한이 공동으로 발표한 '7·4 남북공동성명'에서
는 '자주·평화·민족대단결'의 3대 원칙을 기조로 7개의 합의사항
을 채택한 바 있다.

또한 노태우 대통령 때인 1992년 2월 19일 평양에서 개최된 제6차
남북 고위급 회담에서는 '남북 사이의 화해와 불가침 및 교류·협력
에 관한 합의서'를 발효시켰다. 특히 같은 날 남한의 정원식 총리와
북한의 연형묵延亨默 총리가 공동으로 서명하고 발효시킨 '한반도의
비핵화에 관한 공동선언'은 그 의의가 큰 것이었다.

그 뒤로 남북한이 바로 이 공동선언에 충실했다면 북핵 문제도 민족끼리 해결할 수 있었는데 그렇지 못했던 것은 매우 안타까운 일이다.

한편 김영삼 대통령은 1994년 7월 25일부터 27일까지 평양에서 김일성 주석과 직접 만나 남북문제를 협의하려 하였으나 그 직전 김 주석이 사망하여 그 회담은 성사되지 못했고 남북 간에 다시 냉기류가 흐르기 시작했다.

이러한 분위기 속에서 남북 정상이 만나 '6·15 공동선언'을 발표한 것은 남과 북을 대결의 장에서 화해·협력의 장으로 바꾼 역사적 계기가 되었던 것이다.

다만 당시 남북정상회담의 국회 특검에서도 드러났지만 돈이 개입되었다는 사실은 옥에 티였다. 앞으로 우리가 북을 지원하되 국민의 동의하에 공개적으로 떳떳이 해야 하며 또한 북을 지원하되 상대의 자존심을 건드리는 일은 절대로 없어야 한다. 과거 서독이 동독을 지원하고 고속도로를 만드는 등 국가 기간시설에 대한 건설을 지원할 때도 그것은 바로 '서독의 의무'라는 명분을 표면적으로 내세웠던 것이다.

그리고 노무현 대통령도 이 햇볕정책을 승계해 2007년 10월 4일 남북정상회담을 통해 10·4 공동선언을 발표한 바 있다. 그러나 이 선언에는 NLL 근해 평화수역과 공동어로구역의 설정으로 NLL을 양보하는 듯한 내용이 있어 이 나라 안보를 걱정하는 많은 국민들을 당혹케 했으며 또한 많은 국민들로부터 비판을 받은 것도 사실이다.

NLL은 우리의 영토선으로 통일될 때까지는 반드시 지켜야 할 우리의 생명선이다. 그리고 남북 관계에 있어 중요한 문제는 반드시 국민의 동의를 얻어야 하는 것이다.

남과 북 그리고 주변국의
신뢰와 합의에 기초한 남북 관계 지향

나는 앞으로 우리가 남북 화해, 협력 그리고 평화통일을 위해서는 다음의 몇 가지를 명심할 필요가 있다고 생각한다.

첫째, 우리는 북을 대할 때 가슴을 열고 진지하게 이야기하는 것이 남북 모두를 위해 바람직하다고 생각한다. 상대를 지나치게 의심하여 '진정성을 믿을 수 없다'고 하는 이야기를 우리 정부가 하는 것은 서투른 짓이다. 그리고 북한 정권도 북핵 문제 해결에 있어 대미강경 일변도로 나가기보다 우리 민족끼리 흉금을 터놓고 해결하려고 노력하는 것이 한반도의 진정한 평화를 위해 오히려 더 효과적이라는 것을 명심할 필요가 있다.

둘째, 우리가 신뢰 프로세스를 강조하고 있으나 북에 대해서 우리가 일방적으로 신뢰를 요구할 것이 아니라 서로가 신뢰하는 분위기를 만들어야 한다. 남북이 상호 신뢰 없이는 남북통일은 요원한 것이다.

셋째, 특히 통일을 '대박'이라고 하나 이것은 우리만의 대박이 아니라 북을 포함한 우리 민족의 대박이며 중국, 러시아에게도 대박이 되는 것이다. 남북통일이 중국과 러시아의 안보와 평화에 도움이 될 뿐 아니라 양 대국의 경제 발전에도 크게 기여한다는 사실을 우리는 중·러 양국에 계속 설득해야 할 것이다.

넷째, 우리가 일본의 군사대국화를 막는 길도 바로 남북이 통일되어 우리 민족의 힘이 강할 때만이 가능할 것이며 오늘날 한반도를 둘러싼 미묘한 국제정세 속에서 우리가 살아남기 위해서는 우리 민족의 힘을 키우는 길밖에 없다는 것을 명심해야 한다.

제 5 장
헌정사상 최초로 당적을 떠나
국민의 국회의장이 되다

대화의 타협으로
정의롭고 효율적인 국회를 만들다

16대 국회 전반기에는 많은 변화가 있었다. 무엇보다도 우리 국회의 고질병이던 날치기를 없앤 것은 커다란 성과가 아닐 수 없다. 또한 16대 국회 전반기에는 여야 대립과 격돌 속에서도 과거 그 어느 국회보다 일을 많이 한 것도 사실이다.

16대 개원 이후, 전반기 2년간 법률안 434건을 포함하여 701건의 의안을 통과시켰다. 이것은 같은 기간 13대 425건, 14대 499건, 15대 628건에 비해 현저히 늘어난 것이다. 이 사실은 국회가 다수당의 힘이 아닌 대화와 타협으로 운영하는 것이 더 효과적이라는 사실을 입증하는 것이다.

'국회의장의 당적 이탈'과 '국회의원 자유투표제'로
국민의 국회로 거듭나다

특히 제 227회 임시국회 마지막 날인 2002년 2월 28일 국회 본회의
에서 '국회의장의 당적 이탈'과 '국회의원 자유투표제'를 명문화한
국회법 개정안이 나의 의장 재임 중에 통과된 것은 헌정사에 길이
남을 새로운 역사를 만들어낸 것으로 나는 지금도 가슴 뿌듯하게
생각한다.

국회의장의 당적 이탈은 제헌국회 이래의 숙원이고 내가 오랫동
안 주장해 온 소신이었다. 그리고 의장은 특정 정파의 당리당략을
떠나 국민의 편에서 공정하게 국회를 운영해 달라는 국민의 소리이
기도 했다.

나는 그동안 이미 마음으로부터는 당적을 떠나 중립적 입장에서
오직 국민과 나라를 위해 국회를 공정하게 운영하려고 혼신의 노
력을 다해왔다. 그러나 의장이 아무리 여야에 치우침 없이 국회를
올바로 운영하려 해도 법적으로 당적을 가진 상태에서는 정파의
이해와 유불리有不利에 따라 본의 아니게 오해와 불신을 받는 경우
도 있었다.

의장의 당적 이탈을 제도적으로 보장하는 명문 규정을 신설함으로
써 우리 국회는 헌정 사상 새로운 획을 그었다. 국회는 또한 오랫동
안 여야의원들의 소망이자 국민의 바람이었던 '자유투표제'를 명문
화함으로써 의원 개개인이 국민의 대표자로서 소속 정당의 의사에
기속되지 아니하고 양심에 따라 투표할 수 있는 기틀을 마련했다.

아무튼 우리 국회가 정파 간의 대립과 대결의 정쟁으로부터 해방되어 진정한 민의의 전당으로 다시 태어나기 위해서는 국회의원들이 개정된 국회법에 따라 당론에 얽매이지 아니하고 양심에 따라 자유투표를 하는 용기를 가져야 하는 것이다.

그리고 나는 개정된 국회법이 발효됨에 따라 3월 8일 그동안 소속해 있던 새천년민주당을 탈당함으로써 '당적을 갖지 않은 최초의 국회의장'으로 역사에 길이 남게 되었으니 참으로 명예스러운 일이 아닐 수 없다.

제 6 장
'국민의 국회' 약속 지키고
박수 소리 속에 의사봉 넘겨

사퇴서 품고 늘 떠날 각오로
국회 운영에 최선 다해

국회의장직을 서로 차지하려는 여야 간의 기싸움으로 후반기 원 구성이 늦어져 법정기일이 지나 2002년 7월 8일에야 의장단 선거를 하게 되었다. 투표결과 한나라당의 박관용 의원이 민주당의 김영배 의원을 누르고 의장에 당선되었다.

그리고 직전 의장으로 후임 의장단을 선출해 주고 깨끗이 물러난다는 생각으로 마지막 본회의 사회를 맡은 나는 고별사를 통해 그동안의 나의 심경을 밝혔다.

후반기 원 구성이 늦어진 데 대해 먼저 국민에게 죄송하다는 말씀을 드립니다. 그리고 그동안 이 사람이 16대 전반기 국회의장의 임기를 다 채우는 데 협조해 주신 여야 의원 여러분께 마음속 깊이 감사의 말씀을 드립니다. 사실 저는 지난 2년간 어려운 고비 때마다 의장직 사퇴서를 항상 가슴속에 품은 채 자리에 연연하지 않고 국회의 권위를 지키기 위해 소신껏 국회를 운영해왔습니다.

그래서 저는 오늘 그 숱한 고비를 넘기고 임기를 모두 마친 데 대해 여야 의원 여러분께 감사의 말씀을 드리는 것입니다. 저는 항상 이 국회가 여야 어느 정당의 국회가 아니라 바로 국민의 국회라는 소신을 갖고 공정하게 국회를 운영해왔습니다. 그래서 이 자리에서 의사봉을 칠 때도 한 번은 여당을 보고, 한 번은 야당을 보고, 그리고 마지막 한 번은 방청석을 통해 국민을 바라보며 양심의 의사봉을 쳤던 것입니다.

한 가지 부탁 말씀드리고자 하는 것은 신임 박관용 의장께서는 날치기 없는 공정한 국회 운영의 전통을 계속 지켜 주실 것을 당부드립니다. 마지막으로 이 사람은 영원한 의회인으로 국회 안에 있거나 밖에 있거나 정파를 초월하여 국회의 권위를 지키는 데 최선을 다할 것을 약속드리는 바입니다. 다시 한 번 그동안 국회 운영에 협조해 주신 여야 의원과 국민 여러분께 고개 숙여 감사의 말씀을 드립니다. 감사합니다.

나는 마지막으로 박관용 신임 의장에게 의사봉을 넘긴 후 의장석을 천천히 내려왔다. 이때 의원들은 일제히 박수를 치기 시작했으며 나는 오른손을 흔들어 의원들에게 답례를 했다. 그러자 박수 소리는 점점 커져갔다. 그 순간 나도 모르게 양손을 번쩍 들어 의원들에게 인사했다. 나는 이 감동적인 장면을 영원히 잊을 수 없다.

국민을 위한, 국민의 국회를 만들겠노라고 몇 번이나 다짐하였던 2년 전의 내 모습이 떠올랐다. 그리고 국민과 역사 앞에 '날치기 없는 국회, 공정한 국회의장'의 약속을 지킨 데 대한 가슴 벅찬 기쁨도 느꼈다. 또한 앞으로 언제 어디서든 의회인으로서 국회의 권위를 지키기 위해 미력이나마 최선을 다할 것을 마음속으로 굳게 다짐했다.

또 다른 시작을 준비하는
아름다운 끝

그리고 나는 16대 국회가 끝나는 2004년 3월 21일, 다음과 같이 성명을 발표하고 국회의사당을 영원히 떠나고 말았다.

국회의사당을 떠나면서

나는 평소 정치인은 모름지기 나라에 도움이 되지 않을 때 정치를 그만두는 것이 옳다고 생각해왔다. 그래서 나는 이제 16대 국회를 끝으로 41년간의 의원 생활을 마감하려 한다.

그러나 나는 국회를 떠난 후에도 이 나라의 자유민주주의와 조국의 평화적 통일을 위해 여생을 다 바칠 생각이다.

나는 또한 국회의장을 지낸 영원한 의회인으로서 앞으로 국회 밖에 있더라도 국회가 국민에게 사랑과 믿음을 받는 참다운 민의의 전당이 되도록 힘을 보탤 생각이다.

2004년 3월 21일
전 국회의장 이만섭

제 7 장
국회 외교로 한반도 평화와
국익을 위해 힘쓰다

공식외교를 막후 지원한 의장 외교 활동

나는 14대와 16대 국회의장 재임기간 동안 외교활동에 힘과 정성을 쏟았다. 우리 국회가 벌이는 외교활동은 정부의 공식외교를 측면 지원할 뿐 아니라 정부가 미치지 못하는 영역을 찾아가 개척하는 경우도 많다. 또 정부가 공식제도에 얽매여 공개적으로 나서지 못하는 일들을 의회 외교가 막후활동을 통해 풀어주기도 했다.

　내가 만난 외국 인사 중 기억에 남는 인물은 클린턴Bill Clinton 미국 대통령, 미테랑Francois Mitterrand 프랑스 대통령, 카스트로Fidel Castro 쿠바 국가평의회 의장, 푸틴Vladimir Vladimirovich Putin 러시아 대통령, 장쩌민江澤民 중국 국가주석, 리펑李鵬 중국 전인대全人代 상무위원장, 후진타오胡錦濤 국가주석, 그리고 바가반디Natsagiinn Bagabandi 몽골 대통령과 농득마인農德孟 베트남 당서기장, 마들Ferenc Madl 헝가리 대통령이다. 국회의장으로는 해스터트Dennis Hastert 미 하원의장과 당시 미묘한 관계에 있던 이라크 하마디Sadoon Hammadi 국회의장이었다.

384

기억에 남는 국가원수들

1993년 7월 방한한 클린턴 미 대통령은 국회에서 연설을 했다. 클린턴 대통령은 흔히 자유분방한 성격의 소유자로 알려졌으나, 막상 만나 보니 상당히 신중하고 치밀한 인물이라 여겨졌다. 국회 연설 때도 그는 한국에 와서 새롭게 느낀 것을 연설하기 직전 내 방에서 원고에 다시 추가하는 등 세심함을 보여주었다.

힐러리Hillary Rodham Clinton 여사도 인상적이었다. 풍부한 지성과 정감 있는 여성으로서 청와대 만찬 때는 내 옆에 앉아 계속 예리한 질문을 던지곤 했다.

"김일성이 사망한다면 그 후 북한은 어떻게 변할 거 같습니까?"

"한국의 야당과 여당의 정책 차이는 무엇입니까?"

"한국의 복지 정책은 어떤 게 있나요?"

내가 많은 각국의 퍼스트레이디를 만나 보았지만 그들은 대체로 한국의 음악, 풍속, 음식, 문화에 관한 대화를 즐겼으나, 힐러리 여사처럼 정치적 센스가 예리한 여성은 처음이었다.

미테랑도 인상이 깊었다. 1993년 9월 15일 미테랑 프랑스 대통령이 국회를 방문하여 한국과 프랑스, 양국의 미래에 대해 연설했다. 대학 때 나는 제2 외국어로 독일어를 공부했기에 사실 프랑스어에는 문외한이었다. 그러나 미테랑 대통령이 오기 한 달 전쯤부터 나는 간단한 인사말이라도 배워 두려고 프랑스어를 열심히 공부해 그가 국회를 방문했을 때는 현관과 응접실에서 서툴지만 프랑스어로 인사를 주고받은 바 있다.

그런데 이에 미테랑 대통령이 꽤 감명을 받은 것 같았다. 국회 연설 중 그는 원고에도 없는 이야기를 꺼냈다.

"오늘 이만섭 의장이 나를 맞이하여 프랑스어를 구사해 감명을 받았습니다. 양국 학생들이 서로의 언어를 배우는 것이 문화 교류의 시발이 되어야 합니다. 그러므로 나도 힘들겠지만, 돌아가면 한국어를 공부하겠습니다."

그러나 잠깐이나마 나와 정들었던 미테랑 대통령이 1996년 1월 아쉽게도 세상을 떠난 것은 가슴 아픈 일이었다. 더욱이 미테랑 대통령은 프랑스로 가져간 외규장각外奎章閣 도서의 반환을 우리에게 처음 약속한 고마운 분이기도 했다.

나는 우리나라의 3부 요인 중 처음으로 중국을 공식 방문했던 일을 아직도 잊을 수 없다.

1994년 1월 6일 나는 차오스喬石 전인대全人代 상무위원장의 초청을 받아 6박 7일간 중국을 공식 방문했다. 이때 나는 이례적으로 장쩌민 국가주석, 차오스 전인대 상무위원장, 리펑 총리 등 당시 중국을 이끌던 3인을 모두 만났다.

수교 후 처음으로 중국을 방문한 한국의 최고위 인사라서 그런지 상당한 환대도 받았다. 당시 아버지와 함께 상하이에 머무르던 중국 최고 지도자 덩샤오핑鄧小平의 장남 덩푸팡鄧樸方이 가족을 대표해 내 숙소인 조어대釣魚臺로 찾아오기도 했다. 외교가에서는 극히 이례적인 일이라고 했다.

베이징의 중난하이中南海로 찾아가 만난 장 주석과의 면담은 30분 예정이었다. 그러나 예상을 뛰어넘어 1시간 15분이나 진행됐다.

2002년 1월 두 번째로 중국을 공식 방문했을 때도 장쩌민 국가주석을 다시 만나 장시간 환담했다. 우리는 서로 양국 간의 믿음을 강조했고 간담상조肝膽相照 하는 마음으로 서로가 허심탄회하게 대화할 수 있었다.

내가 또한 마음속으로 가깝게 지내는 중국의 지도자는 리펑 전 전인대 상무위원장이다. 나는 1994년 리 상임위원장이 총리로 있을 때 베이징에서 처음 만난 이후 상호방문과 국제회의 등을 통해 그를 다섯 차례나 만나 정이 깊이 들었다.

리 위원장은 용의주도하면서도 깊은 인간미가 있는 지도자이며 또한 솔직하고 진지한 면도 있는 사람이었다. 나는 그와 한 가족처럼 가까이 지냈다.

지금도 그를 잊을 수 없는 것은 처음 만났을 때 들었던 솔직한 얘기 때문이다.

그는 나에게 "한반도의 평화 정착을 가장 바라는 나라는 한국 다음으로 중국입니다. 미국은 멀리 떨어져 있어 우리 중국과는 입장이 다릅니다. 한반도에 인접해 있는 우리 중국은 만일 남북 간에 무력충돌이 일어난다면 가장 피해를 많이 보기 때문에 솔직히 중국의 국익을 위해서도 한반도 문제는 평화적으로 해결되어야 합니다"라고 말했다.

한편 나는 장쩌민 국가주석, 리펑 상임위원장을 비롯한 중국의 지도자들을 만날 때마다 "북한 주민도 우리 동족이므로 잘살기를 원하며 그러기 위해서도 북한도 중국과 같이 개혁·개방을 하는 길밖에 없으니 중국 지도자들이 북한이 개혁·개방의 길로 나서도록 설득하고 유도해 주십시오"라고 강조하곤 했다.

내가 만난 중국 국가 지도자 중 기억에 남는 또 한 사람의 인물은 후진타오 중국 국가주석이다.

나는 1998년 4월 28일 국민신당 총재로 재임했을 당시 국회에서 국가부주석이던 그를 처음 만났다. 그는 그날 국회를 방문하여 각 당 대표들을 두루 예방했는데, 마지막으로 내 방을 찾아온 그와 나는 한·중 양국 관계와 한반도 정세에 대해 많은 시간 진지하게 의견을 교환했다.

그는 첫인상이 좋았을 뿐만 아니라 실제로 인간미가 넘치는 사람이었다. 그리고 2002년 4월 16일, 16대 국회의장 시절 '평화를 위한 아시아 의회연합'AAPP에 참석차 중국을 방문했을 때 베이징 인민대회당에서 회의가 열리기 전 나를 발견하고는 반갑게 포옹하고 반겨 주던 후진타오 당시 국가부주석을 지금도 나는 잊을 수가 없다.

그 후 16대 국회의장 시절 제105차 IPU 총회에 참석하기 위해 쿠바를 방문한 나는 2001년 4월 1일 리셉션에서 카스트로 국가평의회 의장과 환담했다. 나는 방문하기 전에 단독회담을 요청했으나 세계 각국 의장이 오는데 나하고만 단독회담을 하는 것이 곤란하니 그 대신 리셉션 면담장에서 많은 시간을 할애해 주기로 사전에 약속했다.

나는 그를 만나기 전에 국산 야구 글러브와 야구공을 미리 선물했었다. 이에 카스트로 의장은 나를 만나자마자 나에게 고마움을 표시하여 우리는 야구 이야기를 화제에 올리기도 했다. 특히 나는 쿠바에 한국 무역사무소의 개설을 제의했으며 이에 카스트로 의장도 기꺼이 동의하고 "내가 바로 외무부 장관에게 지시할 테니 내일 장관을 만나라"고 했다.

나는 그 후 국내에 돌아와서도 외교 당국과 대한무역투자진흥공사KOTRA 관계자들에게 미국을 너무 의식하지 말고 조속히 쿠바에 무역사무소를 개설할 것을 촉구하였다.

그리하여 2002년 우리 측 무역진흥공사와 쿠바 측 무역당국 간에 양해각서를 교환했으며 2005년에 쿠바 아바나에 우리 무역대표부를 설치했다. 이것이 바로 중남미 무역 확대의 거점이 된 것이다.

당시 나와 카스트로 국가평의회 의장의 대담 내용을 요약하면 다음과 같다.

이만섭 의장 20년 전에도 IPU에 한국 대표단 고문으로 참석해 쿠바에 와서 뵌 적이 있는데 지금도 20년 전처럼 건강해 보이십니다.

카스트로 의장 오! 감사합니다. (웃음)

이만섭 의장 지금은 국제 정세가 많이 변했습니다. 이제 가능하다면 조속한 시일 내에 우리 양국 간에 외교관계를 맺는 것이 좋겠습니다.

카스트로 의장 아주 좋은 생각입니다.

이만섭 의장 앞으로 우리 양국 간에 여러 분야에 걸친 교류가 필요하다고 보며 특히 무역사무소의 개설은 빠를수록 좋다고 생각합니다.

카스트로 의장 (긍정적으로 고개를 끄덕이며) 좋은 생각입니다. 나도 동의합니다. 즉각 외무부 장관에게 지시하지요. 현재 남북한의 관계는 어떻게 진행되고 있는지요?

이만섭 의장 현재 남북 간 대화가 진행되고 있으며 여러 측면에서 바람직한 방향으로 나아가고 있습니다. 카스트로 국가평의회 의장께서 기회가 된다면 남북을 동시에 방문하는 것도 좋지 않겠습니까?

카스트로 의장 좋은 생각입니다.

이만섭 의장 야구를 좋아하신다는 얘기를 들어서 한국에서 만든 야구공과 글러브를 선물로 가져왔습니다.

카스트로 의장 오! 정말 감사합니다.

이만섭 의장 한국 국민들은 쿠바 야구선수들이 한국 프로팀에서 뛰는 것을 보기를 원합니다. 쿠바 야구선수들이 한국에 진출할 수 있도록 도와주시면 감사하겠습니다.

카스트로 의장 2~3명 정도 진출해 있지 않은가요?

이만섭 의장 일본에는 몇 명 가 있는 걸로 알고 있습니다만 한국에는 아직 없습니다.

카스트로 의장 아마 얼마 전까지만 해도 냉전시대의 분위기가 조금 남아 있어서 쿠바 야구선수들이 한국에 쉽게 진출하지 못했던 것 같습니다.

이만섭 의장 시간이 되신다면 한 번 더 만났으면 합니다.

카스트로 의장 언제 가십니까?

이만섭 의장 4월 5일에 쿠바를 떠납니다.

카스트로 의장 알겠습니다.

2001년 2월 26~28일, 한국을 방문한 블라디미르 푸틴 러시아 연방 대통령은 2월 28일 국회 본회의장에서 남북관계 발전에 대한 지원과 한·러 간 경제협력 등을 주요 내용으로 하는 연설을 했다.

푸틴 대통령이 연설을 하기 직전 국회의장실을 예방했을 때 내가 "서울에서 출발하는 남북철도가 블라디보스토크와 모스크바를 경유하여 유럽으로 연결되면, 21세기 새로운 세계가 한반도와 러시아에서 출발하는 셈입니다"라고 강조하자 푸틴 대통령은 "경제적으로 쌍무협력 외에도 중국과 일본, 북한이 함께 참여하는 아시아 지역의 경제협력 프로젝트를 고려해 봄 직합니다"라고 화답하였다.

나는 그의 인간적 면모가 풍부하게 담겨 있는 *First Person*이라는 영문 자서전을 읽고 더욱 그를 존경하게 되었다고 하자 그는 "자서전이 외국어로 번역되어 출판된다는 것을 미리 알았더라면 좀더 잘쓸 것을 그랬습니다"라고 답변하여 평소 딱딱하고 날카로운 인상과는 달리 주위의 웃음을 자아내기도 했다.

특히 푸틴 대통령은 연설을 마치고 의사당을 떠날 때, 내가 인사말을 비롯하여 몇 마디 러시아어를 구사한 것에 대해 "의장께서는 러시아 말도 잘하고 발음도 정확해서 앞으로 러시아에 오시더라도 통역관이 필요 없을 것 같습니다"라고 농담을 하기도 했다.

농득마인 베트남 당서기장(당시 국회의장)은 2000년 8월 유엔 본부에서 열린 세계국회의장 회의에서 만난 적이 있었다. 그는 첫인상이 부드럽고 인간미가 풍부하면서도 확고한 신념의 소유자로 보였다.

나는 리셉션장에서 그와 환담하면서 "혹시 당신이 북한을 방문할 때가 있으면 북한 지도자에게 베트남처럼 개혁·개방을 하여 경제를 살릴 것을 권유해 주기 바란다"고 말했으며 그도 기꺼이 내 말에 동의해 주었다.

그 후 실제로 농득마인 당 서기장이 북한을 방문하였으며 내 이야기대로 북한 지도자에게 개혁·개방을 권유한 것으로 알려졌다. 그 당시 언론보도에 의하면 김정일 위원장이 농득마인 서기장에게 "우리도 베트남처럼 개혁·개방하기를 원하며 가능하면 내가 베트남을 직접 방문할 생각도 있으나 고소공포증 때문에 비행기를 못 타는 것이 걱정입니다"라고 말하였다고 한다.

그리고 그 무렵 내가 바가반디 몽골 대통령의 초청을 받아 몽골 대통령의 집무실을 내방했을 때 그는 나에게 "내가 얼마 전에 북한을 방문했을 때 김정일 위원장에게 남한에서 북침할 생각은 전혀 없다고 이야기해 주었다"고 털어놓았으며 나는 "바가반디 대통령이 만일 다시 김정일 지도자를 만나는 경우에는 북한의 체제 유지는 결코 핵으로 되는 것이 아니라 국민을 잘살게 하는 데 있다는 것을 이야기해 주기를 바랍니다"라고 말한 일이 있다. 바가반디 대통령은 그 후에도 한국을 여러 번 방문한 바 있으며 그때마다 나와 만나 한반도를 비롯한 국제정세에 관하여 의견 교환을 하곤 했다.

그리고 나는 2002년 3월 23일 헝가리 국회의사당 대통령 집무실에서 마들 대통령으로부터 헝가리 십자대훈장을 받았다. 마들 대통령은 훈장 제정사에서 다음과 같이 이야기하였다.

의장님께서는 1956년 당시 헝가리 독립전쟁을 지원하기 위하여 한국에서 지원군을 조직했던 의인 중에 한 분이셨으며, 당시 대학의 지도급 학생으로서 동료들과 함께 헝가리로 건너와 소련 점령군에 대항한 독립전쟁에 참여하려 하셨습니다. 비록 당시의 정황상 그 계획이 실현되지는 못했지만 먼 한국에서 헝가리인들의 소련 독재에 항거한 노력을 알리고 공론화하는 데 상당 부분 일조하였습니다. 따라서 본인은 이 자리를 빌려 헝가리 국민들을 대표하여 감사의 말씀을 전하고 싶습니다. 1956년 반소혁명과 독립전쟁을 국제적으로 알리고 지원하신 공로와 헝가리·한국 간의 우호관계를 위해 기여하신 공로로 헝가리공화국 십자대훈장을 수여하오니 이를 수락해 주시면 감사하겠습니다. 의장님의 건승과 건강을 기원합니다.

이에 대해 나는 다음과 같은 답사를 하였다.

존경하는 마들 대통령 각하 그리고 이 자리를 함께 하신 여러분, 본인은 오늘의 이 감격스러운 순간을 영원히 잊지 못할 것입니다. 46년이란 긴 세월이 흘렀으나 이를 다시 기억해 주시고 당시 헝가리의 반소 항거 지원 의용군 지원 사실이 언론에 보도되어 한국의 여론을 환기하였을 뿐 실제로 이곳에 와서 함께 싸우지도 못했는데 이렇게 큰 훈장을 받으니 한편으로 감사하나 또 한편으로는 부끄러운 생각마저 듭니다.

본인은 이미 몇 개의 훈장을 받은 경험이 있으나 오늘 이 훈장이야말로 가장 값진 것으로 영원히 가슴속에 간직될 것입니다. 오늘 이 훈장 수여가 한국과 헝가리 양국의 우호증진과 양국 국민 간의 사랑이 더욱 깊어지는 새로운 계기가 될 것으로 확신하는 바입니다.

헝가리의 무궁한 발전과 헝가리 국민의 행운 그리고 마들 대통령 각하의 건강과 건승을 마음속 깊이 기원합니다.

십자대훈장을 수여받기 이틀 전 나는 헝가리 국회의사당에서 오르반Orban Viktor 총리를 만났다. 그는 바로 헝가리 사태 당시 학생 신분으로 제일 선봉에서 반소독립투쟁에 앞장섰던 분이었다. 그 후 그가 영도하는 당(Fidesz, 청년민주연맹)이 총선에서 과반수를 얻지 못하여 한때 총리직에서 물러나 있었으나 그 후 다시 총선에서 승리하여 지금도 총리로 재임 중이다. 2014년 4월 총선거에서 청년민주연맹이 반드시 승리하여 오르반 총리가 재집권하리라는 나의 확신대로 그는 승리하였다.

그리고 미국의 해스터트 하원의장이 우리 국회를 예방했을 때 그는 고맙게도 의장 시절에 쓰던 사회봉을 일부러 가지고 와서 나에게 선물했으며 이 사회봉은 지금 국회헌정기념관에 전시되어 있다.

2002년 4월 중국에서 개최된 AAPP 개회식 이틀 뒤인 4월 18일 중국 충칭重慶의 AAPP 본회의장 옆 면담실에서 사둔 하마디 이라크 국회의장을 만나 면담을 나눈 일이 있다. 이 만남은 그의 요청에 의해 이루어진 것이었다. 그 자리에서 그는 "미국이 이라크가 대량 살상무기를 보유하고 있다고 주장하는데 이는 사실이 아니라고 100% 자신 있게 말할 수 있으며 미국도 이를 알고 있다"고 역설했다.

그래서 나는 대량 살상무기가 없다는 것이 진실이라면 사담 후세인Saddam Hussein 이라크 대통령이 부시 미국 대통령을 직접 만나 오해를 푸는 것이 현명한 방법이며 이를 위한 두 대통령의 자연스런

394

만남은 코피 아난Kofi Annan 유엔 사무총장을 통하는 길도 있지 않느냐고 간곡히 설득한 일이 있다. 그러면서 이라크에 돌아가면 이 문제에 대해 후세인 대통령과 의논해 보라고 권한 일이 있다. 그것은 바로 세계 평화를 위해서였다.

그때 만일 이라크가 나의 충고를 받아들여 미국의 오해를 풀었더라면 이라크 전쟁과 같은 비극을 피할 수도 있지 않았겠느냐 하는 생각이 들기도 했다.

하마디 의장은 그 후 그날의 내 얘기가 인상적이었던지 이라크 전쟁 발발 전 이라크 국회를 방문한 송영길宋永吉 의원 등 우리 국회 방문단에게 나의 안부를 특별히 물었다는 것을 송 의원을 통해 전해들은 바 있다.

그리고 2001년 1월에는 제9차 아·태 의회포럼APFF 총회 참석차 칠레를 방문한 나는 1월 16일 대통령궁에서 라고스Ricardo Froilan Lagos Escobar 대통령과 면담을 가졌다.

이 자리에서 라고스 대통령은 양국 관계의 발전을 위해 자유무역협정FTA 체결이 무엇보다 중요하다는 것을 강조하였으며 나도 이에 공감하고 서로 노력하기로 약속했다.

라고스 대통령은 또한 이 자리에서 칠레 포도의 품질이 우수하여 프랑스산 와인보다 칠레산 와인이 더 좋다고 말하는 등 세일즈 외교도 잊지 않았다.

내가 만난 외국 지도자 중 핀란드의 할로넨Tarja Halonen 여성 대통령 또한 인상적이었다.

무엇보다 할로넨 대통령은 사치나 꾸밈이 전혀 없는, 흔히 얘기하는 '옆집 아줌마' 같은 분이었다. 그녀에게서는 전혀 권위주의적인 모습을 찾아볼 수가 없었다. 자신이나 남편의 사회적 지위가 높으면 겉모양에 신경을 많이 쓰는 우리의 경우와는 대조적이었다.

특히 그녀의 남편은 그 나라 국회의원도 아니고 평범한 국회 직원이었는데 늘 동행하면서 비서와 같이 대통령을 도와주는 모습은 아름답기까지 했다.

할로넨 대통령은 한국을 방문하고 돌아간 후 나에게 '고맙다'는 따뜻한 편지를 보내줬고 그 후 우리는 지금도 가끔 서신 연락을 하고 있다.

제 8 장
'한사모'를 통해
한국과 세계의 교류를 돕다

나는 국회의장 재임 시부터 '한사모'(한국말을 사용하는 대사들의 모임)를 조직하여 지금도 한 달에 한 번씩 계속 만나고 있다.

처음에 나는 '한국을 사랑하는 대사들의 모임'이라는 의미에서 '한사모'라는 이름을 붙였다. 그러나 대사들은 역시 외교관인지라 자기들만이 한국을 사랑하는 것처럼 드러내는 것을 어색하게 생각해서 공식적으로는 '한국말을 사용하는 대사들의 모임'(Korean Speaking Ambassador Meeting)이라고 하고 있다.

한사모의 초기 멤버는 미국, 몽골, 카자흐스탄, 베트남, 헝가리, 그리고 우즈베키스탄 대사였다. 그런데 고려인 우즈베키스탄의 비탈리 펜Vitali V. FEN 대사는 16년의 장기간 주한대사 임무를 마치고 최근 교체된 바 있다.

한사모 멤버 중에는 북한 겸임 대사도 있어 우리는 만날 때마다 한반도 정세와 국내 정세에 관한 의견 교환을 많이 하고 있다. 특히 국내 정치에 대해서 잘 이해가 안 되는 부분에 대해서는 일일이

미국 아이오와 태권도장(관장 정우진)에서
태권도 명예 5단의 격파 시범을 보이고 있다.

나에게 질문하기도 한다.

　나는 한사모에서 나의 연륜과 전문성을 활용해 한국과 세계 간에 인연의 끈을 잇는 역할을 한다. 멤버들은 이런 나를 큰형님으로 모시며 따른다. 그들은 공식적으로 우리 정부에 요구하기 어려운 부분에 대해서 지원을 요청하기도 하는데 나는 가능한 한 그들을 많이 도와주려고 한다.

　한사모가 오래오래 존속되어 나라에 많은 도움이 되었으면 하는 것이 내 남은 바람이다.

부 록

연세대학교 '국회의장 이만섭 홀'
제 6회 '자랑스런 한국인상'
제 13회 '4·19 문화상'
나의 정치인생 50년의 발자취

연세대학교 '국회의장 이만섭 홀'

연세대학교 사회과학대학은 연희관에 내 이름을 딴 '이만섭 홀'을 만들고 2009년 12월 7일 헌정식을 개최했다. 정치외교학과 동문으로서 신념을 지키며 국회의장 생활을 한 업적을 기리기 위한 것이다.

연희관 401호 강의실을 국회 회의실 분위기가 나도록 리모델링했으며 국회의장 시절의 모습을 새긴 부조를 설치하고 나의 저서를 비치했으며 공적을 담은 현판 등을 설치하였다. 현판의 내용은 다음과 같다.

청강(靑江) 이만섭 전 국회의장은 우리 대학교 사회과학대학 정치외교학과(1950년 입학)가 배출한 동문으로 〈동아일보〉 정치부 기자를 지낸 후 1963년부터 6대, 7대, 10대, 11대, 12대, 14대, 15대, 16대 국회의원으로 활동하면서 양심과 소신의 정치인으로 한국정치 발전에 크게 이바지했다.

특히 이만섭 동문은 제14, 16대 국회의장(1993. 4 ~ 1994. 6 ; 2000. 6 ~ 2002. 5)을 역임하면서 여야를 초월한 공정한 국회운영과 투철한 의회주의 정신으로 한국의 의회정치 발전과 민주화에 커다란 족적을 남겼다.

'국회의장 이만섭 홀' 헌정식 기념연설(왼쪽). 저자의 부조 옆에서(오른쪽).

또한 《5·16과 10·26》(2009), 《나의 정치인생 반세기》(2004), 《날치기는 없다》(2001) 등 다수의 저서를 출판함으로써 한국정치 연구를 위한 소중한 역사의 기록을 남겼다.

이 홀은 최문휴(정외 55), 이우복(정외 56), 여영동(정외 58), 안 대륜(정외 60), 강선종(정외 61), 김태환(정외 61), 문흥렬(정외 61), 김욱(정외 62), 이순동(정외 65), 변재일(정외 67), 설원봉(법학 67), 공성진(정외 72), 장광근(정외 74), 유정복(정외 76) 동문들의 많은 도움으로 헌정되었다.

2009. 12. 7.

학교를 졸업한 후 60년 만에 이런 홀을 헌정받게 된 것은 일생일 대의 영광스럽고 감동적인 일이었다. 앞으로도 여야 국회의원들이 계파와 정당보다 나라와 국민이 더 중요하다고 생각하면서 생산적 이고 민주적인 국회를 만들어야 이 기념홀의 가치가 더 올라가지 않을까 생각한다.

제 6회 '자랑스런 한국인상'

2011년 8월 7일 제 6회 '자랑스런 한국인상' 시상식이 열렸다. 나는 이날 대니얼 유 미국 해병대 준장, 김필립 컬럼비아대학 교수와 함께 미주동포 후원재단(이사장 홍명기)이 수여하는 제 6회 '자랑스러운 한국인상'을 받았다.

이날 행사는 미국 로스앤젤레스 시내 메리어트호텔에서 나를 포함한 수상자 3명과 홍명기 이사장, 신연성 로스앤젤레스 총영사, 교민 등 300여 명이 참석한 가운데 성대하게 개최되었다.

미주동포 후원재단은 2006년부터 해마다 한국인의 긍지와 위상을 높이거나 교민 사회에 헌신적으로 봉사한 인물을 뽑아 이 상을 주고 있다. 2010년에는 피겨스케이팅으로 세계적 명성을 얻은 김연아 선수가 이 상을 수상한 바 있다.

나는 청렴과 원칙을 중시하는 정치활동으로 다른 정치인에게 좋은 본보기가 됐다는 점에서 수상자로 선정되었다.

이날 홍명기 이사장은 다음과 같은 환영사로 나의 수상을 축하해 주었다.

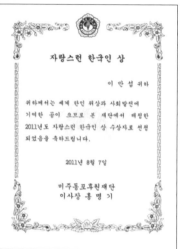

제6회 자랑스런 한국인상 시상식 브로슈어(왼쪽), 자랑스런 한국인상 상장(오른쪽).

오늘 영예의 수상자이신 이만섭 전 국회의장은 정치인이라면 누구
나 지녀야 할 덕목인 나라와 민족을 걱정하는 애민애국 정신과, 진
실된 행적과 소신을 다하는 열정으로 파란만장한 50년의 정치인생
을 살아오신 분입니다. "양심을 속이지 말고 올바르게 살아야 한다"
는 그의 선친의 가르침을 가슴에 품고, 초지일관하여 온 이만섭 의
장은 국민과 정치인들이 가장 존경하는 대한민국 정치인 중 한 분
이며, 우리의 모국인 대한민국이 민주주의 국가로 탄생되도록 꽃을
피우신 정치계의 거성이며 자랑스런 한국인입니다. 다시 한 번 수
상자 여러분을 진심으로 축하합니다.

영어에 익숙한 교민들을 위해 브로슈어에 영어로 나의 이력이 소
개되었는데 그 내용은 다음과 같다.

Man Sup Lee

Former Parliamentary Chair, served 8 terms as congress member of ROK

A 40-year political journey consistent with his convictions and parliamentarism

He served three months of hardship in military prison due to the "Dong-a Ilbo" indictment case for freedom of the press.

In 1963, he supported the presidential campaign of Chairman Chung-Hee Park by agreeing with his ideology of national independent consciousness, economic independence and the self-reliance of national defense. Entered as the sixth member of the National Assembly, elected by the national constituency.

On February 8, 1964, when Koreans had become victims of numerous casualties due to the lack of an administrative agreement between Korea and the United States, he suggested a resolution to demand the conclusion of "the ROK-U. S. Status of Forces Agreement(SOFA)" to the National Assembly and Implemented the "ROK-U. S. Status of Force of Force Agreement (SOFA)" with unanimous approval by the ruling and opposition parties.

On October 27, 1964, he proposed "the resolution for Establishing the Family Reunion Meeting Place Between North Korea and South Korea" to the National Assembly, which became the first resolution for separated family finding and exchange between the two states. However, this resolution was subjected to political repression as a violation of the Anticommunist Law, as accused by Hyung-Wook Kim, who was then the director of the Korea Central Intelligence Agency. The Korea Central Intelligence Agency, which had the greatest power at the time, put pressure on the ruling party so it was moored to the Foreign Affairs Committee and could not submit to a plenary session. However, this resolution was the first proposal throughout North and South Korea and became the beginning of the exchange between the two states. After entering the Kim Dae-Jung adminstration and announcing the 6 · 15 North-South Joint Declaration, the families scattered between North and South Korea have were reunited to a dramatic degree. Currently, the Family Reunion Meeting Place between North and South is being built on Mt. Geumgang.

In 1969, he opposed the constitutional amendment to allow three consecutive presidential terms and was thus subjected to eight years in a state of political vacuum because he demanded the dismissal of Hu-rak Lee, chief of Staff Cheongwadae and Korea Central Agency Director Hyung-Wook Kim, who were the center of irregularities, corruption and abuse of power at the Republican General Meeting of the Assembly members in the reception hall and thereafter, due to the political persecution in accordance with the opposition to the constitutional amendment.

In 1984, during the representative speech of the Eleventh National Assembly and Korea National Party, he proclaimed the "civilian government" and "direct presidential election system" for the first time at the Fifth Republic Against Military Government, and this became the motivating power of a constitutional amendment for a direct presidential election system.

In 1987, just before the "6 · 29 Declaration", he won the acceptance of a direct presidential election system through successive meetings with president Du-Whan Chun and Tae-Woo Rho, president of the Democratic Justice Party.

In 1993, while in office as the fourteenth Speaker of the National Assembly, he was forced from the Cheongwadae to pass through the reform legislations anomalously, including the budget for the new year, the Political Party Law, the Law on the Agency for National Security Planning and the Protection for Communication Secrets Act as the original bill by December 2, which was a legal deadline, but to the very end he refused. Eventually he achieved the consensus of the ruling and opposition parties and passed the budget bill by voting, whereupon the remaining reform legislations were passed unanimously. However, due to this event his relationship with the President became uncomfortable and his career as the Speaker of the National Assembly was short-lived.

In July 24, 2000, when the Steering Committee by the ruling Millennium Democratic Party tried to rush through the amendment of National Assembly Act for the mitigation of the negotiating body, the Speaker of the National Assembly refused to bring the authority and preside over the plenary session and hand-over of the presiding right. Therefore, he prevented the practice of railroading by the Vice-Speaker. With this he became 'the Speaker of the National Assembly who got rid of railroading in the National Assembly in the history of Korea's constitutional government, as well as the Sixteenth National Assembly."

제13회 '4 · 19 문화상'

2012년 4월 17일 서울 중구 한국프레스센터에서 제13회 4 · 19 문화상 시상식이 열렸다. 나는 이날 언론인 시절과 정치인 시절에 독재에 항거하여 정의로운 신념을 지킨 점을 높이 평가받아 수상자로 선정되는 영광을 안았다. 이날 발표된 나의 공적은 다음과 같다.

51년 전 이 땅에서 요원의 불길처럼 일어났던 '4월 민주혁명'은 그 이후 한국의 민주주의의 영원한 등대이자 이정표가 되었으며, 모든 민주혁명과 항쟁의 원천이자 모체였다. 4월 민주항쟁은 분명 피 끓는 학생들의 독재에 대한 저항에서 비롯되었지만, 이 위대한 혁명을 배태하고 인도한 배후에는 정의와 민주주의를 갈구하는 자유언론과 용기 있는 언론인이 있었음을 우리는 잊을 수 없다.

4월혁명의 싹이 되었던 2 · 28 대구학생시위, 3 · 15 부정선거에 이은 4월 11일 마산에서의 김주열 군의 참혹한 주검, 그리고 이를 빼돌리려 한 자유당 정권의 저열한 음모, 자유당 정권의 사주에 의한 깡패들의 4월 18일 고대학생 습격 등 드라마 같았던 4월혁명의 모든 과정에서 자유언론의 용기 있는 진실보도가 없었다면 과연 4월혁명이 가능하였을까? 이런 의미에서 4월혁명은 학생들과 자유언론의 합작품이라고 말하여도 지나치지 않으리라.

이만섭 선생은 1956년 언론계에 투신하여 4·19 당시 〈동아일보〉 정치부 기자로 1960년 4월 11일 마산의거 당시 김주열 군의 죽음에 대한 특종기사를 비롯하여 4월혁명 기간 내내 정의의 필봉을 용기 있게 휘두름으로써 불의에 항거한 4월혁명을 고취하고 인도하였던 정의와 불굴의 용기를 지닌 자유언론인이었다.

1963년에는 정치계에 투신하여 8선의 국회의원과 2번의 국회의장을 역임하였다. 우리는 흔히 존경할 만한 사회의 원로를 갖지 못하였음을 아쉬워한다. 그러나 우리는 한때는 자유언론인으로서, 또 41년간은 정치계에 투신하여 이 나라 민주주의를 위해 올곧게 헌신해 온 이만섭이라는 정치원로가 있음을 기억할 필요가 있다.

국회의장으로 재임하면서 스스로 당적을 이탈하여 입법부의 수장으로서 정치적 중립을 견지하려 했던 것과 헌정사의 고질병인 이른바 날치기를 거부하였던 것은 신념과 용기가 뒷받침되지 않았다면 누구도 흉내 낼 수 없는 그의 위대한 공적으로서 헌정사의 귀감이 아닐 수 없다.

이만섭 역시 인간이므로 어찌 포폄이 없으리오마는 그는 자유언론인으로서, 그리고 정치인으로서 정의감과 독재에 대한 강렬한 저항의식을 바탕으로 스스로 설정한 신념과 원칙에 충실하였으며, 이 시대의 청렴결백한 유일한 정치원로이자 의인이다. 이에 사단법인 4월회 산하 '4·19 문화상재단'은 이만섭 전 국회의장의 자유·민주·정의의 4·19 정신과 애국·애족·애민의 숭고한 정신을 높이 평가하여 제13회 4·19 문화상의 수장자로 선정하게 된 것이다.

4·19 문화상 시상식에서 수상소감을 밝히는 저자 (왼쪽).
시상식 참석자들과 기념촬영 (오른쪽).

이날 나는 50여 년 전 4·19 당시를 떠올리며 깊은 감회에 젖어 다음과 같은 수상소감을 밝혔다.

사단법인 4월회는 1960년 4월 민주혁명의 주역들과 그 후대들이 4·19 민주이념을 계승, 발전시키고자 만든 단체입니다. 그런데, 4·19세대도 아닌 저에게 이런 귀한 상을 주는 것은 당시 거리에 나섰던 당사자는 아니었지만 〈동아일보〉 정치부 기자로서 자유당 정권의 실정과 선거부정, 2·28 대구학생시위 이후 4월혁명이 완료되기까지의 과정을 보도함으로써 4월혁명에 동참하였다고 하는 점을 평가한 것 같습니다. 또한 그 후 정치계에 투신하여 41년의 정치역정에서 4월 민주혁명의 정신을 구현하려고 노력하였다는 점을 평가하였기 때문이라고 짐작하며, 이 자랑스러운 상을 수유리 국립묘지에서 이 나라와 민주주의 수호의 영령으로 잠들고 계신 분들께 바치고자 합니다.

저는 4월혁명의 정신은 불의에 항거한 민주운동이요, 국민의 참정권을 지키고자 한 위대한 인권운동이었다고 생각합니다. 우리 헌법 전문에도 명기되어 있는 4·19 민주이념의 정신은 우리가 영원히 지켜야 할 헌법의 가치입니다. 불의에 항거한다는 것은 인간 본

연의 양심과 정의를 지키는 것이기도 합니다.

금년은 총선이 있었고 대선도 예정되어 있는 역사적으로 중요한 해입니다. 양심과 정의를 지키는 사람이야말로 4월혁명의 정신을 계승하는 사람이요 진정한 지도자인 것입니다. 따라서 진정한 지도자는 민심을 천심으로 여기고 민심을 두려워하여야 합니다. 그러기 위해서는 국민과 화합하고 소통하는 정치를 펴나가야 합니다. 지금 이 나라는 정치, 경제, 사회, 문화, 남북, 지역, 계층 등 모든 분야에서 갈기갈기 찢어져 있고 국가기강은 붕괴되고 있습니다.

이러한 어려운 때에 정치인들은 모름지기 개인과 당보다는 나라를 먼저 걱정해야 합니다. 이 나라는 우리만 살다가 없어질 나라가 아닙니다. 우리 후손들이 살아가야 할 영원한 조국입니다. 따라서 나라를 먼저 생각하고 나라를 위해 헌신하는 것이야말로 이 시대에 진정 계승·발전 시켜야 할 4월 민주혁명의 정신이라고 생각합니다.

저는 반세기 동안 정치에 몸담고 정치에 종사하면서 힘든 고비고비마다 4월 민주정신을 가슴에 새기고 그 정신에 따라 국민을 위한 정치를 하려고 노력했습니다. 3선개헌 당시 개헌을 반대하고 집권자의 장기집권을 반대하는 것에 앞장선 것도, 인권을 탄압하고 부패한 권력의 주역이었던 이후락, 김형욱 씨의 퇴진을 요구한 것도, 14대, 16대 국회의장을 역임하면서 청와대의 부당한 요구를 거부하면서 국회의 권위와 중립을 지키려고 노력한 것도 모두 4월혁명 정신에 충실하려고 하였기 때문입니다.

4·11 총선을 통해 이 나라를 이끌어갈 300명의 정치인들이 탄생하였습니다. 본인이 이들에게 하고 싶은 말은 '저 여의도에 우뚝 서 있는 국회는 여당의 국회도, 야당의 국회도, 그리고 물론 청와대의 국회도 아닌, 국민의 국회'라는 것입니다. 이 점을 잊지 말기를 간

곡히 부탁합니다. 앞으로 8개월 후면 탄생할 새 대통령도 4월혁명 정신을 가슴에 새겨 진정으로 국민과 소통하고 화합하여 오직 국가와 국민만을 생각하는 새로운 정치를 펴나가 주실 것을 간절히 바라마지 않습니다.

끝으로 사단법인 4월회와 4·19 문화상재단의 무궁한 발전을 기원합니다.

나의 정치인생 50년의 발자취

1932년   2월 25일   대구시大邱市 중구中區 시장북통市場北通(北路) 3번지에서
아버지 이덕상李德祥 공公, 어머니 박순금朴順今 여사 사이의 2남으로
출생. 본관은 합천陜川, 첨사공파詹事公派 34대손.

1944년   대구 수창壽昌초등학교 졸업.

1950년   대구 전통 사학私學 대륜大倫중학교(6년제) 졸업.

1950년   연세대학교 정치외교학과 입학.

1951년   6·25 전쟁으로 학업을 중단하고 공군사관학교(제3기)에 입교.

1954년   임관을 앞두고 사관생도와 행정장교 후보생 간의 집단충돌 사태로 많
은 동료들이 처벌을 받게 될 상황에 처하자 당시 생도회(오성회五星會)
회장으로서 동료들을 구하기 위해 모든 책임을 지고 자진 퇴교. 공사
생도 기간을 군복무 기간으로 환산, 공군사병으로 만기제대.

1956년   동화同和통신사 정치부 기자로 입사.

1957년   연세대학교 정치외교학과 졸업.
부인 한윤복韓潤福과 결혼.

1958년   동아일보사 정치부 기자로 입사.

1960년   4·19 마산의거 당시 김주열金朱烈 군의 죽음에 관한 특종취재.

1961년   언론자유 수호를 위한 〈동아일보〉 필화사건으로 육군형무소에 수감되
어 3개월간 옥고를 치름.
〈동아일보〉 주일駐日 특파원.

1963년   〈동아일보〉 주미駐美 특파원으로 쿠바 사태 등 취재.
민주공화당 입당.
제6대 국회의원 당선(전국구, 공화당).

1964년   **2월 8일** 한국과 미국 간에 행정협정이 없어 인명 살상 등 국민들이
억울한 피해를 당하고 있을 때, '한미 행정협정(미주둔군 지위협정·
SOFA) 체결 촉구에 관한 건의안'을 국회에 제안, 여야 만장일치 통과
시킴으로써 한미 행정협정 체결을 처음으로 성사시켰음.

10월 27일 '남북 가족면회소 설치에 관한 결의안'을 국회에 제안, 남
북 이산가족 찾기와 남북교류의 효시가 되었음. 당시 김형욱金炯旭 중
앙정보부장이 이 결의안을 반공법 위반으로 몰아붙여 정치적 탄압을
받았으며 당시 막강했던 중앙정보부가 여권에 압력을 가해 외무위원회
에 계류, 본회의에 상정하지 못하였음. 그러나 이는 남북을 통틀어 최
초의 제안이며 남북교류의 효시가 되었음. 그 후 김대중 정부가 들어
서고 2000년 6·15 남북공동성명이 발표된 이후 남북으로 흩어진 혈
육들이 감격적인 상봉을 하고 있음. 그리고 현재 남북 이산가족 면회소
가 금강산에 건설되고 있음.

1965년   독일의 이수길李修吉 박사와 함께 간호사의 독일 파견을 오원선吳元善
보사부 장관에게 강력히 요청하여 성사시켰음.

1966년   박정희朴正熙 대통령의 동남아(말레이시아, 태국, 중화민국) 순방에 국회
의원으로 공식 수행.

9월 22일 국회 본회의에서 '한비韓肥사카린 밀수사건'을 추궁하는 대
정부 질문을 통해 제일 먼저 등단, 한비의 총책임자인 이병철 회장의
즉각구속을 주장하였음. 이어 야당의 김대중 의원도 이 회장의 구속을
요구하였으며 세 번째로 등단한 김두한 의원이 '국민의 사카린'이라며
총리와 국무위원들에게 파고다 공원에서 퍼온 오물을 집어던지는 헌정
사상 초유의 사건이 발생하였음. 이 한비 밀수사건으로 이 회장의 둘
째 아들인 이창희 씨가 구속되었음.

1967년   제7대 국회의원 당선(대구 중구, 공화당).

1969년   3선개헌 반대 투쟁.

공화당 영빈관 의원총회에서 부정부패와 권력남용의 핵심 이후락李厚洛
청와대 비서실장, 김형욱 중앙정보부장 해임요구. 그 후 3선개헌 반대
에 따른 정치 박해로 8년간 정치 공백.

1975년   연세대학교 재단 이사.

416

1978년   제10대 국회의원 당선(대구 중·서·북구, 공화당).

1979년   국회 대정부 질문 통해 공화당의 10대 총선 '1.1% 패배 인정', '부가가
         치세 반대' 주장으로 공화당에서 제명 위기.

1981년   제11대 국회의원 당선(대구 중·서·북구, 한국국민당).
         한국국민당 부총재.
         쿠바 아바나 제68차 IPU 총회 한국대표 고문.

1983년   중소이산가족회中蘇離散家族會 상임고문.

1984년   국회 대표연설에서 제5공화국 최초로 '문민정치文民政治'와 '대통령 직
         선제' 제창.

1985년   제12대 국회의원 당선(대구 중·서구, 한국국민당).
         한국국민당 총재.
         대통령 직선제를 위한 '국회 헌법개정특별위원회' 설치를 제의해 성사시킴.
         '학원안정법' 제정을 반대, 전두환 대통령을 설득해 국회 발의를 철회시킴.

1986년   김영삼金泳三 신민당 고문과 회동, 대통령 직선제 개헌 공동투쟁 합의.

1987년   6·29 선언 직전 전두환全斗煥 대통령, 노태우盧泰愚 민정당 대표와의
         연쇄 회동, 대통령 직선제 수용을 설득.

1992년   제14대 국회의원 당선(전국구, 민주자유당).
         민주자유당 상임고문.

1993년   제14대 국회의장.
         차오스喬石 중국 전인대 상무위원장 초청으로 3부 요인 중 최초로 중국
         공식 방문, 장쩌민江澤民 주석, 리펑李鵬 총리 등과 회담, 양국 유대 강화
         의 계기 마련.
         제14대 국회의장 재임 시 청와대로부터 새해 예산안과 정당법, 안기부
         법, 통신비밀보호법 등의 개혁 입법을 법정 기일인 12월 2일까지 원안대
         로 변칙 통과할 것을 강요받았으나 이를 끝까지 거부, 여야 합의를 이끌
         어내 예산안과 이들 개혁 입법을 만장일치로 통과시켰음. 그러나 이 때
         문에 대통령과 불편한 관계가 되어 국회의장직은 단명에 그치고 말았음.

1994년   제14대 국회의장 재임 시 날치기 사회 거부, 여야를 초월한 공정한 국
         회 운영 등 한국 의회 발전에 기여한 공로로 모교 연세대학교로부터
         명예 정치학 박사학위를 받음.

1996년 제15대 국회의원 당선 (전국구, 신한국당, 7선).

신한국당 상임고문.

윤봉길尹奉吉 의사 의거 65주년 기념사업회 회장.

1997년 신한국당 대표서리.

11월 4일 국민신당 총재.

1998년 **9월 17일** 국민신당, 새정치국민회의와 통합.

새정치국민회의 상임고문

1999년 새정치국민회의 총재 권한대행.

2000년 새천년민주당 발기인 대표 및 창당준비위원장.

제16대 국회의원 당선 (비례대표, 새천년민주당, 8선).

제16대 국회의장.

제16대 국회의장에 취임한 직후인 7월 24일 교섭단체 구성요건 완화를 위한 국회법 개정안이 여당인 새천년민주당에 의해 운영위원회에서 날치기로 처리되었으나 의장이 본회의 직권상정과 본회의 날치기 사회를 끝내 거부함은 물론, 사회권 이양마저 거부함으로써 부의장이 대신 날치기하는 관행도 막아냄. 이로써 '16대 국회는 물론, 우리 헌정사에 국회에서 날치기를 없앤 국회의장'으로 자리매김.

7월 17일 제52주년 제헌절, 북한 최고인민회의에 남북 국회회담 개최를 공식 제의.

2001년 **4월** 쿠바 아바나 제105차 IPU 총회 한국대표

4월 2일 105차 IPU 총회가 열린 쿠바 아바나에서 카스트로 국가평의회의장(대통령)을 3부 요인으로서는 최초로 만나 양국 간의 무역대표부 설치에 합의. 그 후 이 합의에 따라 2005년 9월 쿠바 아바나에 한국무역관이 공식적으로 개설되었음.

2002년 **2월 28일** 중립적 국회 운영을 위해 줄곧 주장해온 국회의장의 당적 보유를 금지하고(국회법 제20조의 2), 의장이 안건을 표결할 때 반드시 의장석에서 선포하도록 하고(국회법 제110조), 국회의원의 자유투표제를 제도화하는(국회법 제114조의 2) 국회법 개정안을 본회의에서 통과시킴. 이로써 헌정사상 최초의 무당적 국회의장이 되었으며, 국회의 고질병인 날치기를 근본적으로 없애고 명실공히 3권 분립을 이루는 계기가 됐음.

3월 18일 모로코 제 107차 IPU 총회 한국대표, 기조연설을 통해 한국
과 아프리카, 이슬람 국가 간의 우호협력을 강조

3월 23일 헝가리 '마들' 대통령으로부터 '십자대훈장'을 수훈 (1956년 헝
가리 혁명 당시 연세대 학생으로서 학도의용군을 조직하여 헝가리 국민의 반
소련 항거를 지원하고자 했던 정신을 높이 평가받음).

2003년 9월 1일 필리핀에서 개최된 'AAPP'(평화를 위한 아시아 의회연합) 제 4차
총회의 기조연설과 우방궈吳邦國 중국 전인대 상무위원장 등 각국 의회
지도자들과의 회담을 통해 북핵 문제의 평화적 해결을 위한 협조 요청.
유석維石 조병옥趙炳玉선생 기념사업회 상임고문.

2004년 1월 25일 알제리, 튀니지를 공식 방문하여 양국의 국회의장, 국무총
리, 외무장관 등을 만나 한국의 이라크 파병은 전후복구를 위한 공병
대와 의무대가 중심이 되어 있음을 설명.

2006년 10월 16일 한국과 우즈베키스탄 간의 다각적 우호증진에 기여한 공로
로 '우즈베키스탄 최고우호훈장'을 수훈.

2009년 12월 7일 연세대학교에서 '국회의장 이만섭 홀' 헌정.

2011년 8월 7일 '자랑스런 한국인상' 수상 (미주동포 후원재단).

2012년 4월 17일 '4 · 19 문화상' 수상 (4월회: 4 · 19 정신을 계승하는 모임).

주요 상훈

1966년 2월 말레이시아 기사대십자훈장
중화민국 대수경성훈장
태국 기사대십자최고백상훈장

1998년 5월 대한민국 국민훈장 무궁화장

2002년 3월 헝가리공화국 십자대훈장

2006년 10월 우즈베키스탄 최고우호훈장

2009년 12월 연세대학교에서 '국회의장 이만섭 홀' 헌정

2011년 8월 '자랑스런 한국인상' 수상

2012년 4월 '4 · 19 문화상' 수상

주요 저서

《혈육을 만나게 하자》(삼일당, 1971)

《제 3의 정치인》(어문각, 1986)

《증언대》(문호사, 1989)

《불 꺼지지 않는 의사당》(아라출판사, 1996)

《날치기는 없다》(문학사상사, 2001)

《의회외교실록》(국회사무처, 2002)

《5 · 16과 10 · 26》(나남, 2009)

가족관계

배우자　한윤복 (韓潤福, 1932년 5월 11일생)

1녀　이승희 (李承禧, 1958년 1월 20일생)

2녀　이승인 (李承仁, 1960년 4월 7일생)

1남　이승욱 (李承旭, 1961년 10월 3일생)

1980~90년대 '전환의 시대'를 이끈
경제주역들의 생생한 증언!!
국가주도 경제에서 시장경제로 패러다임을 바꾸다!!

코리안 미러클 2
도전과 비상

육성으로 듣는 경제기적 편찬위원회(위원장 이헌재) 지음

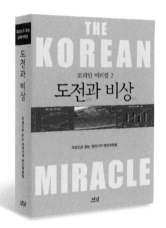

1960~70년대 순항하던 한국경제호는 살인적 물가폭등과 기업과 은행의 부실, 개방압력 등으로 흔들리기 시작한다. 바야흐로 물가를 안정시키고 기업과 은행의 자율성을 키우며 시장을 개방하는 것이 한국경제의 지상과제로 떠오른 것이다. 이 책은 이러한 시대의 키워드인 안정, 자율, 개방을 구현하는 데 핵심적 역할을 했던 경제정책 입안자 강경식, 사공일, 이규성, 문희갑, 서영택, 김기환의 인터뷰를 담고 있다. 한국경제 연착륙을 위해 고군분투하는 그들의 이야기는 난세영웅전을 방불케 할 정도로 흥미진진하다. 크라운판 | 552쪽 | 35,000원

Tel:031)955-4601 www.nanam.net **나남**
nanam